新일본어능력시험

JLPT
실전모의고사
N4·N5

JLPT 실전모의고사 N4·N5

지은이 이종권
펴낸이 정규도
펴낸곳 (주)다락원

초판 1쇄 발행 2013년 1월 10일
초판 4쇄 발행 2018년 11월 9일

책임편집 송화록, 한누리, 임혜련, 손명숙
디자인 구수정, 오연주

다락원 경기도 파주시 문발로 211
내용문의: (02)736-2031 내선 460~465
구입문의: (02)736-2031 내선 250~252
Fax: (02)732-2037
출판등록 1977년 9월 16일 제406-2008-000007호

Copyright ⓒ 2013, 이종권

값 15,000원

ISBN 978-89-277-1085-1 18730
　　　978-89-277-1081-3 (set)

http://www.darakwon.co.kr

- 다락원 홈페이지를 방문하시면 상세한 출판정보와 함께 동영상강좌, MP3 자료 등 다양한 어학 정보를 얻으실 수 있습니다.
- 다락원 **Cyber 어학원** 내 〈일본어 공부방〉에서는 다양한 일본어 학습 코너가 제공되고 있습니다.
- 다락원 홈페이지 **학습자료실**에서 **MP3 파일(무료)**을 다운로드 받으실 수 있습니다.

新일본어 능력시험을 준비하시는 분들에게

"지피지기(知彼知己)면 백전백승(百戰百勝)이라……."

나를 알고 적을 알면 승리한다는 이순신 장군의 명언입니다.
저는 이것이 시험에서도 무척 중요한 것이라고 생각합니다. 시험도 어떤 유형인지 무엇을 요구하는지를 알면 어떻게 대비해야 하는지가 나옵니다. 新일본어 능력시험에는 과락 제도가 있고, 과락 발생의 위험성이 대단히 큰 시험입니다. 총점이 합격점을 넘어도, 한 개 영역에서라도 과락이 발생하면 불합격 처리되는 것이지요. 그래서 수험생 여러분은 모든 영역에서 일단 과락을 면하고 총점에서 합격점을 넘어야 과락으로 억울하게 불합격하는 상황을 면할 수 있습니다. 그래서 모의고사를 통해서 어느 영역이 약한지 진단을 하고 대비해야 합니다.

많은 문제만을 풀어 보는 것이 좋은 방법은 아닐 수도 있습니다. 풀어 본 문제에 대한 이해와 왜 틀렸는지를 파악하고 보충하는 것이 그 무엇보다 중요합니다. 혹자는 문제를 많이 풀어 보고 경험을 많이 쌓아야만 한다고 합니다. 그러나 그것은 골프에서 공의 방향이 어디로 날아가는지를 모르고 계속해서 스윙 연습만 하는 것과 같습니다. 공의 방향을 확인하고 방향과 힘을 조절하는 훈련을 계속해야만 합니다. 모의고사도 이와 마찬가지입니다. 문제를 계속 풀어 보고 채점만 하는 것보다 더 중요한 것은 틀린 문제를 얼마나 피드백(오답풀이)하느냐 입니다. 틀린 유형을 복습하고 해설을 통해서 자기 것으로 만들어 놓지 않으면, 많은 문제를 풀어도 실력 향상에는 도움이 되지 않습니다. 이것이 오답풀이의 중요성입니다.

혹시 공부하다가 모르는 것이나 궁금한 사항이 있으면 언제든지 제가 운영하는 다음카페(http://cafe.daum.net/jlpt)나 이종권 일본어학원 홈페이지(http://www.ejujlpt.com)로 문의 주세요. 일본어 능력시험뿐만 아니라 일본유학시험(EJU)과 일본 대학의 진학 자료들도 있습니다.

시험 문제의 출제와 자료 정리에 온 힘을 써준 이종권 일본어학원 Japanese R&D Center 연구원들에게 감사 드립니다. 또한 명쾌한 해설을 위해 힘을 써 주신 안혜원 선생님과 멋진 교재가 나올 수 있도록 모든 노력과 성원을 다해 주신 다락원 관계자 여러분께 감사 드립니다.

모의고사 3회분을 통해서 실전적인 감각을 키우고, 해설을 통해 실력을 향상시켜 新일본어 능력시험 N4·N5 수험생들이 고득점 합격하기를 기원합니다.

저자 **이종권**

1 목적 및 주최

新일본어 능력시험은 일본 국내외에서 일본어를 모국어로 하지 않는 사람을 대상으로 한다. 일본어를 공부하거나 사용하는 사람들의 일본어 능력을 측정하고 인정하는 것이 목적이다. 일본 정부가 세계적으로 공인하는 유일한 일본어 시험이며 국제교류기금과 재단법인 일본국제교육지원협회가 주최한다.

2 실시 횟수

매년 7월 첫 번째 일요일과 12월 첫 번째 일요일 2회 실시한다. 하지만 주관 부서의 사정에 따라 변경될 여지도 있으므로 http://www.jlpt.or.kr/에서 확인하는 것이 좋다.

3 득점 방식 및 합격 여부

2010년 개정된 新일본어 능력시험에서는 '등화(等化)라는 상대평가 방식을 채택했다. 다른 시기에 실시된 시험에서는 출제되는 문제가 달라서 아무리 신중하게 작성해도 매회 시험의 난이도가 변동되기 쉬운 탓이다. 그런 까닭에 다른 시기에 실시된 시험의 득점을 상호 비교 가능한 공통적인 척도상에서 나타내도록 하였다. 그 결과 같은 레벨의 시험이라면 언제 시험을 보든 득점을 비교할 수 있다.

또한 新일본어 능력시험에서는 총점과 각 득점 구분의 기준점, 두 가지로 합격 여부를 판정한다. 즉 합격을 위해서는 총점과 각 과목의 기준점 모두 필요하다. 특히 이번 시험부터는 과락제도를 도입하여 과목 중 하나라도 기준점에 미달되는 경우에는 종합득점이 아무리 높아도 불합격이다.

레벨	합격점	기준점		
		언어지식 (문자 · 어휘 · 문법)	독해	청해
N4	90점 / 180점	38점 / 120점		19점 / 60점
N5	80점 / 180점	38점 / 120점		19점 / 60점

4 시험 내용 | 각 레벨의 인정 기준을 【읽기】, 【듣기】라는 언어행동으로 나타낸다. 각 레벨에는 이 언어행동을 실현하기 위한 언어지식이 필요하다.

레벨	과목별 시간		총점	인정 기준
	유형별	시간		
N1	언어지식 (문자·어휘·문법) 독해	110분	60점 60점	**기존 시험 1급보다 다소 높은 레벨까지 측정** : 폭넓은 장면에서 사용되는 일본어를 이해할 수 있다. 【읽기】 ● 논리적으로 약간 복잡하고 추상도가 높은 문장 등을 읽고, 문장의 구성과 내용을 이해할 수 있다. ● 다양한 화재의 글을 읽고, 이야기의 흐름이나 상세한 표현의 도를 이해할 수 있다
	청해	60분	60점	【듣기】 ● 폭넓은 장면에 있어 자연스러운 속도의 정리된 회화나 뉴스, 강의를 듣고 이야기의 흐름이나 내용, 등장인물의 관계나 내용의 논리 구성 등을 상세하게 이해하거나 요지를 파악할 수 있다.
	계	170분	180점	
N2	언어지식 (문자·어휘·문법) 독해	105분	60점 60점	**기존 시험의 2급과 거의 같은 레벨** : 일상적인 장면에서 사용되는 일본어의 이해에 더해, 더욱 폭넓은 장면에서 사용되는 일본어를 어느 정도 이해할 수 있다. 【읽기】 ● 신문이나 잡지의 기사나 해설 평이한 평론 등 논지가 명쾌한 문장을 읽고 문장의 내용을 이해할 수 있다. ● 일반적인 화제에 관한 글을 읽고, 이야기의 흐름이나 표현의 도를 이해할 수 있다.
	청해	50분	60점	【듣기】 ● 자연스러운 속도의 체계적 내용의 대화나 뉴스를 듣고, 내용의 흐름 및 등장인물의 관계를 이해하거나, 요지를 파악할 수 있다.
	계	155분	180점	
N3	언어지식(문자·어휘)	105분	60점	**기존 시험의 2급과 3급 사이에 해당하는 레벨(신설)** : 일상적인 장면에서 사용되는 일본어를 어느 정도 이해할 수 있다. 【읽기】 ● 일상적인 화제에 구체적인 내용을 나타내는 문장을 읽고 이해할 수 있다.
	언어지식(문법)·독해		60점	● 신문의 기사제목 등에서 정보의 개요를 파악할 수 있다. ● 일상적인 장면에서 눈으로 보는 범위의 난이도가 약간 높은 문장은 대체표현이 주어지면 요지를 이해할 수 있다.
	청해	40분	60점	【듣기】 ● 자연스러운 속도의 정리된 대화를 듣고, 이야기의 구체적인 내용을 등장인물의 관계 등과 맞춰서 거의 이해할 수 있다.
	계	145분	180점	
N4	언어지식(문자·어휘)	95분	120점	**기존 시험 3급과 거의 같은 레벨** : 기본적인 일본어를 이해할 수 있다. 【읽기】 ● 기본적인 어휘나 한자로 쓰여진, 일상생활에서 흔하게 일어나는 화제의 문장을 읽고 이해할 수 있다.
	언어지식(문법)·독해			
	청해	35분	60점	【듣기】 ● 일상적인 장면에서 다소 느린 속도로 나누는 대화라면 거의 내용을 이해할 수 있다.
	계	130분	180점	
N5	언어지식(문자·어휘)	80분	120점	**기존 시험 4급과 거의 같은 레벨** : 기본적인 일본어를 어느 정도 이해할 수 있다. 【읽기】 ● 히라가나나 가타가나, 일상생활에서 사용되는 기본적인 한자로 쓰여진 정형화된 어구나, 문장을 읽고 이해할 수 있다.
	언어지식(문법)·독해			
	청해	30분	60점	【듣기】 ● 일상생활에서 자주 접하는 장면에서 천천히 나누는 대화라면 필요한 정보를 얻어낼 수 있다.
	계	105분	180점	

5. 新일본어 능력시험 N4·N5 문제 유형과 적정 예상 풀이 시간

시험과목			시험내용	N4		N5		TIP!
				소문항	적정 예상 풀이 시간	소문항	적정 예상 풀이 시간	
언어지식 N4 (30분) N5 (25분)	문자·어휘	1	한자 읽기	9	약 4분	12	약 6분	문자·어휘는 전반부가 한자이고, 후반부가 어휘의 쓰임을 묻는 문제다. 한자는 오래 들여다보고 있다고 알 수 있는 문제가 아니므로 재빨리 풀고 어휘의 쓰임을 파악하는 문제에 집중하는 편이 좋다.
		2	한자 표기	6	약 3분	8	약 5분	
		3	문맥규정	10	약 6분	10	약 6분	
		4	교체 유의어	5	약 5분	5	약 5분	
		5	용법	5	약 10분			
언어지식·독해 N4 (60분) N5 (50분)	문법	1	문법 형식	15	약 8분	16	약 9분	문법을 빨리 풀수록 독해를 푸는 시간이 늘어나므로, 되도록 빨리 문법을 해결하고 독해에 집중해야 한다. 새로운 문제 유형은 모의고사를 풀어보고 오답 체크를 통해 확실하게 이해한다면 쉬이 적응할 수 있을 것이다.
		2	문맥 배열	5	약 5분	5	약 5분	
		3	문장 흐름	5	약 10분	5	약 10분	
	독해	4	내용 이해 – 단문	4	약 8분	3	약 8분	
		5	내용 이해 – 중문	4	약 12분	2	약 5분	
		6	정보 검색	2	약 8분	1	약 4분	
청해 N4 (40분) N5 (35분)		1	과제 이해	8	약 11분	7	약 10분	문제가 다 끝나면 마킹할 시간이 따로 주어지지 않는다. 이 점을 염두에 두고 문제를 푸는 즉시, 혹은 질문을 읽는 시간이나 문제를 설명하는 시간을 이용하여 마킹해야 한다. 난이도는 그다지 높지 않을 것으로 보인다.
		2	포인트 이해	7	약 14분	6	약 10분	
		3	발화 표현	5	약 5분	5	약 5분	
		4	즉시 응답	8	약 5분	6	약 5분	

※ 언어지식(문자·어휘)와 언어지식(문법)·독해 사이에는 5분 가량 시험지 교부 시간이 있습니다.

※ 적정 예상 풀이 시간은 실제 문제를 푸는 시간입니다. 남은 시간 동안에는 답안지에 마킹을 하고 제대로 풀었는지, 혹은 밀려 쓰지는 않았는지 점검하시기를 바랍니다.

이 책은 2010년부터 새로 시행되는 新일본어 능력시험 N4·N5에 완벽하게 대응할 수 있도록 마련한 실전모의고사 문제집입니다. 출제 경향 및 문제 유형을 철저히 분석·반영하였고, 新일본어 능력시험을 공부하는 학습자가 시험을 앞두고 실제 시험과 같은 형태로 구성한 문제를 직접 풀어 보며 시험에 익숙해질 수 있도록 하였습니다. 전체 구성은 〈실전모의고사 N4·N5 각 2회분〉과 〈해설〉, 〈ANSWER SHEET〉로 이루어져 있습니다.

실전모의고사

실제 시험과 같은 형태의 실전모의고사를 N4·N5 각 2회분씩 수록하였습니다. 각 모의고사마다 임의적으로 만든 채점표를 실어 자신의 실력을 파악할 수 있게 하였습니다.

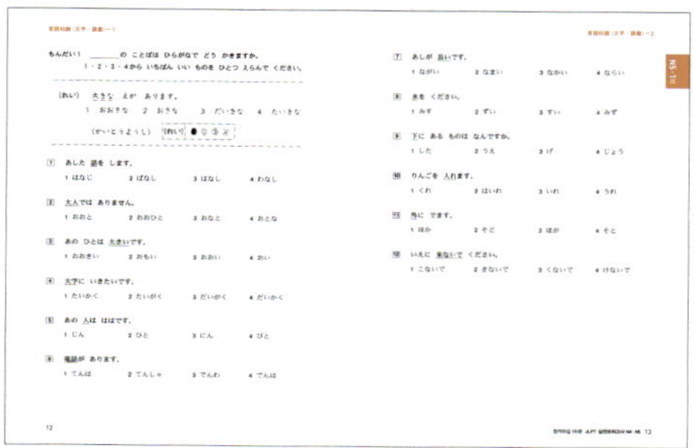

정답 및 해설

정확한 해석과 자세한 해설을 실었으며 따로 사전을 찾아보지 않아도 학습이 가능하도록 많은 단어를 정리하였습니다.

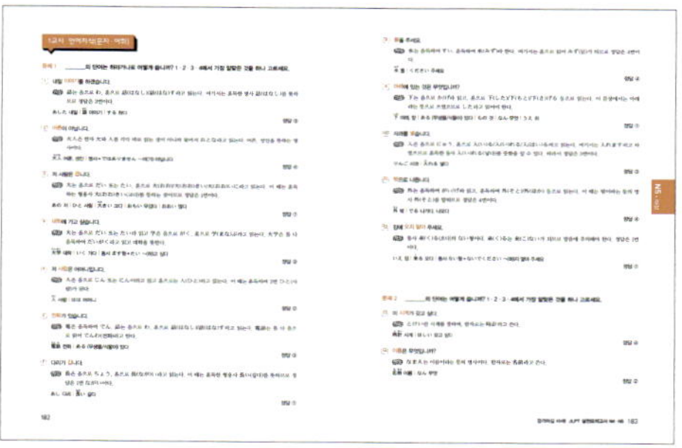

ANSWER SHEET

실전모의고사를 풀 때 필요한 답안용지입니다. 실제 시험처럼 활용하여 실전에 대비합시다.

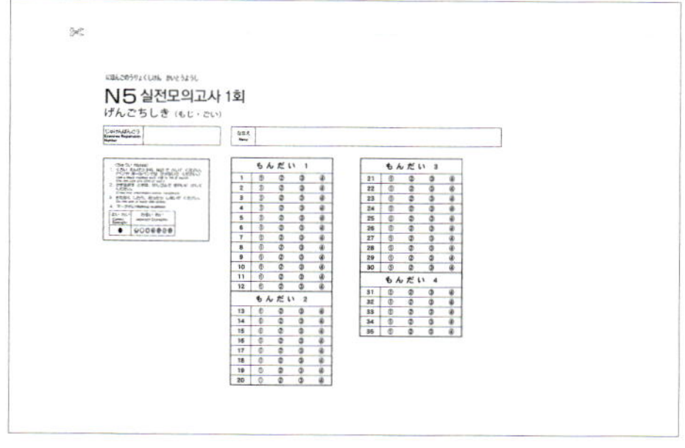

목차

JLPT 실전모의고사 N5

합격하길 바래! 신

1회

실전모의고사 N5 채점표

자신의 실력이 어느 정도인지 확인할 수 있도록 임의적으로 만든 채점표입니다. 실제 시험은 상대 평가 방식이므로 약간의 오차가 발생할 수 있습니다.

언어지식 (문자 · 어휘 · 문법) · 독해

		배점	만점	1회	
				정답 문항 수	점수
문자 · 어휘	문제 1	1점×12문항	12		
	문제 2	1점×8문항	8		
	문제 3	1점×10문항	10		
	문제 4	1점×5문항	5		
문법	문제 1	1점×16문항	16		
	문제 2	1점×5문항	5		
	문제 3	1점×5문항	5		
독해	문제 4	8점×3문항	24		
	문제 5	8점×2문항	16		
	문제 6	9점×1문항	9		
합계			110점		

* **점수 계산법** : 언어지식(문자 · 어휘 · 문법) · 독해 [   ]점÷110×120 = [   ]점

청해

		배점	만점	1회	
				정답 문항 수	점수
청해	문제 1	2점×7문항	14		
	문제 2	2점×6문항	12		
	문제 3	2점×5문항	10		
	문제 4	3점×6문항	18		
합계			54점		

* **점수 계산법** : 청해 [   ]점÷54×60 = [   ]점

N5

げんごちしき（もじ・ごい）

（25ふん）

ちゅうい
Notes

1. しけんが はじまるまで、この もんだいようしを あけないで ください。
   Do not open this question booklet until the test begins.

2. この もんだいようしを もって かえる ことは できません。
   Do not take this question booklet with you after the test.

3. じゅけんばんごうと なまえを したの らんに、じゅけんひょうと おなじように かいて ください。
   Write your examinee registration number and name clearly in each box below as written on your test voucher.

4. この もんだいようしは ぜんぶで 8ページ あります。
   This question booklet has 8 pages.

5. もんだいには かいとうばんごうの 1 、 2 、 3 … が あります。
   かいとうは、かいとうようしに ある おなじ ばんごうの ところに マークして ください。
   One of the row numbers 1 , 2 , 3 … is given for each question. Mark your answer in the same row of the answer sheet.

じゅけんばんごう　Examinee Registration Number	

なまえ　Name	

もんだい1 ＿＿＿＿＿の ことばは ひらがなで どう かきますか。
1・2・3・4から いちばん いい ものを ひとつ えらんで ください。

（れい） 大きな えが あります。
1 おおきな　　2 おきな　　　3 だいきな　　4 たいきな

（かいとうようし）　｜（れい）｜ ● ② ③ ④ ｜

1　あした 話を します。
1 はなじ　　　　2 ばなし　　　　3 はなし　　　　4 わなし

2　大人では ありません。
1 おおと　　　　2 おおひと　　　3 おなと　　　　4 おとな

3　あの ひとは 大きいです。
1 おおきい　　　2 おもい　　　　3 おおい　　　　4 おい

4　大学に いきたいです。
1 たいかく　　　2 たいがく　　　3 だいがく　　　4 だいかく

5　あの 人は ははです。
1 じん　　　　　2 ひと　　　　　3 にん　　　　　4 びと

6　電話が あります。
1 てんは　　　　2 てんしゃ　　　3 でんわ　　　　4 でんは

7 あしが 長いです。

   1 ながい   2 なまい   3 なかい   4 ならい

8 水を ください。

   1 みす   2 ずい   3 すい   4 みず

9 下に ある ものは なんですか。

   1 した   2 うえ   3 げ   4 じょう

10 りんごを 入れます。

   1 くれ   2 はいれ   3 いれ   4 うれ

11 外に でます。

   1 ほか   2 そど   3 ほが   4 そと

12 いえに 来ないで ください。

   1 こないで   2 きないで   3 くないで   4 けないで

もんだい2 ＿＿＿＿＿の ことばは どう かきますか。1・2・3・4から いちばん
いい ものを ひとつ えらんで ください。

（れい）　わたしの こどもは はなが すきです。

　　　1　了ども　　　　2　子ども　　　　3　干ども　　　　4　予ども

（かいとうようし）　| （れい） | ① ● ③ ④ |

13　この とけいが ほしい。

1 蒔訂　　　　2 時訂　　　　3 咩計　　　　4 時計

14　なまえは なんですか。

1 名首　　　　2 名前　　　　3 各前　　　　4 各首

15　まいにち がっこうに いきます。

1 毎日　　　　2 毎月　　　　3 前日　　　　4 前月

16　あの あぱーとに すんで います。

1 アパーテ　　　2 カパーテ　　　3 アパート　　　4 カパート

17　ばすに のりたいです。

1 ブル　　　　2 バス　　　　3 バヒ　　　　4 ブス

18　こーひーが のみたいです。

1 カーヒー　　　2 コーヒー　　　3 コーテー　　　4 カピ

19 かれは がいこくに います。

1 夕国　　　　2 夕田　　　　3 外国　　　　4 外田

20 といれは どこですか。

1 トルイ　　　　2 トレイ　　　　3 トルレ　　　　4 トイレ

もんだい３　（　　　）に　なにを　いれますか。１・２・３・４から　いちばん　い
い　ものを　ひとつ　えらんで　ください。

（れい）　あそこで　バスに　（　　　）。
1　のりました　　　　　　　　2　あがりました
3　つきました　　　　　　　　4　はいりました

（かいとうようし）　| (れい) | ● ② ③ ④ |

21　この　まんがは　（　　　）です。よんで　ください。
1　おもしろい　　　　2　よわい　　　　3　まるい　　　　4　ひくい

22　えいごの　べんきょうは　（　　　）です。
1　すずしい　　　　2　あかるい　　　　3　まずい　　　　4　むずかしい

23　きょうは　がっこうに　おそく　（　　　）。
1　つかれました　　　2　つきました　　　3　おきました　　　4　とまりました

24　（　　　）じゅぎょうを　はじめましょう。
1　すぐに　　　　2　もっと　　　　3　とても　　　　4　なぜ

25　ふゆなので　とても　（　　　）です。
1　しろい　　　　2　さむい　　　　3　あたたかい　　　4　あたらしい

26　とうきょうは　とても　くるまが　おおくて　（　　　）です。
1　まじめ　　　　2　しずか　　　　3　にぎやか　　　　4　たいせつ

27 かばんの（　　　）さいふが はいって います。

1 となりに　　　　　2 みぎに　　　　　3 うえに　　　　　4 なかに

28 さっき ぜんぶ あげたので ここに りんごは（　　　）。

1 いますか　　　　　2 あります　　　　　3 ありません　　　　4 です

29 この みせで ふくを（　　　）。

1 かいます　　　　　2 あるきます　　　　　3 いきます　　　　　4 かえります

30 4がつは（　　　）あたたかく なります。

1 だんだん　　　　　2 たくさん　　　　　3 どうして　　　　　4 ぜんぶ

もんだい４　　________の　ぶんと　だいたい　おなじ　いみの　ぶんが　あります。
　　　　　　１・２・３・４から　いちばん　いい　ものを　ひとつ　えらんで　ください。

（れい）　ここは　でぐちです。いりぐちは　あちらです。

　　　１　あちらから　でて　ください。

　　　２　あちらから　おりて　ください。

　　　３　あちらから　はいって　ください。

　　　４　あちらから　わたって　ください。

（かいとうようし）　　（れい）　① ② ● ④

31　わたしは　こんばん　さかなを　たべます。

１　わたしは　あしたの　ひる　さかなを　たべます。

２　わたしは　あしたの　よる　さかなを　たべます。

３　わたしは　きょうの　ひる　さかなを　たべます。

４　わたしは　きょうの　よる　さかなを　たべます。

32　けさから　さむく　なりました。

１　きょうの　ひるから　さむく　なりました。

２　きょうの　あさから　さむく　なりました。

３　きのうの　ひるから　さむく　なりました。

４　きのうの　あさから　さむく　なりました。

33 わたしは がっこうで はたらいて います。

   1 わたしは がっこうで はしって います。

   2 わたしは がっこうで しごとを して います。

   3 わたしは がっこうで あそんで います。

   4 わたしは がっこうで かいものを して います。

34 おおぜいの こどもが あそんで います。

   1 たくさんの こどもが あそんで います。

   2 ちいさな こどもが あそんで います。

   3 おおきな こどもが あそんで います。

   4 おなじ こどもが あそんで います。

35 おかあさんの となりで いぬが ねて います。

   1 おかあさんの したで いぬが ねて います。

   2 おかあさんの うえで いぬが ねて います。

   3 おかあさんの よこで いぬが ねて います。

   4 おかあさんの まえで いぬが ねて います。

N5

言語知識（文法）・読解

（50ぷん）

注　意
Notes

1. 試験が始まるまで、この問題用紙をあけないでください。
   Do not open this question booklet until the test begins.

2. この問題用紙を持ってかえることはできません。
   Do not take this question booklet with you after the test.

3. 受験番号となまえをしたの欄に、受験票とおなじように
   かいてください。
   Write your examinee registration number and name clearly in each box below as written on your test voucher.

4. この問題用紙は、全部で12ページあります。
   This question booklet has 15 pages.

5. 問題には解答番号の 1 、 2 、 3 … があります。
   解答は、解答用紙にあるおなじ番号のところにマークして
   ください。
   One of the row numbers 1 , 2 , 3 … is given for each question. Mark your answer in the same row of the answer sheet.

受験番号　Examinee Registration Number	

なまえ　Name	

もんだい1　（　　　）に　何を　入れますか。1・2・3・4から　いちばん　いい
　　　　　ものを　一つ　えらんで　ください。

（れい）　　これ　（　　　）　えんぴつです。

　　　　　1　に　　　　　　2　を　　　　　　3　は　　　　　　4　や

（かいとうようし）　　（れい）　① ② ● ④

1　先生は　くだもの　（　　　）　かいました。

1　の　　　　　　　2　に　　　　　　　3　が　　　　　　4　を

2　おかねは　すこし　（　　　）　出しましょう。

1　が　　　　　　　2　ずつ　　　　　　3　など　　　　　4　ころ

3　ここに　本が　三　（　　　）　あります。

1　ほん　　　　　　2　まい　　　　　　3　かい　　　　　4　さつ

4　その食堂は　おいしく　（　　　）　やすいです。

1　ないですが　　　2　なくて　　　　　3　ながら　　　　4　など

5　きょうは　うたを　（　　　）　かえりました。

1　うたうなど　　　2　うたう　　　　　3　うたったり　　4　うたいながら

6　キムさんは　はたらいて　（　　　）。

1　います　　　　　2　ですか　　　　　3　です　　　　　4　します

7　ここに　ごはんが　（　　　）。

1　います　　　　　2　あります　　　　3　です　　　　　4　ですか

8 この たべものは あまくは（　　　）。

1 ありません　　　2 います　　　3 ですか　　　4 でした

9 雨が ふる（　　　）、はやく かえります。

1 ながら　　　2 から　　　3 など　　　4 くらい

10 にちようびは 部屋（　　　）べんきょうを しました。

1 に　　　2 が　　　3 で　　　4 を

11 あさごはんを はんぶん（　　　）食べました。

1 まえ　　　2 など　　　3 だけ　　　4 たち

12 駅は（　　　）ありますか。

1 どう　　　2 どこに　　　3 なにに　　　4 いかが

13 あの 本は（　　　）なんかいも よみました。

1 まだ　　　2 でも　　　3 どうも　　　4 もう

14 しごとは（　　　）終わって いません。

1 まだ　　　2 どんな　　　3 いくら　　　4 こんな

15 車が 四（　　　）あります。

1 にん　　　2 だい　　　3 ほん　　　4 かい

16 その やさい（　　　）安いです。

1 は　　　2 を　　　3 に　　　4 の

もんだい2　＿＿★＿＿　に　入る　ものは　どれですか。1・2・3・4から　いちばん
いい　ものを　一つ　えらんで　ください。

（もんだいれい）

A「＿＿＿＿　＿＿＿＿　＿★＿＿　＿＿＿＿　か。」
B「山田さんです。」

1　です　　　　　2　は　　　　　3　あの　人　　4　だれ

（こたえかた）

1. ただしい　文を　つくります。

A「＿＿＿＿　＿＿＿＿　＿★＿＿　＿＿＿＿　か。」
　　3　あの　人　　2　は　　　4　だれ　　1　です

B「山田さんです。」

2. ＿★＿　に　入る　ばんごうを　くろく　ぬります。

（かいとうようし）　　(れい)　① ② ③ ●

17　がっこうに　＿＿＿＿　＿＿＿＿　＿★＿＿　＿＿＿＿。

1　びょういんへ　　2　まえに　　　　3　行きました　　4　行く

18　いしゃが　＿＿＿＿　＿＿＿＿　＿★＿＿　＿＿＿＿　と　言いました。

1　は　　　　　　2　この　　　　　3　くすり　　　4　あまい

19 すみません、＿＿＿＿ ＿＿＿＿ ＿★＿ ＿＿＿＿ ですか。

   1 は   2 りんご   3 その   4 いくら

20 これは きのう ＿＿＿＿ ＿＿＿＿ ＿★＿ ＿＿＿＿ です。

   1 ごはん   2 わたし   3 作った   4 が

21 わたしは 三＿＿＿＿ ＿＿＿＿ ＿★＿ ＿＿＿＿ します。

   1 だけ   2 かげつ   3 しごと   4 を

もんだい３　│ 22 │から│ 26 │に 何を 入れますか。ぶんしょうの いみを かんがえて、１・２・３・４から いちばん いい ものを 一つ えらんで ください。

ジョイさんと キムミンスさんが ともだちに 手紙を 書きました。

（１）

こんにちは。

私は いま 日本に います。いまは 春だから あたたかいです。

先週 ともだちが できました。│ 22 │とても たのしいです。

ともだちは キムミンスさんという なまえで、韓国から│ 23 │。

それでは また 手紙を 書きます。さようなら。

（２）

おげんきですか。

いま とうきょうで 日本語を べんきょうして います。

日本語の べんきょうは とても たいへんです。

│ 24 │アメリカじんの ジョイさんと ともだちに なりました。

ジョイさんは 日本語が とても じょうずです。

私は 日本の 本が すきだから まいにち 日本の 本を│ 25 │。

とても おもしろいですが、むずかしいです。

これから もっと 日本語を べんきょう│ 26 │。

22

1 でも　　　　2 しかし　　　　3 だから　　　　4 そうして

23

1 来ました　　　　　　　　　2 行きました
3 行っています　　　　　　　4 来ます

24

1 いっかげつまえ　　　　　　2 いっしゅうかんまえ
3 いちねんまえ　　　　　　　4 きのう

25

1 よんで　います　　　　　　2 かえして　います
3 いれて　います　　　　　　4 おしえて　います

26

1 したくないです　　　　　　2 したいです
3 やめたいです　　　　　　　4 よみたいです

もんだい４　つぎの　（1）から　（3）の　ぶんしょうを　読んで　しつもんに　こたえて
　　　　　　ください。こたえは、　1・2・3・4から　いちばん　いい　ものを　一つ
　　　　　　えらんで　ください。

（1）

おかあさんが　書いた　手紙が　つくえの　上に　あります。

ゆきちゃんへ

今日は　おばあさんと　いっしょに　病院へ　行って　きます。
家には　九時に　かえります。

おそくなるから　さきに　おとうさんと　ごはんを　食べて　ください。

おかあさんより

27　病院に　行かなかったのは　だれですか。

　　1　おばあさん　　　　　　　　　　　2　おかあさん

　　3　おばあさんと　おかあさん　　　　4　ゆきちゃん

（2）

　私の　家は、にかいだてで　にかいには　窓が　二つ　あります。二つの　窓の　みぎがわが　わたしの　へやです。ベランダが　ない　ことが　ざんねんです。

28　私の　家は　どれですか。

1

2

3

4

（3）

太田さんの　机の　上に　メモが　はって　あります。

太田さん

　さっき　山田さんが　さがして　いたよ。なにか　聞きたい　ことが　あったみたい。さがして　みて。

　ところで　明日の　しょくじかいだけど　野田さんが　急に　さんかする　ことに　なったから　お店に　れんらくして　にんずうの　へんこうを　つたえて　ほしいんだ。そのあと、ばしょの　ことを　まず　野田さんに　つたえる　ことを　忘れないでね。あと、すべて　終わったら　少し　話が　あるから　かいぎしつまで　来てね。

池田

29　太田さんは　お店に　でんわを　した　後で、何を　しますか。

1　山田さんを　さがします。

2　野田さんに　つたえる。

3　かいぎしつに　行く。

4　しょくじかいを　する。

もんだい5　つぎの　ぶんしょうを　読んで、しつもんに　こたえて　ください。こたえは
　　　　　1・2・3・4から　いちばん　いい　ものを　一つ　えらんで　ください。

　ソンさんは　せんげつ　ひこうきに　のって　日本に　来ました。ソンさんは　駅の　ちかくに　ある　家に　すんで　います。ソンさんの　家の　前には　くだものやが　あります。くだものやは　土曜日は　やすみますが、日曜日は　やすみでは　ありません。くだものやの　となりに　学校が　あります。学校の　となりに　やさいやが　あります。

　おひるに　ソンさんは　くだものを　買いに　くだものやに　行きましたが、くだものやは　やすみでした。だから　ソンさんは　やさいやに　行って　やさいを　買いました。それから　家に　かえりました。

30　つぎの　中で、ソンさんが　行った　ところは　どこですか。

1　駅、くだものや

2　くだものや、やさいや

3　やさいや、学校

4　駅、学校

31　ソンさんが　かいものに　行った　のは　いつですか。

1　木曜日

2　土曜日

3　月曜日

4　日曜日

もんだい6　みぎの ページの 「バスの時間」と 「電車の時間」を 見て、下の しつもん
　　　　　に こたえて ください。こたえは 1・2・3・4から いちばん いい
　　　　　ものを 一つ えらんで ください。

　あした えいがを 見に 行きます。　家の 前から A駅まで バスに 乗って、
A駅から えいがかんが ある B駅まで 電車で 行きます。
　B駅には、ごご 2時前に つきたいです。
　バスに 乗る 時間は みじかいほうが いいです。

32　バスは、どれに 乗りますか。

　　1 バス①

　　2 バス②

　　3 バス③

　　4 バス④

バスの 時間

バス	家の 前	A駅
①	12：30	13：10
②	12：35	13：10
③	12：40	13：25
④	13：00	13：35

電車の 時間

電車	A駅	B駅
①	13：20	13：50
②	13：40	14：10

N5

聴解

（30分）

<table>
<tr><td colspan="2" align="center">注　意
Notes</td></tr>
</table>

1. 試験が始まるまで、この問題用紙を開けないでください。
   Do not open this question booklet until the test begins.

2. この問題用紙を持って帰ることはできません。
   Do not take this question booklet with you after the test.

3. 受験番号と名前を下の欄に、受験票と同じように書いてください。
   Write your examinee registration number and name clearly in each box below as written on your test voucher.

4. この問題用紙は、全部で14ページあります。
   This question booklet has 14 pages.

5. この問題用紙にメモをとってもいいです。
   You may make notes in this question booklet.

受験番号　Examinee Registration Number	

名前　Name	

もんだい１

　もんだい１では、はじめに　しつもんを　きいて　ください。それから　はなしを
きいて、もんだいようしの　１から４の　なかから、いちばん　いい　ものを　ひとつ
えらんで　ください。

れい

1　ホットコーヒー

2　アイスアメリカーノ

3　アイスカフェラテ

4　ホットカフェラテ

1 ばん

2 ばん

1　かようび

2　すいようび

3　もくようび

4　きんようび

3 ばん

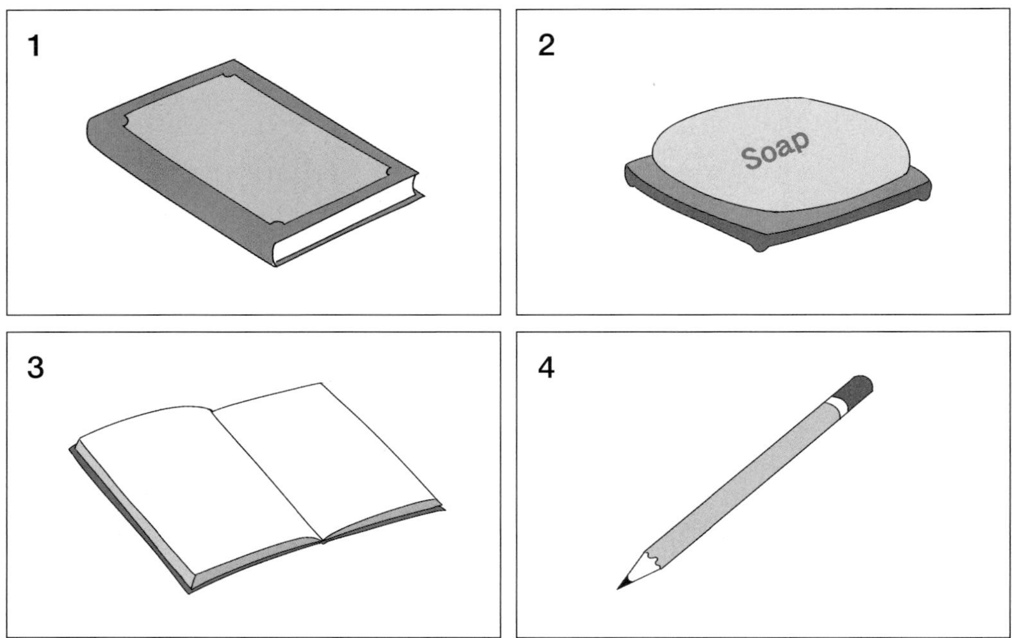

4 ばん

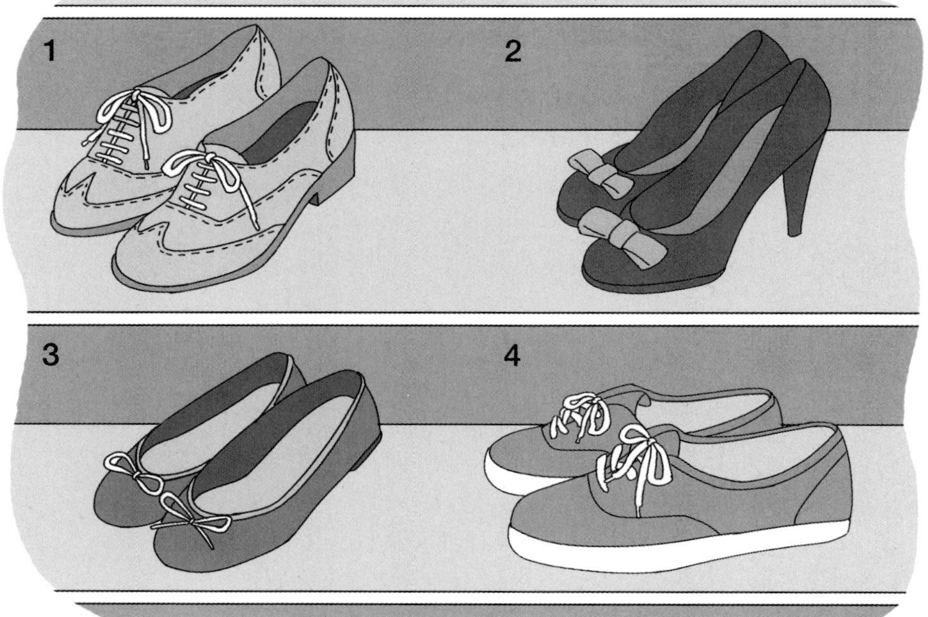

5 ばん

6 ばん

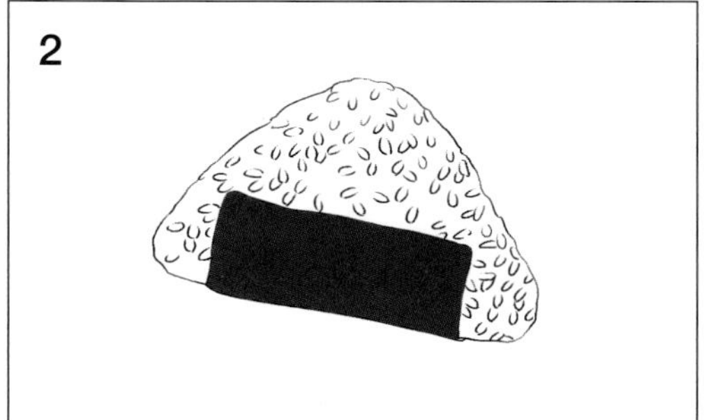

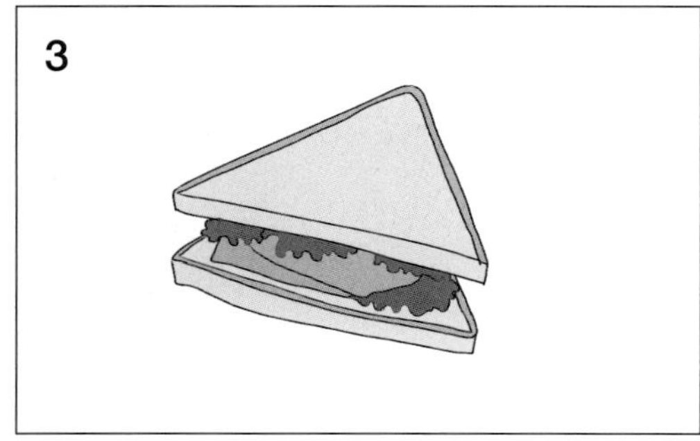

7ばん

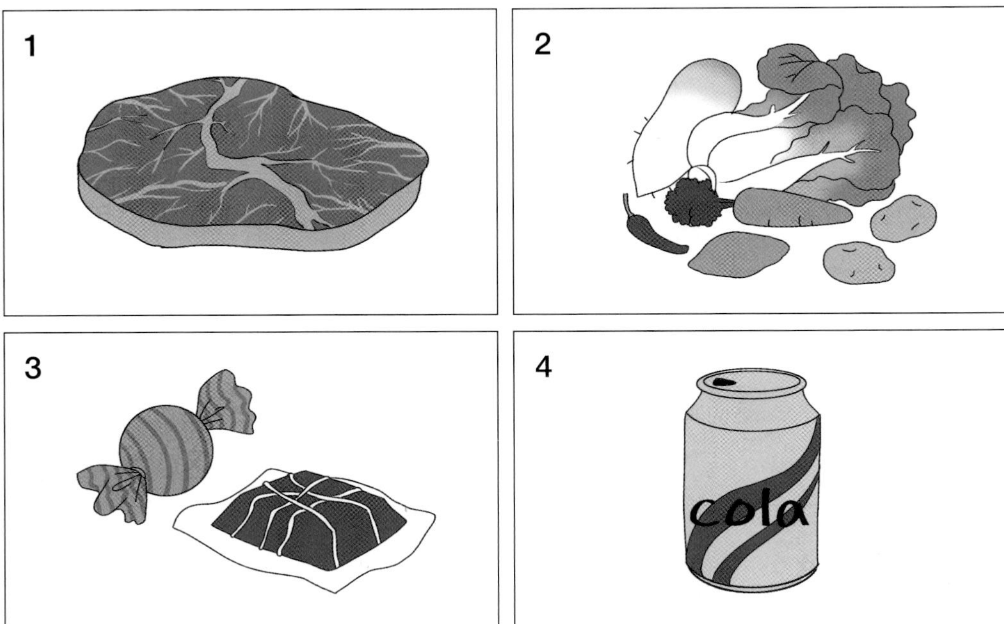

もんだい２

　もんだい２では、はじめに　しつもんを　きいて　ください。それから　はなしを　きいて、もんだいようしの　１から４の　なかから、いちばん　いい　ものを　ひとつ　えらんで　ください。

れい

1　だいがくの　としょかん

2　じもとの　としょかん

3　がくぶの　けんきゅうしつ

4　きょうじゅの　けんきゅうしつ

1 ばん

1 7じ

2 8じ

3 9じ

4 10じ

2 ばん

1 2006-131-004

2 2006-131-005

3 2006-132-004

4 2006-132-005

3 ばん

합격하길 바래! JLPT 실전모의고사 N4·N5

1　あに

2　おとうと

3　いもうと

4　あね

4 ばん

1　とほ

2　ちかてつ

3　バス

4　くるま

5 ばん

1　２Ｂの　えんぴつ

2　ボールペン

3　シャープペン

4　ふでペン

6 ばん

1　カフェ

2　ちかてつ

3　えきでぐち

4　えいがかんの　まえ

もんだい 3

　もんだい 3 では、えを みながら しつもんを きいて ください。➡ （やじるし）の ひとは なんと いいますか。 1 から 3 の なかから、いちばん いい ものを ひとつ えらんで ください。

れい

1 ばん

2 ばん

3 ばん

4 ばん

5 ばん

もんだい４

もんだい４は、えなどが ありません。ぶんを きいて １から３の なかから、いちばん いい ものを ひとつ えらんで ください。

－メモ－

합격하길
바래! 쑨

JLPT
실전모의고사
N5

2회

실전모의고사 N5 채점표

자신의 실력이 어느 정도인지 확인할 수 있도록 임의적으로 만든 채점표입니다. 실제 시험은 상대 평가 방식이므로 약간의 오차가 발생할 수 있습니다.

언어지식 (문자 · 어휘 · 문법) · 독해

		배점	만점	1회	
				정답 문항 수	점수
문자 · 어휘	문제 1	1점×12문항	12		
	문제 2	1점×8문항	8		
	문제 3	1점×10문항	10		
	문제 4	1점×5문항	5		
문법	문제 1	1점×16문항	16		
	문제 2	1점×5문항	5		
	문제 3	1점×5문항	5		
독해	문제 4	8점×3문항	24		
	문제 5	8점×2문항	16		
	문제 6	9점×1문항	9		
합계			110점		

* 점수 계산법 : 언어지식(문자 · 어휘 · 문법) · 독해 [   ]점÷110×120 = [   ]점

청해

		배점	만점	1회	
				정답 문항 수	점수
청해	문제 1	2점×7문항	14		
	문제 2	2점×6문항	12		
	문제 3	2점×5문항	10		
	문제 4	3점×6문항	18		
합계			54점		

* 점수 계산법 : 청해 [   ]점÷54×60 = [   ]점

N5

げんごちしき （もじ・ごい）

（25ふん）

ちゅうい
Notes

1. しけんが はじまるまで、この もんだいようしを あけないで ください。
   Do not open this question booklet until the test begins.

2. この もんだいようしを もって かえる ことは できません。
   Do not take this question booklet with you after the test.

3. じゅけんばんごうと なまえを したの らんに、じゅけんひょうと おなじように かいて ください。
   Write your examinee registration number and name clearly in each box below as written on your test voucher.

4. この もんだいようしは ぜんぶで 8ページ あります。
   This question booklet has 8 pages.

5. もんだいには かいとうばんごうの 1 、 2 、 3 … が あります。 かいとうは、かいとうようしに ある おなじ ばんごうの ところに マークして ください。
   One of the row numbers 1 , 2 , 3 … is given for each question. Mark your answer in the same row of the answer sheet.

じゅけんばんごう　Examinee Registration Number	

なまえ　Name	

もんだい1　＿＿＿＿＿の ことばは ひらがなで どう かきますか。
1・2・3・4から いちばん いい ものを ひとつ えらんで ください。

（れい）　大きな えが あります。

1　おおきな　　2　おきな　　　3　だいきな　　4　たいきな

（かいとうようし）　（れい）｜ ● ② ③ ④ ｜

1　こえが 小さいです。

1　ちいさい　　　　2　ちさい　　　　3　しょうさい　　4　しょさい

2　午前ちゅうに いきます。

1　こご　　　　　　2　こぜん　　　　3　ごぜん　　　　4　ごご

3　きょうは にがつ 九日です。

1　このか　　　　　2　きゅうにち　　3　くにち　　　　4　ここのか

4　まだ 一ヶ月です。

1　いちけづき　　　2　ひとけつき　　3　いっかげつ　　4　いちかげつ

5　それは 左に あります。

1　みき　　　　　　2　みぎ　　　　　3　ひたり　　　　4　ひだり

6　旅行に いきます。

1　りょこう　　　　2　りょっこう　　3　りょごう　　　4　りょっごう

7 りんごが 六つ あります。

  1 ろっつ　　　　　2 むっつ　　　　　3 ろくつ　　　　　4 むつつ

8 雨が ふりました。

  1 くも　　　　　2 きり　　　　　3 あめ　　　　　4 くもり

9 今月 りょこうに いきます。

  1 せんげつ　　　　　2 こんげつ　　　　　3 せんつき　　　　　4 こんつき

10 あの 町に すみたいです。

  1 まち　　　　　2 むら　　　　　3 にし　　　　　4 ひがし

11 かれは 外国人です。

  1 かいごくひと　　　2 かいくにじん　　　3 がいこくじん　　　4 がいぐにひと

12 きょうは 六日です。

  1 むいか　　　　　2 ろくにち　　　　　3 ろくじつ　　　　　4 むつか

もんだい2 ＿＿＿＿＿の ことばは どう かきますか。1・2・3・4から いちばん
いい ものを ひとつ えらんで ください。

（れい）　わたしの　こどもは　はなが　すきです。

1　了ども　　　　2　子ども　　　　3　于ども　　　　4　予ども

（かいとうようし）　| (れい) | ① ● ③ ④ |

13　でぱーとへ　いって　きました。

1　デパート　　　　2　ガポート　　　　3　ガパーテ　　　　4　デポーテ

14　はんかちが　あります。

1　ヘソカチ　　　　2　ハンカチ　　　　3　ハソカキ　　　　4　ヘンカキ

15　たくしーに　のりました。

1　クタシー　　　　2　クタツー　　　　3　タクツー　　　　4　タクシー

16　れすとらんで　にくを　たべます。

1　レストラン　　　　2　レヌトラソ　　　　3　ルストテン　　　　4　ルヌトラソ

17　おんがくを　ききます。

1　闇きます　　　　2　聞きます　　　　3　聞きます　　　　4　聞きます

18　きょうは　やすみました。

1　什みました　　　　2　仕みました　　　　3　休みました　　　　4　体みました

19 それは　ひがしに　あります。

　　1 東　　　　　　2 車　　　　　　3 更　　　　　　4 凍

20 ははが　かいものに　いきました。

　　1 毌　　　　　　2 苺　　　　　　3 母　　　　　　4 毎

もんだい3　（　　　）に　なにを　いれますか。1・2・3・4から　いちばん　い
　　　　い　ものを　ひとつ　えらんで　ください。

（れい）　あそこで　バスに　（　　　）。

　　　1　のりました　　　　　　　　2　あがりました
　　　3　つきました　　　　　　　　4　はいりました

　　　（かいとうようし）　| (れい) | ● ② ③ ④ |

21　きょうは　もくようびです。あさっては　（　　　）　です。

　　　1 きんようび　　　2 どようび　　　3 すいようび　　　4 かようび

22　A「おにいさんは　（　　　）ひとですか。」
　　　B「あそこに　たっている　ひとです。」

　　　1 どの　　　　　2 いくら　　　3 どれ　　　4 どんな

23　とても　あついので、ふくを　（　　　）。

　　　1 ぬぎました　　　2 きました　　　3 おきました　　　4 とめました

24　かれは　まいにち　くつしたを　（　　　）。

　　　1 つけます　　　2 はきます　　　3 かぶります　　　4 きます

25　へやが　きたないから　（　　　）します。

　　　1 りょうり　　　2 べんきょう　　　3 そうじ　　　4 せんたく

26 いえの　まえで　くるまが　（　　　）。

1 とまりました　　2 おりました　　3 あらいました　4 ありました

27 A「この　かばんは　（　　　）ですか。」
B「いいえ、やすいです。」

1 みじかい　　　　2 ひろい　　　　3 ながい　　　4 たかい

28 ここは　くるまが　おおいので　（　　　）です。

1 ひくい　　　　2 ふとい　　　　3 ひろい　　　4 あぶない

29 おかしを　たくさん　たべたから、おなかが　（　　　）です。

1 あまい　　　　2 いたい　　　　3 さむい　　　4 ほそい

30 A「この　やさいは　（　　　）ですか。」
B「１００えんです。」

1 どれ　　　　　2 いくら　　　　3 だれ　　　4 いつ

もんだい4　________の ぶんと だいたい おなじ いみの ぶんが あります。
1・2・3・4から いちばん いい ものを ひとつ えらんで ください。

（れい）　ここは でぐちです。いりぐちは あちらです。

1　あちらから でて ください。

2　あちらから おりて ください。

3　あちらから はいって ください。

4　あちらから わたって ください。

（かいとうようし）　| （れい） | ① ② ● ④ |

31　わたしは にちようびと どようびは がっこうに いきません。

1 わたしは まいにち がっこうに いきます。

2 わたしは いっしゅうかんに いつか がっこうに いきます。

3 わたしは いっしゅうかんに ふつか がっこうに いきます。

4 わたしは いつも がっこうに いきません。

32　けさ はじめて ゆきが ふりました。

1 きょうの あさから ゆきが ふりました。

2 きょうの あさ また ゆきが ふりました。

3 きのうの あさから ゆきが ふって います。

4 きのうの あさ また ゆきが ふりました。

33 ゆうべ やおやで かいものを しました。

1 きのうの よる くだものを かいました。

2 きょうの あさ くだものを かいました。

3 きょうの あさ やさいを かいました。

4 きのうの よる やさいを かいました。

34 こんばんから さむく なります。

1 きのうは とても さむかったです。

2 きょうの よるは さむいです。

3 きょうの あさは さむいです。

4 きのうから すこし さむく なりました。

35 おさらを ぜんぶ あらいました。

1 おさらを みんな きれいに しました。

2 おさらを ひとつ きたなく しました。

3 おさらを ひとつ かいました。

4 おさらを みんな あたらしく しました。

N5

言語知識（文法）・読解

（50ぷん）

注　意
Notes

1.　試験が始まるまで、この問題用紙をあけないでください。
Do not open this question booklet until the test begins.

2.　この問題用紙を持ってかえることはできません。
Do not take this question booklet with you after the test.

3.　受験番号となまえをしたの欄に、受験票とおなじように
かいてください。
Write your examinee registration number and name clearly in each box below as written on your test voucher.

4.　この問題用紙は、全部で12ページあります。
This question booklet has 15 pages.

5.　問題には解答番号の $\boxed{1}$ 、$\boxed{2}$ 、$\boxed{3}$ … があります。
解答は、解答用紙にあるおなじ番号のところにマークして
ください。
One of the row numbers $\boxed{1}$, $\boxed{2}$, $\boxed{3}$ … is given for each question. Mark your answer in the same row of the answer sheet.

受験番号　Examinee Registration Number	

なまえ　Name	

もんだい1　（　　　）に 何を 入れますか。1・2・3・4から いちばん いい
　　　　　ものを 一つ えらんで ください。

（れい）　これ （　　　） えんぴつです。

　　　　　1　に　　　　　2　を　　　　　3　は　　　　　4　や

（かいとうようし）　（れい）　① ② ● ④

1　かれは やさい（　　　）くだものを 買いました。

　　1　も　　　　　　2　と　　　　　　3　が　　　　　　4　を

2　おとうさんは、会社（　　　）いつも 6時に 帰って きます。

　　1　が　　　　　　2　も　　　　　　3　まで　　　　　4　から

3　駅の ちかくは べんりです（　　　）、うるさいです。

　　1　と　　　　　　2　が　　　　　　3　し　　　　　　4　や

4　まいにち でんしゃ（　　　）学校に 行きます。

　　1　で　　　　　　2　と　　　　　　3　へ　　　　　　4　も

5　わたしは バス（　　　）でんしゃの ほうが 好きです。

　　1　が　　　　　　2　より　　　　　3　も　　　　　　4　から

6　夏に 海で（　　　）。

　　1　およぎたいです　　　　　　　　　2　およぐほしいです

　　3　およぐことです　　　　　　　　　4　およぎしたいです

7 色の（　　　）、あおが いちばん 好きです。

1 ほうで　　　　　2 ほうが　　　　　3 なかで　　　　　4 なかに

8 春には 海（　　　）山に 行くつもりです。

1 や　　　　　　　2 を　　　　　　　3 は　　　　　　　4 も

9 きょうは 忙しいから（　　　）そうじを して いません。

1 もう　　　　　　2 まだ　　　　　　3 まで　　　　　　4 でも

10 早く こちらに（　　　）ください。

1 きた　　　　　　2 くる　　　　　　3 きて　　　　　　4 こない

11 この（　　　）花を かいました。

1 きれい　　　　　2 きれいで　　　　3 きれいに　　　　4 きれいな

12 きょうは やおやに 行って（　　　）、かえりました。

1 は　　　　　　　2 から　　　　　　3 より　　　　　　4 も

13 雨が（　　　）まえに かえりましょう。

1 ふった　　　　　2 ふる　　　　　　3 ふり　　　　　　4 ふら

14 わたしは おかあさん（　　　）買い物に 行きました。

1 も　　　　　　　2 と　　　　　　　3 が　　　　　　　4 に

15 今日は つかれたので（　　　）いいですか。

1 やすんだ　　　　2 やすむ　　　　　3 やすんだり　　　4 やすんでも

16 これは 明日までに（　　　）いけません。

1 して　　　　　　2 しなくては　　　3 しなくても　　　4 したり

もんだい2　＿＿★＿＿　に　入^{はい}る　ものは　どれですか。1・2・3・4から　いちばん
　　　　　いい　ものを　一^{ひと}つ　えらんで　ください。

（もんだいれい）

A「＿＿＿＿　＿＿＿＿　＿★＿＿　＿＿＿＿　か。」
B「山田^{やまだ}さんです。」

1　です　　　　　2　は　　　　　3　あの　人^{ひと}　　4　だれ

（こたえかた）

1. ただしい　文^{ぶん}を　つくります。

> A「＿＿＿＿　＿＿＿＿　＿★＿＿　＿＿＿＿　か。」
> 　　3　あの　人^{ひと}　　2　は　　　4　だれ　　1　です
>
> B「山田^{やまだ}さんです。」

2. ＿★＿　に　入^{はい}る　ばんごうを　くろく　ぬります。

（かいとうようし）　　（れい）　① ② ③ ●

17　とても　さむい　＿＿＿＿　＿＿＿＿　＿★＿＿　＿＿＿＿　いいですか。

1　から　　　　　2　を　　　　　3　まど　　　　4　しめても

18　あれは　おかあさん　＿＿＿＿　＿＿＿＿　＿★＿＿　＿＿＿＿　です。

1　買^かった　　　　2　が　　　　　3　きょねん　　4　かばん

19　けさ ＿＿＿＿ ＿＿＿＿ ＿★＿ ＿＿＿＿ 。

1 きました　　　　**2** 花^{はな}を　　　　　　**3** こうえんの　　**4** 見^みて

20　きのう　おとうさんは ＿＿＿＿ ＿＿＿＿ ＿★＿ ＿＿＿＿ つかれています。

1 はたらいた　　　**2** まで　　　　　　**3** おそく　　　**4** から

21　今^{いま} つくえ ＿＿＿＿ ＿＿＿＿ ＿★＿ ＿＿＿＿ が ありますか。

1 上^{うえ}　　　　　　**2** なに　　　　　　**3** に　　　　　**4** の

もんだい３　 22 　から　 26 　に　何を　入れますか。ぶんしょうの　いみを　かんがえて、１・２・３・４から　いちばん　いい　ものを　一つ　えらんで　ください。

　セロさんと　ジョンさんは　あいさつを　するために　つぎの　ぶんしょうを　書きました。

（１）

　こんにちは。アメリカから　 22 　セロです。わたしは　いま　日本語を　べんきょうして　います。日本語は　とても　むずかしいです。　 23 　とても　おもしろいです。みなさん、わたしと　ともだちに　 24 　。

（２）

　みなさん、はじめまして。わたしは　ジョンです。公園の　ちかくに　すんで　います。わたしは　公園が　とても　すきです。だから　まいにち　公園に　 25 　。
　みなさん、いっしょに　 26 　。どうぞ　よろしく　おねがいします。

22

　　　１　きた　　　　　　２　いく　　　　　　３　くる　　　　　　４　いった

23

　　　１　また　　　　　　２　そして　　　　　３　だから　　　　　４　でも

24

　　　１　なりたいです　　　　　　　　　２　なりました
　　　３　なります　　　　　　　　　　４　なって　ください

25

  1 いきます   2 いきません   3 あります   4 ありません

26

  1 いかなくても いいです   2 いきません

  3 いきます   4 いきましょう

もんだい４　つぎの（1）から（3）の　ぶんしょうを　読んで　しつもんに　こたえて
　　　　　ください。こたえは、１・２・３・４から　いちばん　いい　ものを　一つ
　　　　　えらんで　ください。

（1）

図書館の　前に　あんないが　書いて　あります。

本は　ひとり　五さつまで　かりる　ことが　できます。

かりる　ときは　ここで　じゅうしょと　なまえを　書いて　ください。

図書館は　月曜日が　やすみです。

27　本は　なんさつ　かりることが　できますか。

　　１　１さつ

　　２　３さつ

　　３　５さつ

　　４　７さつ

（2）

　さいきん、少し　つかれて　いて　からだの　ちょうしが　よく　ありません。急に　目が　いたむ　ことが　あります。そのためか、ずつうも　します。パソコンを　よく　使うからだと　思いますが、一度　病院に　行って　みます。

28　どの　病院に　行かなければ　なりませんか。

1

2

3

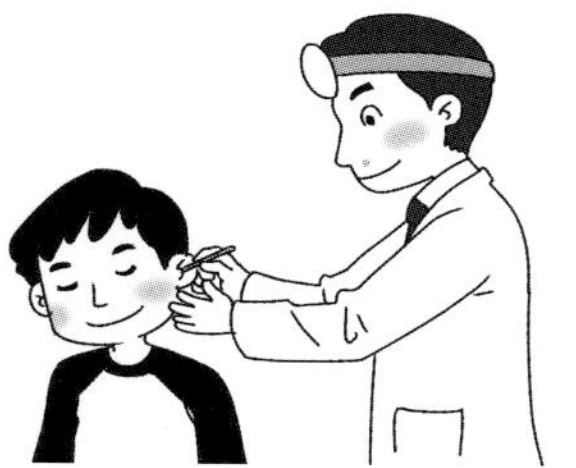

4

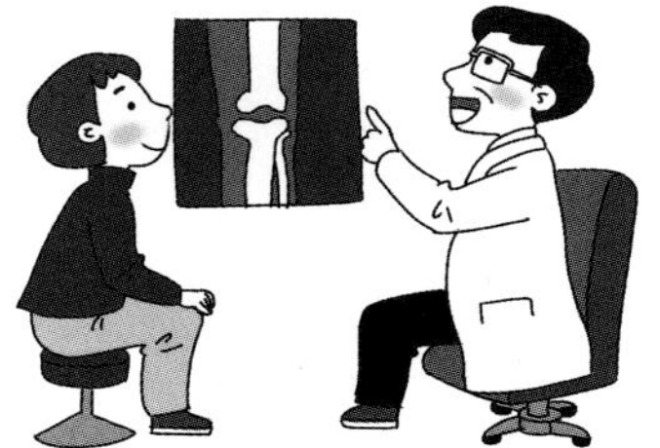

（3） 由美さんに ちえさんから メールが 来ました。

由美さん

先週 かりた ＣＤを 田中さんが ききたいと 言うから かしました。
田中さんが その ＣＤを かえします。
私が かした 本を 田中さんに わたして ください。
田中さんには 私から つたえます。

ちえ

29 由美さんは 何を しなければ いけませんか。

1 田中さんに ＣＤを かす。

2 田中さんに ＣＤを かえす。

3 田中さんに つたえる。

4 田中さんに 本を わたす。

もんだい5　つぎの　ぶんしょうを　読んで、しつもんに　こたえて　ください。こたえは
　　　　　　1・2・3・4から　いちばん　いい　ものを　一つ　えらんで　ください。

　マリさんが　よく　行く　店が　あります。それは　きっさてんです。きっさてんは
駅の　にしに　あります。駅の　となりに　パンやが　あります。その　となりに　さ
かなやが　あります。さかなやの　前に　ある　みちを　すこし　あるいて　行くと、
ぎんこうが　あります。そして　ぎんこうの　前の　店が　その　きっさてんです。
　きっさてんは　水曜日が　やすみです。マリさんは　そこへ　まいしゅう　土曜日に
行って　います。その　かえりに　さかなやに　行って　さかなを　かって　かえりま
す。さかなやは　日曜日が　やすみです。

30　つぎの　中で、マリさんが　よく　行く　ところは　どこですか。

　　1　ぎんこう

　　2　パンや

　　3　きっさてん

　　4　駅

31　つぎの　中で、きっさてんの　やすみは　いつですか。

　　1　月曜日

　　2　水曜日

　　3　日曜日

　　4　土曜日

もんだい６　みぎの　ページの　「花のねだん」と　「あいて　いる　時間」を　見て、下の
しつもんに　こたえて　ください。こたえは　１・２・３・４から　いちば
ん　いい　ものを　一つ　えらんで　ください。

　ミナさんは　あした、学校の　ちかくの　花やで　花を　かいます。花やは　二つ　あ
ります。ミナさんは　８００円を　もって　います。花は　安い　ほうが　いいです。木
曜日の　あさ８時に　かいに　いきます。

32　花は　どれを　かえば　いいですか。
　　１　花①
　　２　花②
　　３　花③
　　４　花④

花の　ねだん

花や　A	花や　B
① ６００円	③ ５００円
② ８００円	④ ９００円

あいて　いる　時間

花やA	花やB
あさ　８時から　よる　５時まで	あさ　９時から　よる　６時まで
水曜日が　やすみ	水曜日が　やすみ

N5

聴解

（30分）

注　意
Notes

1. 試験が始まるまで、この問題用紙を開けないでください。
   Do not open this question booklet until the test begins.

2. この問題用紙を持って帰ることはできません。
   Do not take this question booklet with you after the test.

3. 受験番号と名前を下の欄に、受験票と同じように書いてください。
   Write your examinee registration number and name clearly in each box below as written on your test voucher.

4. この問題用紙は、全部で14ページあります。
   This question booklet has 14 pages.

5. この問題用紙にメモをとってもいいです。
   You may make notes in this question booklet.

受験番号　Examinee Registration Number	

名前　Name	

もんだい１

　もんだい１では、はじめに　しつもんを　きいて　ください。それから　はなしを　きいて、もんだいようしの　１から４の　なかから、いちばん　いい　ものを　ひとつ　えらんで　ください。

れい

1　ホットコーヒー

2　アイスアメリカーノ

3　アイスカフェラテ

4　ホットカフェラテ

1 ばん

2 ばん

3ばん

1　１０じ

2　９じ

3　８じ

4　７じ

4ばん

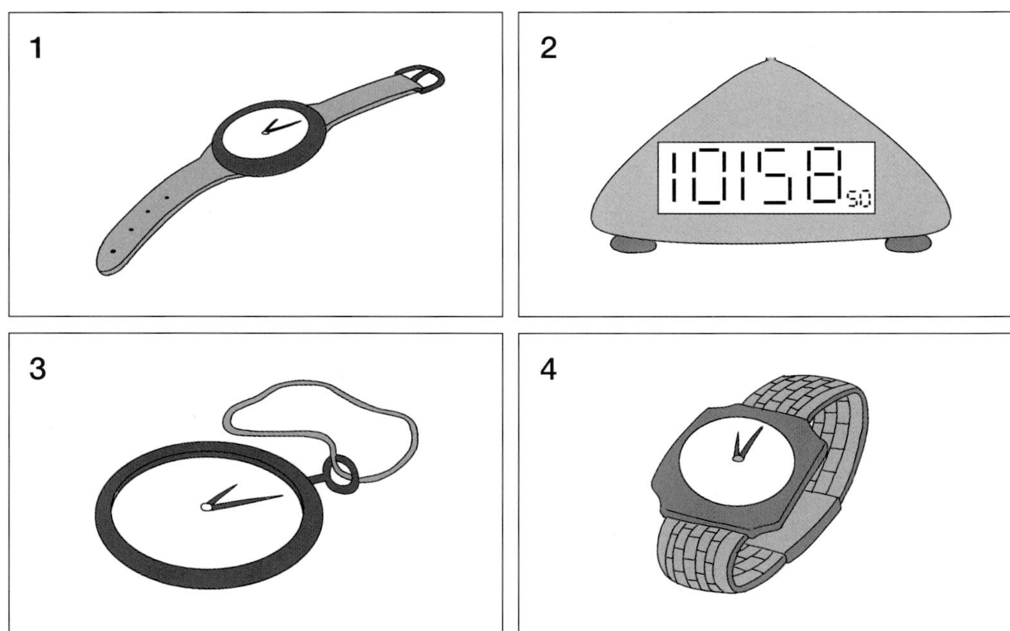

5 ばん

1   6 じ

2   7 じ

3   8 じ

4   9 じ

6 ばん

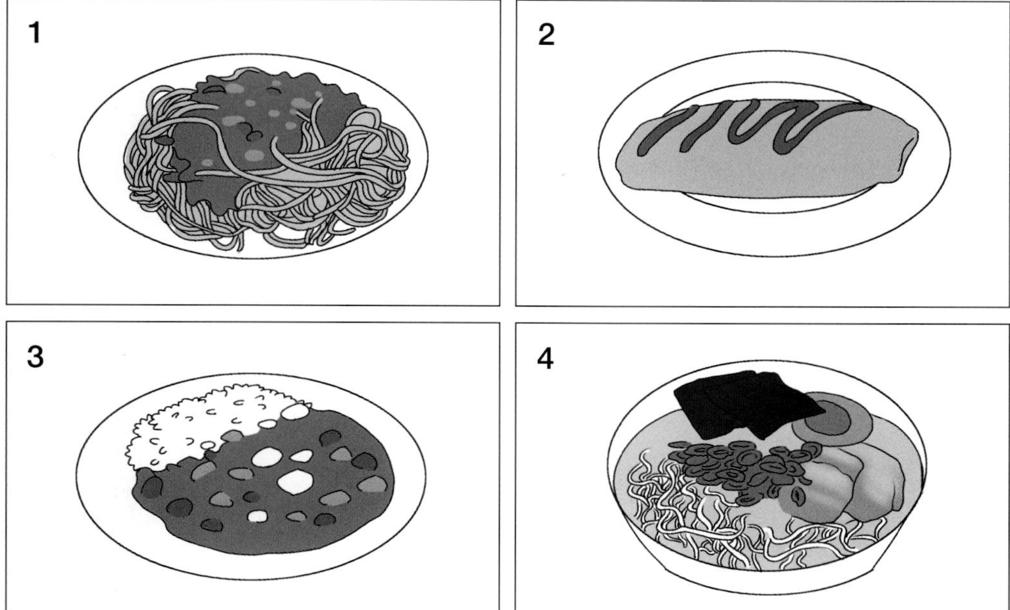

7 ばん

1 もくようび

2 きんようび

3 どようび

4 にちようび

もんだい2

　もんだい2では、はじめに　しつもんを　きいて　ください。それから　はなしを
きいて、もんだいようしの　1から4の　なかから、いちばん　いい　ものを　ひとつ
えらんで　ください。

れい

1　だいがくの　としょかん

2　じもとの　としょかん

3　がくぶの　けんきゅうしつ

4　きょうじゅの　けんきゅうしつ

1ばん

1　6じ

2　6じ30ぷん

3　7じ

4　7じ30ぷん

2ばん

1　090－2793－6664

2　090－2379－6654

3　090－2379－6664

4　090－2793－6654

3 ばん

1 はは

2 ともだち

3 ひとり

4 りょうしん

4 ばん

1 でんわを かける

2 りれきしょを せいりする

3 めんせつを する

4 ぼしゅうを しめきる

5 ばん

1 どうぶつえん

2 がっこう

3 えき

4 きょうしつ

6 ばん

1 はなたば

2 ケーキ

3 ていきケース

4 てがみ

もんだい３

　もんだい３では、えを みながら しつもんを きいて ください。➡（やじるし）の
ひとは なんと いいますか。１から３の なかから、いちばん いい ものを ひとつ
えらんで ください。

れい

1 ばん

2 ばん

3 ばん

4 ばん

5 ばん

もんだい４

もんだい４は、えなどが　ありません。ぶんを　きいて　１から３の　なかから、いちばん　いい　ものを　ひとつ　えらんで　ください。

－メモ－

JLPT 실전모의고사 N4

합격하길 바래!

1회

자신의 실력이 어느 정도인지 확인할 수 있도록 임의적으로 만든 채점표입니다. 실제 시험은 상대 평가 방식이므로 약간의 오차가 발생할 수 있습니다.

언어지식 (문자 · 어휘 · 문법) · 독해

		배점	만점	1회	
				정답 문항 수	점수
문자 · 어휘	문제 1	1점×9문항	9		
	문제 2	1점×6문항	6		
	문제 3	1점×10문항	10		
	문제 4	1점×5문항	5		
	문제 5	1점×5문항	5		
문법	문제 1	1점×15문항	15		
	문제 2	1점×5문항	5		
	문제 3	1점×5문항	5		
독해	문제 4	6점×4문항	24		
	문제 5	6점×4문항	24		
	문제 6	6점×2문항	12		
합계			120점		

청해

		배점	만점	1회	
				정답 문항 수	점수
청해	문제 1	2점×8문항	16		
	문제 2	2점×7문항	14		
	문제 3	2점×5문항	10		
	문제 4	2점×8문항	16		
합계			56점		

* **점수 계산법** : 청해 [   ]점÷56×60 = [   ]점

N4

げんごちしき（もじ・ごい）

（30ぷん）

ちゅうい
Notes

1. しけんが はじまるまで、この もんだいようしを あけないで ください。
   Do not open this question booklet until the test begins.

2. この もんだいようしを もって かえる ことは できません。
   Do not take this question booklet with you after the test.

3. じゅけんばんごうと なまえを したの らんに、じゅけんひょうと おなじように かいて ください。
   Write your examinee registration number and name clearly in each box below as written on your test voucher.

4. この もんだいようしは、ぜんぶで 9ページ あります。
   This question booklet has 9 pages.

5. もんだいには かいとうばんごうの [1]、[2]、[3] … が あります。
   かいとうは、かいとうようしに ある おなじ ばんごうの ところに マークして ください。
   One of the row numbers [1], [2], [3] … is given for each question. Mark your answer in the same row of the answer sheet.

じゅけんばんごう Examinee Registration Number	

なまえ Name	

もんだい1　＿＿＿＿＿の　ことばは　ひらがなで　どう　かきますか。
　　　　　　1・2・3・4から　いちばん　いい　ものを　ひとつ　えらんで　ください。

（例）　わたしの　せんもんは　文学です。

1　いがく　　　　2　かがく　　　　3　ぶんがく　　　4　すうがく

（かいとうようし）　（例）　① 　② 　● 　④

1　あには　洋服を　買いました。

1　ようぶぐ　　　　2　ようぶく　　　　3　ようふく　　　　4　ようぷく

2　ごはんが　少ないです。

1　すぐない　　　　2　すくない　　　　3　しょうない　　　4　ちいない

3　出口が　わかりません。

1　しゅつくち　　　2　でぐち　　　　　3　てくち　　　　　4　しゅっくち

4　動物を　見る　ために　でかけました。

1　とうぷつ　　　　2　どうぶつ　　　　3　とうぶつ　　　　4　とうふつ

5　やすみに　図書館に　行きます。

1　とじょかん　　　2　とそかん　　　　3　としょかん　　　4　どくしょかん

6　赤い　はなですね。

1　あおい　　　　　2　あさい　　　　　3　あかい　　　　　4　あかるい

7　英語を　おしえて　います。

1　えいご　　　　　2　こくご　　　　　3　こご　　　　　4　えいが

8　自動車に　のります。

1　じでんしゃ　　　2　じとうしゃ　　　3　じてんしゃ　　　4　じどうしゃ

9　おかねを　貸して　ください。

1　かして　　　　　2　けして　　　　　3　たして　　　　　4　さして

N4・1회

もんだい2 ＿＿＿＿＿の ことばは どう かきますか。1・2・3・4から いちばん
いい ものを ひとつ えらんで ください。

（例） ふねで にもつを おくります。

1 近ります　　2 逆ります　　3 辺ります　　4 送ります

（かいとうようし）　（例）　① ② ③ ●

10　これは きのう とった しゃしんです。

1 与真　　　　2 字慎　　　　3 写真　　　　4 字真

11　かれは うたが じょうずです。

1 下牛　　　　2 下手　　　　3 上牛　　　　4 上手

12　この ちかくに すんで います。

1 住んで　　　2 伴んで　　　3 件んで　　　4 促んで

13　かれは きゅうに はしりだしました。

1 思に　　　　2 急に　　　　3 息に　　　　4 意に

14　あの たてものが がっこうです。

1 権物　　　　2 建物　　　　3 健物　　　　4 建牣

15　なつやすみが はじまります。

1 妨まり　　　2 始まり　　　3 姉まり　　　4 姑まり

もんだい3　（　　）に　なにを　いれますか。1・2・3・4から　いちばん　いい
　　　　ものを　ひとつ　えらんで　ください。

（例）　スーパーで　もらった　（　　）を　見ると、何を　買ったか
わかります。

1　レジ　　　　　　2　レシート　　　3　おつり　　　　4　さいふ

（かいとうようし）　（例）　① ● ③ ④

16　テストの　（　　）は　むずかしかった。

1　もんだい　　　　　2　かみ　　　　　　3　しつもん　　　4　ぎもん

17　きょうは　（　　）さむいので、あたたかく　して　行きましょう。

1　みじかく　　　　　2　すこし　　　　　3　あまり　　　　4　うすく

18　（　　）を　なくしたので　かいものが　できません。

1　ハンカチ　　　　　2　ざっし　　　　　3　はがき　　　　4　さいふ

19　いちねんまえ　あしを　おって　（　　）して　いました。

1　けんがく　　　　　2　にゅうがく　　　3　けんこう　　　4　にゅういん

20　ここは　えきが　ちかいので　とても　（　　）です。

1　かんたん　　　　　2　ふべん　　　　　3　べんり　　　　4　わるい

21　あさごはんを　（　　）食べないと　ちからが　出ません。

1　たいへん　　　　　2　しっかり　　　　3　じょうぶに　　4　ほんとう

22 わからない ことばは（　　　）で しらべて ください。

1 じしょ　　　　　2 しゅくだい　　　3 じゅぎょう　　4 しつもん

23 しけん（　　　）に ねむって しまいました。

1 すぐ　　　　　　2 ずつ　　　　　　3 ちゅう　　　　4 なか

24 先生の はなして いる ことばの（　　　）が わかりません。

1 いみ　　　　　　2 はなし　　　　　3 ぶんしょう　　4 さくぶん

25 くるまを 買ったので（　　　）する ことが できます。

1 かいてん　　　　2 うんてん　　　　3 うんどう　　　　4 さんぽ

もんだい４ ＿＿＿＿＿の ぶんと だいたい おなじ いみの ぶんが あります。
１・２・３・４から いちばん いい ものを ひとつ えらんで ください。

(例) でんしゃの 中で さわがないで ください。

　1　でんしゃの 中で ものを たべないで ください。

　2　でんしゃの 中で うるさく しないで ください。

　3　でんしゃの 中で たばこを すわないで ください。

　4　でんしゃの 中で きたなく しないで ください。

（かいとうようし）　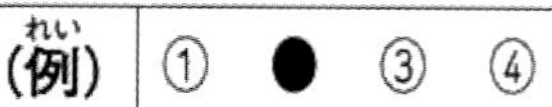

26　がっこうに せいとが まだ だれも きて いません。

　1　がっこうに せいとが たくさん います。

　2　がっこうに せいとが ひとりも いません。

　3　がっこうに せいとが ひとり います。

　4　がっこうに せいとが ほとんど いません。

27　きょうは せんせいが じゅぎょうに おくれました。

　1　きょうは せんせいが じゅぎょうを やすみました。

　2　きょうは せんせいが じゅぎょうを やめました。

　3　きょうは せんせいが じゅぎょうを おそく はじめました。

　4　きょうは せんせいが じゅぎょうを はやく はじめました。

28 てんきが わるく なる まえに いえを でて さんぽしました。

1 てんきが まだ いい ときに いえを でて あるきました。

2 てんきが まだ わるい ときに いえを でて あるきました。

3 てんきが わるいので いえを でて はしりました。

4 てんきが いいので いえを でて はしりました。

29 べんきょうを いっしょうけんめいに します。

1 べんきょうを すこしだけ します。

2 べんきょうを まじめに します。

3 べんきょうを ときどき します。

4 べんきょうを ほとんど しません。

30 あまい ものが きらいなので おかしは ほとんど たべられません。

1 あまい ものが すきではないから おかしは ぜんぶ たべられます。

2 あまい ものが すきではないから おかしは あまり たべる ことが
できません。

3 あまい ものが きらいではないから おかしは ぜんぶ たべられます。

4 あまい ものが きらいではないから おかしは あまり たべる ことが
できません。

もんだい5　つぎの　ことばの　つかいかたで　いちばん　いい　ものを　１・２・３・４
　　　　　　から　ひとつ　えらんで　ください。

（例）　すてる

　　1　へやを　ぜんぶ　すてて　ください。

　　2　ひどい　ことを　するのは　すてて　ください。

　　3　ここに　いらない　ものを　すてて　ください。

　　4　学校の　本を　かばんに　すてて　ください。

（かいとうようし）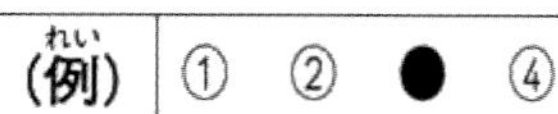

31　いけん

1　この　ぶんしょうは　いけんが　とおりません。

2　しゃちょうは　かれの　いけんを　ききました。

3　わたしは　がっこうに　いって　せんせいに　あさの　いけんを　しました。

4　かれは　おそく　おきて　おかあさんに　いけんを　いわれました。

32　けいかく

1　らいねん、りょこうに　いく　けいかくを　たてて　います。

2　わたしも　あさの　かいぎに　けいかくします。

3　あしたの　ひるから　さむく　なる　けいかくです。

4　おとうとは　きのう　した　けいかくを　やぶりました。

33 れんらく

1 まいにち ピアノを れんらくします。

2 わからない ときは わたしに れんらくして ください。

3 あなたの うちの れんらくを ここに かいて ください。

4 たくさん れんらくしたので、テストは うまく いった。

34 よやく

1 きょうは いえで りょうりを つくる よやくです。

2 らいねん かいしゃを つくる よやくを たてました。

3 あした びじゅつかんに いく よやくです。

4 はやく よやく しないと きっぷが かえません。

35 けしき

1 あの やまの けしきは ほんとうに うつくしいです。

2 かおの けしきが わるいですが、だいじょうぶですか。

3 きょうの かいぎの けしきは あまり よく ありませんでした。

4 いえに ある この 花の けしきは とても きれいです。

N4

言語知識（文法）・読解

（60分）

注意 Notes

1. 試験が始まるまで、この問題用紙を開けないでください。
   Do not open this question booklet until the test begins.

2. この問題用紙を持って帰ることはできません。
   Do not take this question booklet with you after the test.

3. 受験番号と名前を下の欄に、受験票と同じように書いてください。
   Write your examinee registration number and name clearly in each box below as written on your test voucher.

4. この問題用紙は、全部で15ページあります。
   This question booklet has 15 pages.

5. 問題には解答番号の 1、2、3 … があります。
   解答は、解答用紙にある同じ番号のところにマークしてください。
   One of the row numbers 1, 2, 3 … is given for each question. Mark your answer in the same row of the answer sheet.

受験番号 Examinee Registration Number	

名前 Name	

もんだい1 （　　　）に 何を 入れますか。1・2・3・4から いちばん いい
　　　　　ものを 一つ えらんで ください。

（例） わたしは 毎朝 新聞 （　　　） 読みます。

　　　1 が　　　　　2 の　　　　　3 を　　　　　4 で

（解答用紙）　（例）　① ② ● ④

---

1 A「もう そとに 出て あそんでも いいですか。」
　 B「あめが ふって いるので まだ そとに （　　　）。」

　1 でる つもりです　　　　　　　2 でない ほうが いいです

　3 でて ください　　　　　　　　4 でません。

2 A「きょうは 先生に たくさん おこられましたか。」
　 B「いいえ、それほど （　　　）。」

　1 おこられました　　　　　　　　2 おこられませんでした

　3 おこられます　　　　　　　　　4 おこられて います

3 A「わたしの いもうとが どこに いるか わかりますか。」
　 B「はい、きょうしつを 出て、（　　　）。」

　1 かえりません　　　　　　　　　2 かえって いきました

　3 かえります　　　　　　　　　　4 かえって いません

4 A「あした てんきが よければ どこかに 行きませんか。」
　 B「いいえ、いそがしいので （　　　）。」

　1 行きます　　　　　　　　　　　2 行かないで ください

　3 行く ことが できません　　　　4 行っても いいです

5　　A「テーブルの　上に　あった　りんごは　どこに　ありますか。」
　　　B「さっき　食べたので（　　　）。」

1　もう　ありません　　　　　　　　　　2　まだ　ありました

3　まだ　あります　　　　　　　　　　　4　もう　あります

6　　A「なおこさんの　病気は　どうですか。」
　　　B「やっと　げんき（　　　）。」

1　では　ありません　　　　　　　　　　2　に　なりました

3　に　なります。　　　　　　　　　　　4　では　ありませんでした

7　　A「わたしの　かばんを　さがして　います。」
　　　B「つくえの　うえに（　　　）よ。」

1　いませんでした　　　　　　　　　　　2　いました

3　ありませんでした　　　　　　　　　　4　ありました

8　　A「あした　サッカーの　しあいを　みますか。」
　　　B「はい、（　　　）。」

1　みなくても　いいです　　　　　　　　2　みる　つもりです

3　みませんでした　　　　　　　　　　　4　みて　います

9　　A「先生、まだ　学校に　のこらなければ　いけませんか。」
　　　B「いいえ、（　　　）。」

1　のこる　つもりです　　　　　　　　　2　のこらなければ　いけません

3　のこらなくても　いいです　　　　　　4　のこりません

10　A「これは　もう　食べる　ことが　できますか。」
　　B「おとうさんが　来たら（　　　　）。」

1　食べそうです　　　　　　　　　　　2　食べません

3　食べても　いいです　　　　　　　　4　食べなくても　いいです

11　A「きょう　だれが　かいぎに　来る　よていですか。」
　　B「田中さんと　ゆりこさんが（　　　　）。」

1　来なくても　いいです　　　　　　　2　来るそうです

3　来ない　ほうが　いいです　　　　　4　来なければ　なりません

12　A「どの　えきで　おりたら　いいですか。」
　　B「Cえきで（　　　　）。」

1　おりて　ください　　　　　　　　　2　おりそうです

3　おりたいです　　　　　　　　　　　4　おりて　います

13　A「りょこうは　たのしかったですか。」
　　B「いいえ、てんきが　よく　なかったので（　　　　）。」

1　たのしく　なかったです　　　　　　2　たのしいです

3　たのしく　ないです　　　　　　　　4　たのしいようです

14　A「ジュースは　つめたいですか。」
　　B「いいえ、れいぞうこに　いれた（　　　　）、つめたく　ないです。」

1　あとで　　　　　　　　　　　　　　2　ばかりで

3　ようで　　　　　　　　　　　　　　4　ので

15　A「ここの　ドアを　あけない　ほうが　いいですか。」
　　B「はい、（　　　　）。」

1　あけないで　ください　　　　　　　2　あけて　ください

3　あけても　いいです　　　　　　　　4　あけましょう

もんだい2 ____★____ に 入る ものは どれですか。1・2・3・4から いちばん
いい ものを 一つ えらんで ください。

(問題例)

つくえの ____ ____ __★__ ____ あります。

    1 が   2 に   3 上   4 ペン

(答え方)

1. 正しい 文を 作ります。

> つくえの ____ ____ __★__ ____ あります。
>
>   3 上   2 に   4 ペン   1 が

2. __★__ に 入る 番号を 黒く 塗ります。

(解答用紙)   (例) ① ② ③ ●

---

16 まり「いま ギターを ならって いるんですか。」
    しほ「はい、いま がっこうに ____ ____ __★__ ____ います。」

  1 して   2 れんしゅう   3 行って   4 を

17 ゆりさんは アメリカで ____ ____ __★__ ____ あります。

  1 べんきょう   2 えいごを   3 ことが   4 した

18 ここは　きたないので、＿＿＿＿　＿＿＿＿　★　＿＿＿＿　です。

1　いい　　　　　2　ない　　　　　3　すわら　　　　4　ほうが

19　石田「山本さん、まだ　いえに　いますか。」

山本「はい、いま　＿＿＿＿　＿＿＿＿　★　＿＿＿＿　です。」

1　でる　　　　　2　から　　　　　3　いえを　　　　4　ところ

20　あした　＿＿＿＿　＿＿＿＿　★　＿＿＿＿　です。

1　さむい　　　　2　とても　　　　3　らしい　　　　4　まで

もんだい3　　21　から　25　に　何を　入れますか。文章の　意味を　考えて、
　　　1・2・3・4から　いちばん　いい　ものを　一つ　えらんで　ください。

下の　文章は　アランさんが　書いた　日記です。

4月3日　にちようび

　今日　学校の　近くに　ある　公園に　行きました。公園には　行った　こと
が　　21　、いちど　行きたいと　思って　いました。公園は　アパートから　歩
いて　30分くらい　かかりました。とても　いい　天気だった　　22　、公園に
は　たくさんの　人が　来て　いました。公園には　さくらが　たくさん　さいて
いて　とても　きれいでした。この　公園は　ともだちの　ニコさんが　おしえ
て　　23　。ニコさんは　公園の　近くに　すんで　います。　24　毎日　公園に
あそびに　行くそうです。こんどは　ニコさんと　いっしょに　あそびに　　25
と　思いました。

21

　　1　なかったので　　　　　　　　　　2　あったので

　　3　ないそうなので　　　　　　　　　4　あるそうなので

22

　　1　ばかりで　　　　2　ので　　　　　3　のに　　　　　4　あとで

23

　　1　もらいました　　2　あげました　　　3　やりました　　4　くれました

24

  1 しかし   **2** だから   **3** たとえば   **4** また

25

  1 行きたくない   **2** 行きたい   **3** 行きたがる   **4** 行きたがらない

もんだい４　つぎの（１）から（４）の文章を読んで、質問に答えてください。答えは、
　　　　　１・２・３・４から、いちばんいいものを一つえらんでください。

（１）

明日の会議の予定を書いて、ワンさんにわたします。

ワンさんへ

　明日午後４時３０分に始める予定だった会議は、時間がかわりました。ぶちょうが会社にもどる予定が５時なので、会議は５時３０分からになりました。場所はこの前は４かいでしたが、こんどは３がいの会議室です。ワンさんは会議が始まる３０分前までに来てください。川上さんは会議に出ないようなので、分からないことは２かいにいる吉田さんに聞いてください。

26　会議に出ないのはだれですか。

　　1　ぶちょう

　　2　ワンさん

　　3　川上さん

　　4　吉田さん

（2）

図書館の入り口に、このお知らせがあります。

図書館利用の注意

★ 利用時間は午前9時半から午後8時までです。ただし、土・日・祝日は

午後5時までです。

★ 休館日は毎週月曜日です。月曜日が祝日の場合も休館です。

★ 貸し出し期間は2週間です。

27　このお知らせから、図書館についてわかることは何ですか。

1　午後9時に図書館で勉強してもいいです。

2　1週間以内に本を読まなければいけません。

3　平日と休日の利用時間が違います。

4　月曜日は図書館が利用できます。

（3）

これは、吉田さんから山田さんに届いた結婚式の招待状です。

ようやく春めいてまいりましたが、皆様、いかがお過ごしでしょうか。

このたび結婚式を挙げることになりました。

ご多忙中誠に恐縮ではございますが、ぜひご出席いただきたく、ここにご案内申し上げます。

日時　2013年5月24日（金）

午前11時00分

午前10時30分　受付

場所　ホテルマリオット

愛知県名古屋市中村区名駅一丁目1番4号

吉田一郎

石田まゆみ

誠にお手数ではございますが、同封の葉書にてご出席の有無を4月30日までにお知らせくださいますよう、お願い申し上げます。

28　山田さんは、吉田さんに何をしなければなりませんか。

1　電話で祝いの言葉を言わなければならない。

2　結婚式に出席しなければならない。

3　電話で出席の有無を知らせる。

4　葉書で出席できるかどうかを知らせる。

（4）

　佐々木さんは、インターネットショッピング会社で働いています。お客さんから
の注文を受けたり、電話で相談に乗ったりします。それから、注文のメールの確認
をしたり、商品の説明を書いたりします。

29 佐々木さんの仕事ではないものはどれですか。

1 商品の発送をします。

2 注文の確認をします。

3 商品の説明を書きます。

4 お客さんの相談に乗ります。

もんだい５　つぎの文章を読んで、質問に答えてください。答えは、１・２・３・４　から、いちばんいいものを一つえらんでください。

　日本では、正月は１月１日から７日のことです。とくに１月１日がいちばん大切な日で、「元日」といって、新しい年になったことを祝う日です。日本では、正月の準備をする１２月３０日から１月５日ぐらいまで、学校や仕事が休みになる人が多いです。その時に家族がみんな集まります。元日はとても大切な日なので、そのまえの日の１２月３１日に掃除をします。そして新しい年になる前に、家族みんなでそばを食べる習慣があります。これは、長く生きられるように、という意味があります。新しい年になると、「明けましておめでとうございます」とみんなにあいさつをします。あいさつをした後、１月１日から３日の間だけ「おせち料理」を食べます。おせち料理をつくることはたいへんなので、最近はおせち料理をつくらないで、買う人が多くなりました。　また子供たちは「お年玉」というお金を、大人からもらうことができます。子供たちは、そのお金でおもちゃなどを買います。

30　日本では正月とはいつですか。

1　１月１日

2　１２月３１日

3　１月１日から１月７日

4　１２月３０日から１月５日

31 日本では正月になる前にどんなことをしますか。

1 学校や会社に行く。

2 掃除をして、そばを食べる。

3 みんなにあいさつをして、おせち料理を食べる。

4 大人からお金をもらう。

32 掃除をするのはどうしてですか。

1 学校や仕事が休みなので時間があるから

2 正月はとても大切な日なのできれいにしたいから

3 長く生きたいから

4 お金をもらわないといけないから

33 最近何をする人が多くなっていますか。

1 会社や学校を休む人

2 おせち料理を買う人

3 おせち料理をつくる人

4 おもちゃを買う人

もんだい６　次のページのＡ「学生食堂のメニュー」とＢ「カレンダー」を見て、下の
　　　　　　質問に答えてください。答えは１・２・３・４から、いちばんいいものを
　　　　　　一つえらんでください。

34　今日は６日です。まりさんは今６００円をもっています。何を食べることがで
　　　きますか。

　　１　すしかうどん

　　２　うどんかハンバーグ

　　３　とんかつかそば

　　４　そばかカレー

35　今日は１０日です。たけしさんは今９００円をもっています。つぎのうち、何
　　　を食べることができますか。

　　１　とんかつ

　　２　すし

　　３　ハンバーグ

　　４　カレー

A　学生食堂メニュー

メニュー	食べられる日	ねだん
とんかつ	月曜日、木曜日	650円
そば	月曜日、水曜日、金曜日	250円
うどん	火曜日、木曜日	200円
カレー	月曜日、水曜日	500円
ハンバーグ	火曜日、金曜日	600円
すし	毎月　最初の金曜日	850円

B　カレンダー

日	月	火	水	木	金	土
			1	2	3	4
5	6	7	8	9	10	11
12	13	14	15	16	17	18
19	20	21	22	23	24	25
26	27	28	29	30		

N4

聴解
ちょうかい

（35分）
ふん

注　意
ちゅう　　い
Notes

1. 試験が始まるまで、この問題用紙を開けないでください。
   Do not open this question booklet until the test begins.

2. この問題用紙を持って帰ることはできません。
   Do not take this question booklet with you after the test.

3. 受験番号と名前を下の欄に、受験票と同じように書いてください。
   Write your examinee registration number and name clearly in each box below as written on your test voucher.

4. この問題用紙は、全部で15ページあります。
   This question booklet has 15 pages.

5. この問題用紙にメモをとってもいいです。
   You may make notes in this question booklet.

受験番号　Examinee Registration Number

名前　Name

もんだい１

　もんだい１では、まず　しつもんを　聞いて　ください。それから　話を　聞いて、もんだいようしの　１から４の　中から、いちばん　いい　ものを　一つ　えらんでください。

れい

1　にんじん　１本だけ

2　にんじん　１本と　りんご

3　にんじん　２本だけ

4　にんじん　２本と　りんご

1 ばん

2 ばん

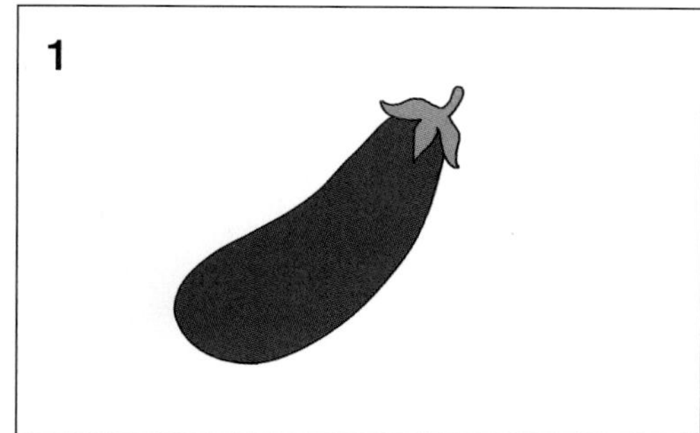 

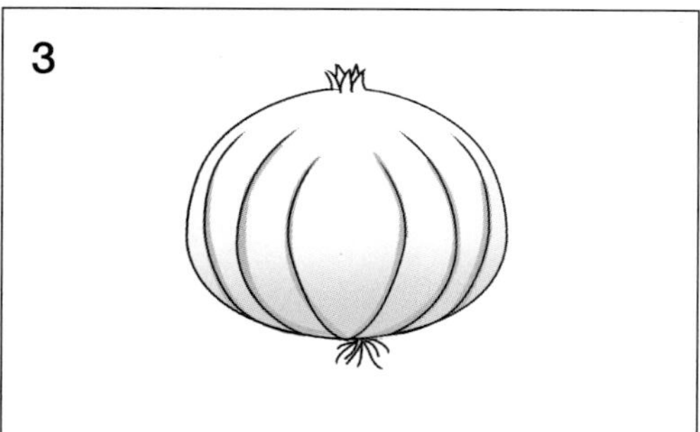 

3ばん

1　2まい

2　4まい

3　6まい

4　8まい

4ばん

5 ばん

6 ばん

7ばん

1　8時に　こうもんの　前

2　10時に　こうもんの　前

3　8時に　たいいくかんの　前

4　10時に　たいいくかんの　前

8ばん

1　1ばんと　2ばん

2　2ばんと　3ばん

3　2ばんと　4ばん

4　2ばんと　5ばん

もんだい 2

　もんだい 2 では、まず　しつもんを　聞いて　ください。そのあと、
もんだいようしを　見て　ください。読む　時間が　あります。それから　話を　聞い
て、もんだいようしの　1 から 4 の　中から、いちばん　いい　ものを　一つ　えらん
で　ください。

れい

1　家から　とおいから

2　はたらいている　人が　いやだから

3　ほかに　集中したい　ことが　あるから

4　ほかに　やりたい　ことが　あるから

1 ばん

1　おとうと

2　いもうと

3　あに

4　りょうしん

2 ばん

1　今<ruby>いま</ruby>すぐ

2　げつようび

3　きんようび

4　あした

3 ばん

1　せまいから

2　えきまで　とおいから

3　ともだちと　すむから

4　がっこうが　とおいから

4 ばん

1　げつようび

2　かようび

3　すいようび

4　もくようび

5 ばん

1　まったく　みて　いない

2　月に　3本　みる

3　月に　10本いじょう　みる

4　月に　5本　みる

6 ばん

1　テニス

2　たっきゅう

3　バスケットボール

4　バドミントン

7ばん

1　19：00

2　19：10

3　19：20

4　19：30

もんだい 3

もんだい 3 では、えを 見ながら しつもんを 聞いて ください。
➡ （やじるし）の 人は 何と 言いますか。1 から 3 の 中から、いちばん いい
ものを 一つ えらんで ください。

れい

1 ばん

2 ばん

3 ばん

4 ばん

5 ばん

もんだい４

　もんだい４では、えなどが ありません。まず ぶんを 聞いて ください。それから、そのへんじを 聞いて、１から３の 中から、いちばん いい ものを 一つ えらんで ください。

－メモ－

합격하길
바래! 쑨
JLPT
실전모의고사
N4
2회

자신의 실력이 어느 정도인지 확인할 수 있도록 임의적으로 만든 채점표입니다. 실제 시험은 상대 평가 방식이므로 약간의 오차가 발생할 수 있습니다.

언어지식 (문자 · 어휘 · 문법) · 독해

		배점	만점	1회	
				정답 문항 수	점수
문자 · 어휘	문제 1	1점×9문항	9		
	문제 2	1점×6문항	6		
	문제 3	1점×10문항	10		
	문제 4	1점×5문항	5		
	문제 5	1점×5문항	5		
문법	문제 1	1점×15문항	15		
	문제 2	1점×5문항	5		
	문제 3	1점×5문항	5		
독해	문제 4	6점×4문항	24		
	문제 5	6점×4문항	24		
	문제 6	6점×2문항	12		
합계			120점		

청해

		배점	만점	1회	
				정답 문항 수	점수
청해	문제 1	2점×8문항	16		
	문제 2	2점×7문항	14		
	문제 3	2점×5문항	10		
	문제 4	2점×8문항	16		
합계			56점		

* **점수 계산법** : 청해 [   ]점÷56×60 = [   ]점

N4

げんごちしき （もじ・ごい）

（30ぷん）

ちゅうい
Notes

1. しけんが はじまるまで、この もんだいようしを あけないで ください。
   Do not open this question booklet until the test begins.

2. この もんだいようしを もって かえる ことは できません。
   Do not take this question booklet with you after the test.

3. じゅけんばんごうと なまえを したの らんに、じゅけんひょうと おなじように かいて ください。
   Write your examinee registration number and name clearly in each box below as written on your test voucher.

4. この もんだいようしは、ぜんぶで 9ページ あります。
   This question booklet has 9 pages.

5. もんだいには かいとうばんごうの 1 、 2 、 3 … が あります。
   かいとうは、かいとうようしに ある おなじ ばんごうの ところに マークして ください。
   One of the row numbers 1 , 2 , 3 … is given for each question. Mark your answer in the same row of the answer sheet.

じゅけんばんごう　Examinee Registration Number	

なまえ　Name	

もんだい1　＿＿＿＿＿の　ことばは　ひらがなで　どう　かきますか。
　　　　　　1・2・3・4から　いちばん　いい　ものを　ひとつ　えらんで　ください。

（例）　わたしの　せんもんは　文学です。

1　いがく　　　　2　かがく　　　　3　ぶんがく　　　　4　すうがく

（かいとうようし）　（例）　① ② ● ④

1　空気が　きれいです。

1　そらぎ　　　　2　くうき　　　　3　ぐうき　　　　4　そらき

2　いつも　これを　使って　います。

1　おこって　　　　2　おもって　　　　3　つかって　　　　4　さわって

3　おかねを　足して　ください。

1　けして　　　　2　たして　　　　3　かして　　　　4　まして

4　この　やさいは　安いですね。

1　ひくい　　　　2　やすい　　　　3　たかい　　　　4　ほそい

5　この　かばんを　運んで　ください。

1　うんで　　　　2　えらんで　　　　3　かんで　　　　4　はこんで

6　ひとが　とても　多いです。

1　ながい　　　　2　ふとい　　　　3　おおい　　　　4　すくない

7 　味が　おいしいです。

1　くち　　　　　　2　あし　　　　　　3　み　　　　　　4　あじ

8 　かれの　なまえを　知って　います。

1　しって　　　　　　2　おもって　　　　　　3　きって　　　　　　4　なって

9 　これは　重いです。

1　かるい　　　　　　2　おもい　　　　　　3　かたい　　　　　　4　おおい

もんだい2　＿＿＿＿＿の　ことばは　どう　かきますか。1・2・3・4から　いちばん
　　　　いい　ものを　ひとつ　えらんで　ください。

（例）　ふねで　にもつを　おくります。

　　1　近ります　　2　逆ります　　3　辺ります　　4　送ります

（かいとうようし）　（例）　① ② ③ ●

10　もう　あんしんです。

　　1　字心　　　　　2　安芯　　　　　3　安心　　　　　4　字心

11　わたしは　ぶんがくが　すきです。

　　1　分学　　　　　2　交学　　　　　3　文学　　　　　4　文字

12　かれは　とくべつな　ひとだ。

　　1　特別　　　　　2　時号　　　　　3　待合　　　　　4　時刊

13　しけんが　はじまります。

　　1　詩検　　　　　2試検　　　　　3　試験　　　　　4　詩験

14　わたしの　へやは　ひろいです。

　　1　麻い　　　　　2　宏い　　　　　3　広い　　　　　4　庁い

15　それは　とても　たいせつです。

　　1　太切　　　　　2　犬功　　　　　3　太功　　　　　4　大切

もんだい３　（　　　）に　なにを　いれますか。１・２・３・４から　いちばん　いい
　　　ものを　ひとつ　えらんで　ください。

（例）　スーパーで　もらった　（　　　）を　見ると、何を　買ったか
　　わかります。

　　１　レジ　　　　　　２　レシート　　　３　おつり　　　　４　さいふ

　　（かいとうようし）　（例）　① ● ③ ④

16　この　ほんは　とても　むずかしいので、　こどもには　（　　　）　です。

　　１　むり　　　　　　２　へた　　　　　　３　わるい　　　　４　じょうず

17　ゆうびんきょくで　（　　　）を　かいました。

　　１　ざっし　　　　　２　ノート　　　　　３　てがみ　　　　４　きって

18　こまっているので、　せんせいに　（　　　）　したいです。

　　１　そうだん　　　　２　はなし　　　　　３　かいわ　　　　４　かいぎ

19　わたしは　（　　　）を　よむ　ことが　すきです。

　　１　ことば　　　　　２　いみ　　　　　　３　しょうせつ　　４　え

20　あしたまでに　この　しごとを　（　　　）　やって　ください。

　　１　もう　　　　　　２　いつか　　　　　３　たぶん　　　　４　かならず

21　かれは　（　　　）　なので、　きちんと　べんきょうします。

　　１　じょうず　　　　２　まじめ　　　　　３　よい　　　　　４　ほんとう

22 あそこに おいて ある さいふは （　　　） わたしの ものです。

1 もっと　　　　　　2 いつも　　　　　　3 たしかに　　　　4 まさか

23 あと すこしで だいがくを （　　　） します。

1 しけん　　　　　　2 そつぎょう　　　　3 にゅうがく　　　4 じゅぎょう

24 にちようび （　　　） は、　がっこうに いきます。

1 ちゅう　　　　　　2 そと　　　　　　　3 いがい　　　　　4 ほか

25 やっと りょこうに いく （　　　） が できました。

1 きょうみ　　　　　2 じゅんび　　　　　3 しゃかい　　　　4 けいけん

もんだい4　＿＿＿＿＿の ぶんと だいたい おなじ いみの ぶんが あります。
1・2・3・4から いちばん いい ものを ひとつ えらんで ください。

---

^{れい}（例）　でんしゃの 中で さわがないで ください。

1　でんしゃの 中で ものを たべないで ください。

2　でんしゃの 中で うるさく しないで ください。

3　でんしゃの 中で たばこを すわないで ください。

4　でんしゃの 中で きたなく しないで ください。

（かいとうようし）

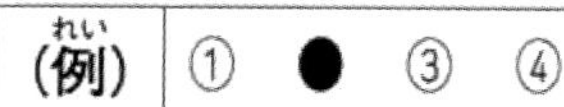

26　これは すきではないので べつの ものを ください。

1 これは きらいだから あたらしい ものを ください。

2 これは すきだから おなじ ものを ください。

3 これは きらいだから ちがう ものを ください。

4 これは きらいではないから ひとつ ください。

27　しけんの まえに ふくしゅうしました。

1 かいぎが はじまる まえに じゅんびを しました。

2 かいぎの まえには なにも しませんでした。

3 テストが はじまる まえに もう いちど べんきょうしました。

4 テストが はじまる まえに はじめて べんきょうしました。

28 まいしゅう どようびに やまに のぼる ことが しゅうかんです。

1 どようびに いつも やまに のぼって います。

2 いつも やまに のぼろうと おもって います。

3 いつも どようびに やまに のぼりたいです。

4 どようびだけ やまに のぼりたく ありません。

29 このごろ ここに ねこが くるようです。

1 さいきん ここに ねこが くるらしいです。

2 まえは ここに ねこが きて いました。

3 ちょっと まえまで ここに ねこが きて いたらしいです。

4 たぶん ここに ねこが くるでしょう。

30 きっと かれは かえって くると おもいます。

1 かれは かえって くるでしょう。

2 かれは かえらないかもしれません。

3 かれは かえる つもりは ありません。

4 かれは かえるかもしれません。

もんだい5　つぎの　ことばの　つかいかたで　いちばん　いい　ものを　1・2・3・4
　　　　　から　ひとつ　えらんで　ください。

(例)　すてる

　　1　へやを　ぜんぶ　すてて　ください。
　　2　ひどい　ことを　するのは　すてて　ください。
　　3　ここに　いらない　ものを　すてて　ください。
　　4　学校の　本を　かばんに　すてて　ください。

　　(かいとうようし)　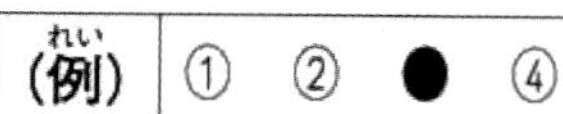

31　しゅみ

1　ゆきが　ふって、　やまの　しゅみが　きれいです。

2　びょうきに　なったので　かおの　しゅみが　よく　ないです。

3　きのう　えいがを　みる　しゅみを　しました。

4　わたしの　しゅみは　りょうりです。

32　れきし

1　その　じこは　れきしに　のこるでしょう。

2　しごとを　して　みて　いい　れきしに　なりました。

3　テーブルの　うえに　きょう　ごはんを　たべた　れきしが　ありあす。

4　あの　ひとは　こわいという　れきしが　あります。

33 りゆう

  1 この　ほんは　おもしろいですが、　りゆうが　むずかしいです。

  2 この　テストの　もんだいの　ぶんの　りゆうが　わかりません。

  3 はやく　いえを　でて　りゆうに　なりたいです。

  4 おとうさんが　おこった　りゆうは　わかりません。

34 けっして

  1 わたしは　けっして　がっこうを　やすみません。

  2 かれは　けっして　おもしろいです。

  3 きのう　おそく　かえったので　けっして　つかれて　います。

  4 おとうさんは　けっして　しごとを　おわらせます。

35 しばらく

  1 きょうは　しばらく　おそいので、　いえに　かえります。

  2 にちようび　しばらく　いっしょに　こうえんに　いきましょう。

  3 わたしは　しばらく　うみに　およぎに　いきました。

  4 かれは　しばらく　そこで　まって　いました。

N4

言語知識（文法）・読解

（60分）

注　意
Notes

1. 試験が始まるまで、この問題用紙を開けないでください。
   Do not open this question booklet until the test begins.

2. この問題用紙を持って帰ることはできません。
   Do not take this question booklet with you after the test.

3. 受験番号と名前を下の欄に、受験票と同じように書いてください。
   Write your examinee registration number and name clearly in each box below as written on your test voucher.

4. この問題用紙は、全部で15ページあります。
   This question booklet has 15 pages.

5. 問題には解答番号の 1 、 2 、 3 … があります。
   解答は、解答用紙にある同じ番号のところにマークしてください。
   One of the row numbers 1 , 2 , 3 … is given for each question. Mark your answer in the same row of the answer sheet.

受験番号　Examinee Registration Number	

名前　Name	

もんだい1　（　　　）に　何を　入れますか。1・2・3・4から　いちばん　いい
　　　　　ものを　一つ　えらんで　ください。

（例）　わたしは　毎朝　新聞　（　　　）　読みます。

　　　1　が　　　　　2　の　　　　　3　を　　　　　4　で

（解答用紙）　　（例）　① 　② 　● 　④

1　A「すいませんが、ドアを　あけても　いいですか。」
　　　B「いいえ、（　　　）。」

　　　1　あけても　いいです　　　　　　　2　あける　ことが　できません

　　　3　あけないで　ください　　　　　　4　あけます

2　A「そとは　さむいですか。」
　　　B「いいえ、あまり　（　　　）。」

　　　1　さむく　ないです　　　　　　　　2　さむいです

　　　3　さむいらしいです　　　　　　　　4　さむいでしょう

3　A「かいぎは　もう　おわりましたか。」
　　　B「まだ　（　　　）。」

　　　1　おわります　　　　　　　　　　　2　おわって　いません

　　　3　おわるでしょう　　　　　　　　　4　おわっても　いいです

4　A「この　にもつを　もって　もらえますか。」
　　　B「はい、（　　　）。」

　　　1　もって　あげます　　　　　　　　2　もって　くれます

　　　3　もつ　ことが　できません　　　　4　もって　もらいます

5　A「がっこうに　わたしの　かばんは　ありましたか。」
　　B「たしか　さっき　（　　　）。」

1　ありません　　　　　　　　　　2　いました

3　あります　　　　　　　　　　　4　あったようです

6　A「いぬは　おおきく　なりましたか。」
　　B「ええ、おおきく　（　　　）。」

1　ありません　　　　　　　　　　2　なりました

3　なります　　　　　　　　　　　4　ありませんでした

7　A「にほんは　はじめてですか。」
　　B「いいえ、いちど　（　　　）。」

1　きます　　　　　　　　　　　　2　きていません

3　いくでしょう　　　　　　　　　4　きた　ことが　あります

8　A「これは　かれの　さいふですか。」
　　B「かれの　さいふ　（　　　）　わかりません。」

1　か　　　　　　　　　　　　　　2　と

3　に　　　　　　　　　　　　　　4　も

9　A「えいごを　おしえて　あげましょうか。」
　　B「はい、（　　　）。」

1　おしえて　くれます　　　　　　2　おしえて　ください

3　おしえて　もらいました　　　　4　おしえて　あげます

10　A「きょうは　あめが　ふりそうですか。」
　　B「いいえ、（　　　　）。」

1　ふらないようです　　　　　　　2　ふるでしょう

3　ふります　　　　　　　　　　　4　ふりました

11　A「きのう　だれかが　きましたか。」
　　B「せんせいが（　　　　）。」

1　きました　　　　　　　　　　　2　きた　ことが　あります

3　きて　います　　　　　　　　　4　きません

12　A「こんどの　テストは　いつですか。」
　　B「ひにちが（　　　　）れんらくします。」

1　きまるか　　　　　　　　　　　2　きまっても

3　きまったら　　　　　　　　　　4　きまるのに

13　A「どれを　かいますか。」
　　B「この　りんごを（　　　　）。」

1　かいたいです　　　　　　　　　2　かいたく　なかったです

3　かった　ことが　あります　　　4　かっても　いいです

14　A「はやく　かいしゃに　こられそうですか。」
　　B「みちが　こんで　いる（　　　　）、おそく　なりそうです。」

1　かも　　　　　　　　　　　　　2　ばかりで

3　しか　　　　　　　　　　　　　4　ので

15　A「また　テレビを　かったんですか。」
　　B「はい、（　　　　）また　かいました。」

1　こわれないので　　　　　　　　2　こわれたので

3　こわれたいから　　　　　　　　4　こわれた　ことが　あるので

152

もんだい2　＿＿★＿＿　に　入る　ものは　どれですか。1・2・3・4から　いちばん
いい　ものを　一つ　えらんで　ください。

（問題例）

つくえの　＿＿＿＿＿　＿＿＿＿＿　＿＿★＿＿　＿＿＿＿＿　あります。

1　が　　　　2　に　　　　3　上　　　　4　ペン

（答え方）

1. 正しい　文を　作ります。

つくえの　＿＿＿＿＿　＿＿＿＿＿　＿＿★＿＿　＿＿＿＿＿　あります。 3　上　　2　に　　4　ペン　　1　が

2. ＿★＿　に　入る　番号を　黒く　塗ります。

（解答用紙）　　（例）　① 　② 　③ 　●

16　これは　＿＿＿＿＿　＿＿＿＿＿　＿＿★＿＿　＿＿＿＿＿　みたいです。

1　えいが　　　　2　みて　　　　　3　おもしろい　　4　だから

17　今日は　＿＿＿＿＿　＿＿＿＿＿　＿＿★＿＿　＿＿＿＿＿　に　行きました。

1　もって　　　　2　を　　　　　　3　がっこう　　　4　かさ

18 田中さんは　英語 ＿＿＿＿＿ ＿＿＿＿＿ ＿★＿＿ ＿＿＿＿＿ ことが　できます。

1 はなす　　　　　2 日本語も　　　　3 も　　　　　　4 うまく

19 かれは　いえに ＿＿＿＿＿ ＿＿＿＿＿ ＿★＿＿ ＿＿＿＿＿ いきました。

1 本を　　　　　　2 から　　　　　　3 おいて　　　　4 あそびに

20 きょうは　あたまも ＿＿＿＿＿ ＿＿＿＿＿ ＿★＿＿ ＿＿＿＿＿ かえりたいです。

1 ねつも　　　　　2 いたいし　　　　3 ので　　　　　4 ある

もんだい３　　21　から　25　に　何を　入れますか。文章の　意味を　考えて、
　　　　　　１・２・３・４から　いちばん　いい　ものを　一つ　えらんで　ください。

下の　文章は　ゆりさんが　書いた　てがみです。

　わたしは　いま　学校から　ちょっと　とおい　アパートに　すんで　います。電車に　のって　１時間くらい　かかります。ちょっと　とおいから　あさ　はやく　21　。だから　まいにち　あさ６時　22　おきて　います。電車の　駅までは　あるいて　３分くらいです。わたしの　いえは　学校までは　とおいです　23　、　駅まで　近いので　とても　べんりです。ともだちの　キムさんが　近くに　すんで　いて、まいにち　いっしょの　電車に　のって　学校に　行って　います。キムさんは　来年　日本の　大学に　行くために　勉強　24　。　一時間の　25　キムさんと　話す　ことは　とても　たのしいです。

　　　　　　　　　　　　　　　　　　　　　　　　　　　　　ゆり

21

1　おきましょう　　　　　　　　　2　おきなくてはいけません

3　おきません　　　　　　　　　　4　おきるようです

22

1　には　　　　　2　にも　　　　　3　しか　　　　　4　だけ

23

1　から　　　　　2　なら　　　　　3　が　　　　　　4　は

24

1 して しまいます　　　　　2 して いるそうです

3 したがります　　　　　　4 して くれます

25

1 とき　　　　2 ちゅう　　　　3 あいだ　　　　4 なか

もんだい４　つぎの（１）から（４）の文章を読んで、質問に答えてください。答えは、
　　　　　１・２・３・４から、いちばんいいものを一つえらんでください。

（１）

次は下宿の規則です。

朝ごはんとばんごはんは１かいの部屋で食べてください。

朝ごはんは朝６時３０分から８時までに食べてください。

ばんごはんは夕方７時から８時３０分までに食べてください。

食べたあとのさらは、台所で自分で洗ってください。

ごみはゴミ箱に捨ててください。

26　朝ごはんはつぎのうち、何時に食べることができますか。

　　１　６時　　　　　　２　７時　　　　　３　８時３０分　　　４　９時

（2）

会場の入り口に、このお知らせがあります。

会場内はたいへん混雑する場合がありますので、貴重品などの管理は各自でしっかりと行っていただくよう、お願いいたします。

公演の際の服装、アクセサリーなど身につけるものは、周りの方の安全を配慮していただくようお願いいたします。

とがったアクセサリー類、ハイヒールなどを身につける場合、周りの方が怪我をしたり、不快に感じたりするようなものは避けるようお願いいたします。

公演中に気分が悪くなった人や怪我をした人が周りにいた場合、速やかにお近くのスタッフまでお申し付けください。

会場での場所取りなどの行為は、他のお客様のご迷惑になりますので、ご遠慮くださいますよう、お願いいたします。

27　このお知らせから、会場内の注意についてわかることは何ですか。

1　財布などはロッカーに預けてください。

2　アクセサリーは一切つけてはいけません。

3　体調の悪い人はただちにスタッフに知らせてください。

4　ハイヒールは履いてはいけません。

（3）

これは、ゆみさんからまりさんに届いたメールです。

まりさん

明日のアルバイトですが、午後から急な用事ができました。

なので、すみませんが、時間を午前10時に変えられませんか。

まりさんの都合がよければ、お願いします。

このメールを読んだら、返事をください。

ゆみ

28 まりさんは、ゆみさんに何を知らせなければなりませんか。

　1　アルバイトを違う日に変えられるかどうか

　2　まりさんの今日の午後の予定

　3　まりさんのあさっての予定

　4　アルバイトを明日の午後に変えられるかどうか

（4）

　岡田さんは、朝10時に勤め先であるホテルへ出勤します。会社に着いたら、ミーティングをして、お客様の予約確認をします。また、予約なしで来るお客様にも対応できるよう、空室確認も欠かせません。それ以外にも、フロントの片づけをしたりアルバイトの服装も整えたりします。

29 岡田さんの仕事ではないものはどれですか。

1 空室がないように確認します。

2 フロントの掃除をします。

3 お客の予約確認をします。

4 同僚たちと会議をします。

もんだい5　つぎの文章を読んで、質問に答えてください。答えは、1・2・3・4
　　　　　から、いちばんいいものを一つえらんでください。

　日本では、春になるとさくらを見にいく人が多いです。さくらを見に行くことを
花見といいます。さくらは公園や家の庭や学校など、いろいろなところにうえられ
ているので、春になってゆっくりさんぽすると、うつくしいけしきを見ることがで
きます。春はいろいろな花がたくさん咲いて、けしきがうつくしいので、春が好き
だと思う日本人はたくさんいます。日本では会社や学校は4月から始まって、3月
に終わるので、新しい生活を始めるときにちょうどさくらが咲いています。　春はと
もだちや先生と別れる季節でもあるし、新しく人と会うことができる季節でもあり
ます。だからさくらが咲くと、別れたともだちや先生のことを思い出して、かなし
い気持ちになったり、新しく人と会って楽しい気持ちになったりする人もいます。

30　花見とは何ですか。

　　1　さくらを見に行くこと

　　2　花をうえること

　　3　いろいろな花がさくこと

　　4　さくらが咲くこと

31　日本では学校や会社はいつはじまりますか。

　　1　3月

　　2　4月

　　3　5月

　　4　6月

32 春が好きだと思う人がたくさんいるのはなぜですか。

1 ゆっくりさんぽをすることができるから

2 会社や学校がはじまるから

3 ともだちや先生と別れるから

4 けしきがうつくしいから

33 さくらが咲くとかなしくなったり楽しくなったりするのはなぜですか。

1 花見ができるから

2 さんぽしてうつくしいけしきを見ることができるから

3 友だちや先生と別れたり会ったりするときにさくらが咲くから

4 さくらがいろいろなところでとてもきれいに咲いているから

もんだい６　次のページの「本を送るお金」の表を見て、下の質問に答えてください。
　　　　　　答えは１・２・３・４から、いちばんいいものを一つえらんでください。

34　　５００円のまんがの本を２さつかいたいです。いくらになりますか。

1　８００円

2　1,０００円

3　1,３００円

4　1,５００円

35　　３００円のまんがの本を７さつかいたいです。いくらになりますか。

1　1,９００円

2　2,１００円

3　2,４００円

4　2,６００円

本を送るお金の表

本のかず	送るお金	その他
1さつ	500円	
2さつ以上	300円	
5さつ以上	ただ	本のねだんが 200円安くなる

N4

聴解
（ちょうかい）

（35分）
（ふん）

注　意
（ちゅう）（い）
Notes

1. 試験が始まるまで、この問題用紙を開けないでください。
   Do not open this question booklet until the test begins.

2. この問題用紙を持って帰ることはできません。
   Do not take this question booklet with you after the test.

3. 受験番号と名前を下の欄に、受験票と同じように書いてください。
   Write your examinee registration number and name clearly in each box below as written on your test voucher.

4. この問題用紙は、全部で15ページあります。
   This question booklet has 15 pages.

5. この問題用紙にメモをとってもいいです。
   You may make notes in this question booklet.

受験番号　Examinee Registration Number	

名前　Name	

もんだい１

　もんだい１では、まず　しつもんを　聞_きいて　ください。それから　話_{はなし}を　聞_きいて、もんだいようしの　１から４の　中_{なか}から、いちばん　いい　ものを　一_{ひと}つ　えらんで　ください。

れい

1　にんじん　１本_{ぼん}だけ

2　にんじん　１本_{ぼん}と　りんご

3　にんじん　２本_{ほん}だけ

4　にんじん　２本_{ほん}と　りんご

1 ばん

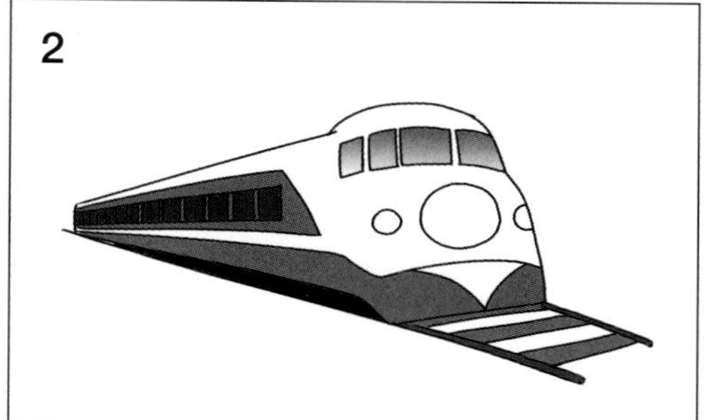

2 ばん

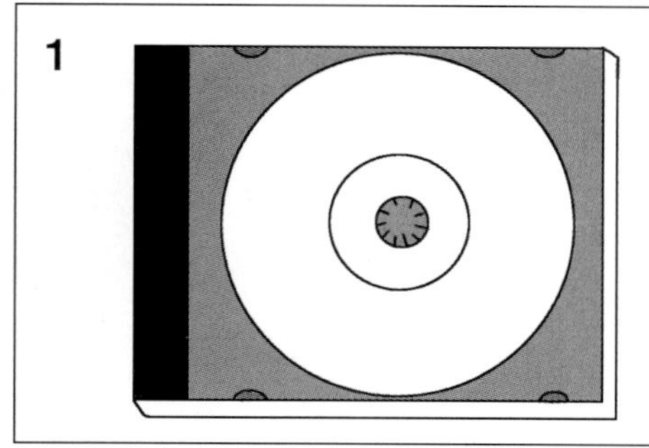

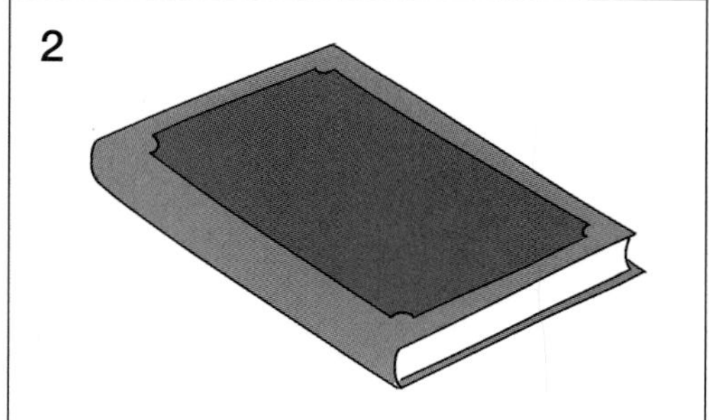

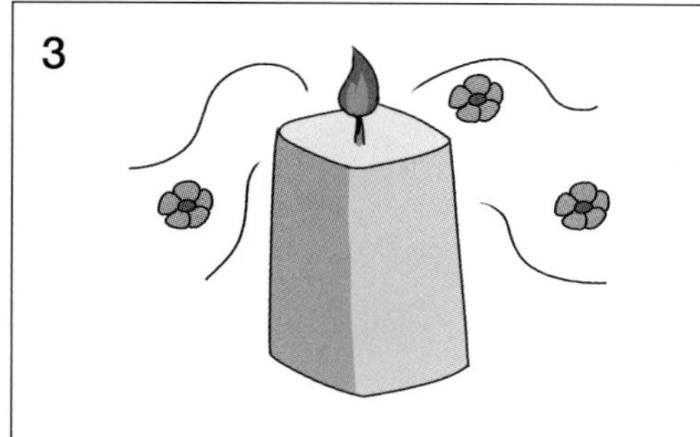

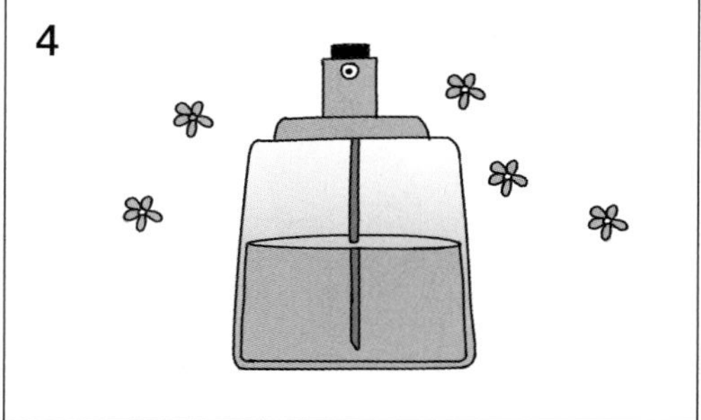

3ばん

1　6はい

2　5はい

3　4はい

4　3ばい

4ばん

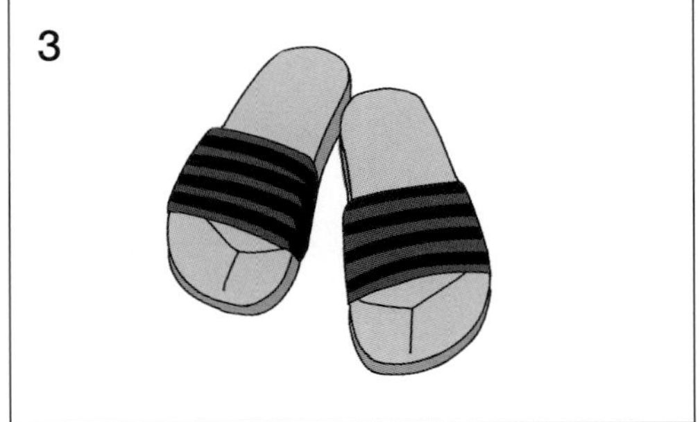

5 ばん

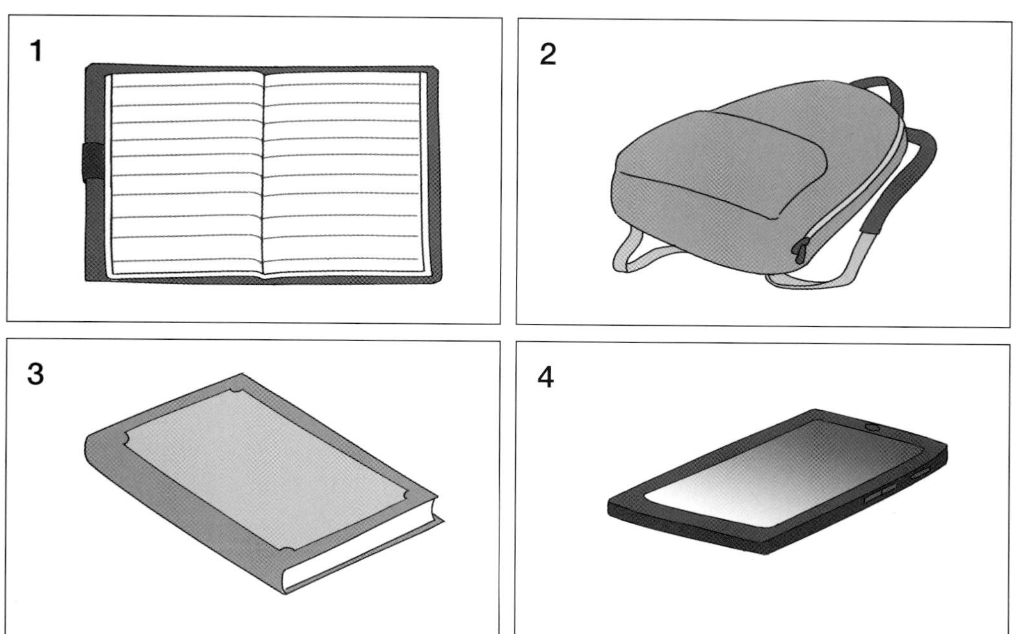

6 ばん

7 ばん

1　3時

2　9時

3　10時

4　11時

8 ばん

1　きいろの　ボタン

2　あかいろの　ボタン

3　みどりいろの　ボタン

4　くろの　ボタン

もんだい2

　もんだい2では、まず　しつもんを　聞いて　ください。そのあと、
もんだいようしを　見て　ください。読む　時間が　あります。それから　話を　聞い
て、もんだいようしの　1から4の　中から、いちばん　いい　ものを　一つ　えらん
で　ください。

れい

1　家から　とおいから

2　はたらいている　人が　いやだから

3　ほかに　集中したい　ことが　あるから

4　ほかに　やりたい　ことが　あるから

1 ばん

1　一泊二日

2　二泊三日

3　三泊四日

4　四泊五日

2 ばん

1　げつようび

2　かようび

3　すいようび

4　もくようび

3ばん

1 じゅぎょうのため

2 こうかんりゅうがく

3 ごがくの　べんきょう

4 しゅみ

4ばん

1 げつようび

2 かようび

3 すいようび

4 もくようび

5 ばん

1 年に 2 回
2 年に 3 回
3 年に 4 回
4 年に 5 回

6 ばん

1 どくしょ
2 りょうり
3 うんどう
4 おんがく

7 ばん

1 1：30

2 2：00

3 3：00

4 3：30

もんだい３

もんだい３では、えを 見ながら しつもんを 聞いて ください。
➡（やじるし）の 人は 何と 言いますか。１から３の 中から、いちばん いい
ものを 一つ えらんで ください。

れい

1 ばん

2 ばん

3 ばん

4 ばん

5 ばん

もんだい４

　もんだい４では、えなどが ありません。まず ぶんを 聞^きいて ください。
それから、そのへんじを 聞^きいて、１から３の 中^{なか}から、いちばん いい ものを
一^{ひと}つ えらんで ください。

－メモ－

1교시 언어지식(문자·어휘)

問題 1 [1] ③ [2] ④ [3] ① [4] ③ [5] ② [6] ③ [7] ① [8] ④ [9] ① [10] ③ [11] ④ [12] ①

問題 2 [13] ④ [14] ② [15] ① [16] ③ [17] ② [18] ② [19] ③ [20] ④

問題 3 [21] ① [22] ④ [23] ② [24] ① [25] ② [26] ③ [27] ④ [28] ③ [29] ① [30] ①

問題 4 [31] ④ [32] ② [33] ② [34] ① [35] ③

2교시 언어지식(문법)·독해

問題 1 [1] ④ [2] ② [3] ④ [4] ① [5] ④ [6] ① [7] ② [8] ① [9] ② [10] ③ [11] ③ [12] ② [13] ④ [14] ① [15] ② [16] ①

問題 2 [17] ① [18] ① [19] ① [20] ③ [21] ③

問題 3 [22] ③ [23] ① [24] ② [25] ① [26] ②

問題 4 [27] ④ [28] ④ [29] ②

問題 5 [30] ② [31] ②

問題 6 [32] ②

3교시 청해

問題 1 [1] ② [2] ② [3] ② [4] ③ [5] ① [6] ③ [7] ①

問題 2 [1] ② [2] ① [3] ③ [4] ④ [5] ① [6] ③

問題 3 [1] ① [2] ③ [3] ① [4] ③ [5] ②

問題 4 [1] ② [2] ② [3] ② [4] ① [5] ③ [6] ①

문제 1   _______의 단어는 히라가나로 어떻게 씁니까? 1·2·3·4에서 가장 알맞은 것을 하나 고르세요.

1 내일 **이야기**를 하겠습니다.

> **해설** 話는 음으로 わ, 훈으로 話(はなし)/話(はな)す라고 읽는다. 여기서는 훈독한 명사 話(はなし)를 뜻하므로 정답은 3번이다.

あした 내일 | 話 이야기 | する 하다

정답 ③

2 **어른**이 아닙니다.

> **해설** 大人은 한자 大와 人를 각각 따로 읽는 것이 아니라 묶어서 おとな라고 읽는다. 어른, 성인을 뜻하는 명사이다.

大人 어른, 성인 | 명사+ではありません ～이(가) 아닙니다

정답 ④

3 저 사람은 **큽**니다.

> **해설** 大는 음으로 だい 또는 たい, 훈으로 大(おお)/大(おお)きい/大(おお)いに라고 읽는다. 이 때는 훈독하는 형용사 大(おお)きい(크다)를 뜻하는 것이므로 정답은 1번이다.

あの 저 | ひと 사람 | 大きい 크다 | おもい 무겁다 | おおい 많다

정답 ①

4 **대학**에 가고 싶습니다.

> **해설** 大는 음으로 だい 또는 たい라 읽고 学은 음으로 がく, 훈으로 学(まな)ぶ라고 읽는다. 大学은 둘 다 음독하여 だいがく라고 읽고 대학을 뜻한다.

大学 대학 | いく 가다 | 동사 ます형+たい ～(하)고 싶다

정답 ③

5 저 **사람**은 어머니입니다.

> **해설** 人은 음으로 じん 또는 にん이라고 읽고 훈으로는 人(ひと)라고 읽는다. 이 때는 훈독하여 2번 ひと(사람)가 된다.

人 사람 | はは 어머니

정답 ②

6 **전화**가 있습니다.

> **해설** 電은 음독하여 でん, 話는 음으로 わ, 훈으로 話(はなし)/話(はな)す라고 읽는다. 電話는 둘 다 음으로 읽어 でんわ(전화)라고 한다.

電話 전화 | ある (무생물/식물이) 있다

정답 ③

7 다리가 **깁**니다.

> **해설** 長은 음으로 ちょう, 훈으로 長(なが)い라고 읽는다. 이 때는 훈독한 형용사 長い(길다)를 뜻하므로 정답은 1번 ながい이다.

あし 다리 | 長い 길다

정답 ①

8 물을 주세요.

> 해설) 水는 음독하여 すい, 훈독하여 水(みず)라 한다. 여기서는 훈으로 읽어 みず(물)가 되므로 정답은 4번이다.

水 물 | ください 주세요

정답 ④

9 아래에 있는 것은 무엇입니까?

> 해설) 下는 음으로 か/げ라 읽고, 훈으로 下(した)/下(もと)/下(さ)げる 등으로 읽는다. 이 문장에서는 아래라는 뜻으로 쓰였으므로 した라고 읽어야 한다.

下 아래, 밑 | ある (무생물/식물이) 있다 | もの 것 | なん 무엇 | うえ 위

정답 ①

10 사과를 넣습니다.

> 해설) 入은 음으로 にゅう, 훈으로 入(い)る/入(い)れる/入(はい)る라고 읽는다. 여기서는 入れます라고 하였으므로 훈독한 동사 入(い)れる(넣다)를 뜻함을 알 수 있다. 따라서 정답은 3번이다.

りんご 사과 | 入れる 넣다

정답 ③

11 밖으로 나옵니다.

> 해설) 外는 음독하여 がい/げ라 읽고, 훈독하여 外(そと)/外(ほか) 등으로 읽는다. 이 때는 밖이라는 뜻의 명사 外(そと)를 말하므로 정답은 4번이다.

外 밖 | でる 나가다, 나오다

정답 ④

12 집에 오지 말아 주세요.

> 해설) 동사 来(く)る(오다)의 ない형이다. 来(く)る는 来(こ)ない가 되므로 발음에 주의해야 한다. 정답은 1번이다.

いえ 집 | 来る 오다 | 동사 ない형+ないでください ～(하)지 말아 주세요

정답 ①

문제 2 _______의 단어는 어떻게 씁니까? 1 · 2 · 3 · 4에서 가장 알맞은 것을 하나 고르세요.

13 이 시계가 갖고 싶다.

> 해설) とけい란 시계를 뜻하며, 한자로는 時計라고 쓴다.

時計 시계 | ほしい 갖고 싶다

정답 ④

14 이름은 무엇입니까?

> 해설) なまえ는 이름이라는 뜻의 명사이다. 한자로는 名前라고 쓴다.

名前 이름 | なん 무엇

정답 ②

15 **매일** 학교에 갑니다.

> **해설** まいにち란 매일을 뜻한다. 한자로는 毎日라고 표기하므로 정답은 1번이다.

毎日 매일 | がっこう 학교 | いく 가다 | 毎月 매월 | 前日 전일, 전날 | 前月 지난달, 전달

정답 ①

16 저 **아파트**에 살고 있습니다.

> **해설** あぱーと란 아파트를 말하며 가타카나로는 アパート라고 표기한다.

あの 저 | アパート 아파트 | すむ 살다, 거주하다

정답 ③

17 **버스**를 타고 싶습니다.

> **해설** ばす는 버스를 말하므로 정답은 2번 バス이다.

バス 버스 | 〜にのる 〜(탈것)을 타다 | 동사 ます형+たい 〜(하)고 싶다

정답 ②

18 **커피**가 마시고 싶습니다.

> **해설** こーひー는 커피를 뜻한다. 가타카나의 올바른 표기는 2번 コーヒー이다.

コーヒー 커피 | のむ 마시다 | 동사 ます형+たい 〜(하)고 싶다

정답 ②

19 **그**는 외국에 있습니다.

> **해설** がいこく는 외국을 뜻하며, 한자로는 外国라고 표기하므로 정답은 3번이다.

かれ 그, 그 남자 | 外国 외국 | いる (사람/동물이) 있다

정답 ③

20 **화장실**은 어디입니까?

> **해설** といれ는 화장실을 뜻한다. 가타카나의 올바른 표기는 4번 トイレ이다.

トイレ 화장실 | どこ 어디

정답 ④

문제 3 (   )에 무엇을 넣습니까? 1 · 2 · 3 · 4에서 가장 알맞은 것을 하나 고르세요.

21 이 만화는 **재미있**습니다. 읽으세요.

> **해설** 읽으라고 하고 있으므로 이 만화에 대한 칭찬이 와야 자연스럽다. 따라서 정답은 1번 おもしろい(재미있다)이다.

まんが 만화 | おもしろい 재미있다 | よむ 읽다 | 동사 て형+てください 〜해 주세요 | よわい 약하다 | まるい 둥글다 | ひくい 낮다

정답 ①

22 영어 공부는 **어렵**습니다.

> **해설** 영어 공부에 대해 말하고 있으므로 이어질 가장 자연스러운 형용사는 4번 むずかしい(어렵다)이다.

えいご 영어 | べんきょう 공부 | むずかしい 어렵다 | すずしい 시원하다 | あかるい 밝다 | まずい 맛없다

정답 ④

23 오늘은 학교에 늦게 **도착했습니다**.

(해설) 오늘은 학교에 늦게 왔다는 말이 되어야 한다. 따라서 도착하다라는 의미의 동사 つく를 과거로 표현한 2번 つきました(도착했습니다)를 넣어야 한다.

きょう 오늘 | がっこう 학교 | おそい 늦다, 늦어지다 | つく 도착하다 | つかれる 지치다, 피곤하다 | おきる 일어나다 | とまる 멈추다, 서다

정답 ②

24 **바로** 수업을 시작합시다.

(해설) 수업을 시작하자는 말 앞에 올 수 있는 부사를 찾아야 한다. 수업을 바로 시작하자고 하는 것이 가장 자연스러우므로 정답은 1번 すぐに(바로)이다.

すぐに 바로 | じゅぎょう 수업 | はじめる 시작하다 | もっと 더 | とても 매우, 아주 | なぜ 왜

정답 ①

25 겨울이라서 매우 **춥습니다**.

(해설) 겨울이라고 하므로 매우 춥다고 해야 할 것이다. 그러므로 정답은 2번 さむい(춥다)이다.

ふゆ 겨울 | 〜なので 〜이기 때문에 | とても 매우, 아주 | さむい 춥다 | しろい 희다, 하얗다 | あたたかい 따뜻하다 | あたらしい 새롭다, 새것이다

정답 ②

26 도쿄는 차가 아주 많아서 **번잡합**니다.

(해설) 차가 아주 많다고 하므로 번잡하거나 복잡하다는 말이 와야 연결이 자연스럽다. 따라서 정답은 3번 にぎやか(번잡함)이다.

とうきょう 도쿄[지명] | とても 매우, 아주 | くるま 차 | おおい 많다 | にぎやかだ 번잡하다, 번화하다 | まじめだ 성실하다 | しずかだ 조용하다 | たいせつだ 소중하다, 중요하다

정답 ③

27 가방 **안에** 지갑이 들어있습니다.

(해설) 지갑이 들어있다고 하였으므로 가방 안에 들어있다고 해야 자연스럽다. 그러므로 정답은 4번 なかに(안에)가 된다.

かばん 가방 | なか 안, 속 | さいふ 지갑 | はいる 들어가다, 들어오다 | となり 옆 | みぎ 오른쪽 | うえ 위

정답 ④

28 아까 전부 주었기 때문에 여기에 사과는 **없습니다**.

(해설) 아까 전부 주었다고 했으므로 여기에 사과는 이제 없다고 해야 자연스럽다. 사과는 사물이므로 ありません(없습니다)이라고 해야 하므로 정답은 3번이다.

さっき 아까, 조금 전 | ぜんぶ 전부 | あげる 주다 | 〜ので 〜때문에 | ここ 여기 | りんご 사과 | ある (무생물/식물이) 있다 | いる (사람/동물이) 있다

정답 ③

29 이 가게에서 옷을 **삽니다**.

(해설) 이 가게에서 옷을 산다고 해야 가장 자연스럽다. 따라서 정답은 1번이다.

みせ 가게 | ふく 옷 | かう 사다 | あるく 걷다 | いく 가다 | かえる 돌아가다, 돌아오다

정답 ①

30 4월은 점점 따뜻해집니다.

(해설) 4월이 되면 날씨는 갈수록 따뜻해진다고 해야 할 것이다. 그러므로 변화를 나타낼 때 쓰는 부사인 だんだん(점점)을 넣어 점점 따뜻해진다는 표현이 되어야 한다.

4がつ 4월 | だんだん 점점 | あたたかい 따뜻하다 | い형용사 어간+くなる ~해지다 | たくさん 많이 | どうして 어떻게, 왜 | ぜんぶ 전부

정답 ①

문제4 _____의 문장과 거의 같은 의미인 문장이 있습니다. 1 · 2 · 3 · 4에서 가장 알맞은 것을 하나 고르세요.

31 저는 오늘 밤에 생선을 먹습니다.

1 저는 내일 낮에 생선을 먹습니다.
2 저는 내일 밤에 생선을 먹습니다.
3 저는 오늘 낮에 생선을 먹습니다.
4 저는 오늘 밤에 생선을 먹습니다.

(해설) こんばん은 오늘 밤을 뜻하므로 きょうのよる(오늘 밤)로 바꾸어 쓸 수 있다. 따라서 같은 의미의 문장은 4번이다.

わたし 나, 저 | こんばん 오늘 밤, 오늘 저녁 | さかな 생선 | たべる 먹다 | きょう 오늘 | ひる 낮 | あした 내일 | よる 밤

32 오늘 아침부터 추워졌습니다.

1 오늘 낮부터 추워졌습니다.
2 오늘 아침부터 추워졌습니다.
3 어제 낮부터 추워졌습니다.
4 어제 아침부터 추워졌습니다.

(해설) けさ란 오늘 아침을 뜻한다. 따라서 きょうのあさ(오늘 아침)로 바꾸어 쓸 수 있다. 오늘 아침부터 추워졌다는 뜻이며 정답은 2번이다.

けさ 오늘 아침 | ~から ~부터 | さむい 춥다 | い형용사 어간+くなる ~해지다 | きょう 오늘 | ひる 낮 | あさ 아침 | きのう 어제

33 저는 학교에서 일하고 있습니다.

1 저는 학교에서 달리고 있습니다.
2 저는 학교에서 일을 하고 있습니다.
3 저는 학교에서 놀고 있습니다.
4 저는 학교에서 쇼핑을 하고 있습니다.

(해설) はたらく는 일하다라는 의미의 동사이므로 はたらいています는 일하고 있습니다라는 뜻이다. 이것과 의미상 통하는 것은 2번 しごとをしています(일을 하고 있습니다)이다.

わたし 나, 저 | がっこう 학교 | はたらく 일하다 | はしる 달리다, 뛰다 | しごと 일 | あそぶ 놀다 | かいもの 장보기, 쇼핑

34 **많은 아이가 놀고 있습니다.**

1 많은 아이가 놀고 있습니다.
2 작은 아이가 놀고 있습니다.
3 큰 아이가 놀고 있습니다.
4 똑같은 아이가 놀고 있습니다.

해설 おおぜいは 많은 사람을 뜻하므로 많은 아이가 놀고 있다는 뜻이다. 이것과 비슷한 의미인 문장은 たくさんの(많은)를 사용한 1번이다.

おおぜい 여러 사람, 많은 사람 | こども 아이, 어린이 | あそぶ 놀다 | たくさん 많이 | ちいさな 작은 | おおきな 큰 | おなじ 똑같음

35 **엄마 옆에서 개가 자고 있습니다.**

1 엄마 밑에서 개가 자고 있습니다.
2 엄마 위에서 개가 자고 있습니다.
3 엄마 옆에서 개가 자고 있습니다.
4 엄마 앞에서 개가 자고 있습니다.

해설 となりは 옆이라는 뜻이므로 엄마 옆에서 개가 자고 있다는 뜻이다. よこ도 옆이라는 뜻이므로 의미상 비슷한 문장은 3번이다.

おかあさん 엄마, 어머니 | となり 옆 | いぬ 개 | ねる 자다 | した 아래, 밑 | うえ 위 | よこ 옆 | まえ 앞

문제 1 (   )에 무엇을 넣습니까? 1 · 2 · 3 · 4에서 가장 알맞은 것을 하나 고르세요.

1 선생님은 과일**을** 샀습니다.

> **해설** 과일과 샀다는 표현이 연결되어야 하므로 과일을 샀다고 해야 자연스럽다. 따라서 ~을(를)의 의미를 갖
> 는 조사 を를 넣어야 한다.

先生 선생님 | くだもの 과일 | かう 사다

정답 ④

2 돈은 조금**씩** 냅시다.

> **해설** 돈은 조금씩 내자는 말이 되어야 한다. 즉 すこし(조금)에 ずつ(~씩)를 연결해야 하므로 정답은 2번이다.

おかね 돈 | すこし 조금 | ~ずつ ~씩 | 出す 꺼내다, 내다 | ~など 따위, 등, ~같은 것 | ~ころ ~쯤

정답 ②

3 여기에 책이 세 **권** 있습니다.

> **해설** 책을 세는 알맞은 단위를 찾아야 한다. 4번의 さつ는 ~권이라는 뜻으로 책을 셀 때 사용하므로 정답은
> 4번이다.

ここ 여기 | 本 책 | ~さつ (책을 세는 단위) ~권, ~부 | ある (무생물/식물이) 있다 | ~ほん (가늘고 긴 막대기를 세는 단
위) ~개, ~자루 | ~まい (종이, 판자, 접시 등 얇고 평평한 것을 세는 단위) ~장 | ~かい (건물의 층을 세는 단위) ~층

정답 ④

4 그 식당은 맛있지 **않지만** (값이) 쌉니다.

> **해설** 그 식당은 맛있지 않지만 값이 싸다고 해야 자연스럽다. おいしくないです(맛있지 않습니다)에 が(~
> 이지만)를 연결하여 1번 おいしくないですが(맛있지 않지만)가 되어야 한다.

その 그 | 食堂 식당 | おいしい 맛있다 | やすい (값이) 싸다

정답 ①

5 오늘은 노래를 **부르면서** 돌아갔습니다.

> **해설** 노래를 부르면서 돌아갔다고 하는 것이 가장 자연스럽다. 〈동사 ます형+ながら〉는 '~하면서'라는 의미
> 로 앞의 동작을 하면서 동시에 뒤의 동작을 한다는 의미이다. 동사 うたう의 ます형 うたい에 ながら
> 를 연결해 うたいながら(부르면서)라고 해야 한다.

きょう 오늘 | うたをうたう 노래를 부르다 | かえる 돌아가다, 돌아오다

정답 ④

6 김 씨는 일하고 **있습니다.**

> **해설** 일하고 있다는 말이 되어야 한다. 〈동사 て형+ている〉는 ~(하)고 있다는 뜻이므로 정답은 1번 います
> 이다.

はたらく 일하다 | 동사 て형+ている ~(하)고 있다

정답 ①

7 여기에 밥이 **있습니다.**

> **해설** 여기에 밥이 있다는 말이 되어야 하는데 밥(ごはん)은 사물에 해당하므로 あります(있습니다)로 나타내
> 야 한다. 정답은 2번이다.

ここ 여기 | ごはん 밥 | ある (무생물/식물이) 있다 | いる (사람/동물이) 있다

정답 ②

8 이 음식은 달지는 **않습니다**.

> **해설** あまい(달다)라는 형용사를 부정형으로 나타내야 한다. あまくは(달지는)의 뒷부분에는 ありません이 이어져 あまくはありません(달지는 않습니다)이 되므로 정답은 1번이다.

この 이 | たべもの 음식, 먹을 거리 | あまい (맛이) 달다

정답 ①

9 비가 내리**므로** 일찍 돌아가겠습니다.

> **해설** 비가 내리기 때문에 일찍 돌아가겠다고 해야 자연스럽다. 따라서 이유를 나타내는 から로 연결해야 한다.

雨がふる 비가 내리다 | ～から ～(이)니까, ～때문에 | はやく 일찍, 빨리 | かえる 돌아가다, 돌아오다 | ～ながら ～(하)면서 | ～など 등, 따위, ～같은 것 | ～くらい ～쯤, 정도

정답 ②

10 일요일은 방**에서** 공부를 했습니다.

> **해설** 빈칸 앞은 へや(방), 즉 장소를 나타내는 명사이고 뒤는 공부를 했다는 동작을 나타내는 표현이 오고 있다. 따라서 방에서 공부를 했다고 해야 한다. 그러므로 ～에서라는 의미의 조사 で를 넣어야 한다.

にちようび 일요일 | 部屋 방 | べんきょう 공부 | する 하다

정답 ③

11 아침밥을 절반**만** 먹었습니다.

> **해설** はんぶん은 절반을 뜻하므로 절반만 먹었다고 해야 자연스러울 것이다. 따라서 3번 だけ(～뿐, ～만)가 정답이다.

あさごはん 아침밥 | はんぶん 절반 | ～だけ ～뿐, ～만 | 食べる 먹다 | ～まえ ～전, ～앞 | ～など 등, 따위, ～같은 것 | ～たち (사람이나 생물을 나타내는 말에 붙어 복수를 나타냄) ～들

정답 ③

12 역은 **어디에** 있습니까?

> **해설** 駅(えき)는 역, 즉 장소를 뜻하는 명사이다. 그러므로 역이 어디에 있는지를 물어야 하므로 정답은 2번 どこに(어디에)이다.

駅 역 | どこに 어디에 | ある (무생물/식물이) 있다 | どう 어떻게 | なにに 무엇으로 | いかが 어떻게

정답 ②

13 저 책은 **벌써** 몇 번이나 읽었습니다.

> **해설** 몇 번이나 읽었다고 했으므로 앞에는 이미, 벌써라는 의미의 말이 와야 한다. 따라서 정답은 4번 もう이다.

あの 저 | 本 책 | もう 이미, 벌써 | なんかい 몇 회, 몇 번 | よむ 읽다 | まだ 아직 | でも 하지만, 그래도 | どうも 아무리 해도, 어쩐지

정답 ④

14 일은 **아직** 끝나지 않았습니다.

> **해설** 끝나지 않았다고 하므로 아직이라는 말을 넣어 아직 끝나지 않았다고 해야 연결이 자연스럽다. 따라서 1번 まだ(아직)가 정답이다.

しごと 일 | まだ 아직 | 終わる 끝나다 | どんな 어떤 | いくら 얼마 | こんな 이런

정답 ①

15 차가 네 **대** 있습니다.

> **해설** 車(くるま)(차)를 세는 단위는 ～だい(～대)이므로 정답은 2번이다.

くるま 차 | ～だい (차, 기계 등을 세는 말) ～대 | ある (무생물/식물이) 있다 | ～にん (사람수를 세는 말) ～명 | ～ほん (가늘고 긴 막대기를 세는 말) ～개, ～자루 | ～かい (건물의 층을 세는 단위) ～층

정답 ②

16 그 채소는 (값이) 쌉니다.

> **해설** 그 채소는 가격이 싸다고 해야 자연스럽다. 따라서 조사 は(～은/는)를 넣어야 하므로 정답은 1번이다.

その 그 | やさい 채소 | 安(やす)い (값이) 싸다

정답 ①

문제 2 _____★___에 들어갈 것은 어느 것입니까? 1 · 2 · 3 · 4에서 가장 알맞은 것을 하나 고르세요.

17 학교에 **가기 전에 병원에** 갔습니다.

> **해설** 첫 칸에는 학교에 간다고 하는 것이 자연스러우므로 行く(가다)를 넣어야 하고 다음은 まえに(전에)가 와서 가기 전에 라고 이어져야 한다. 또 뒤는 학교에 가기 전에 병원에 갔다는 말이 되어야 자연스러우므로 びょういんへ/行きました(병원에/갔습니다)가 된다. 따라서 정답은 1번이다.

がっこう 학교 | 行(い)く 가다 | ～まえに ～전에 | びょういん 병원

정답 ① (4213)

18 의사가 **이 약은 달다** 고 말했습니다.

> **해설** この 뒤에는 명사가 와야 하고 は 앞에 명사가 와야 하므로 この와 は 사이에 くすり가 들어간다. 〈명사는 형용사〉의 문형이므로 순서대로 나열하면 この/くすり/は/あまい(이/약/은/달다)이다. 따라서 정답은 1번이다.

いしゃ 의사 | この 이 | くすり 약 | あまい (맛이) 달다 | ～と言(い)う ～라고 말하다

정답 ① (2314)

19 저기요, **그 사과는 얼마**입니까?

> **해설** 사과가 얼마인지 묻고 있다. 지시어인 その(그)가 りんご(사과) 앞에 와서 그 사과는 이라는 말이 되고, は(～은/는)가 그 뒤에 오고 마지막에 いくら(얼마)가 온다. 따라서 その/りんご/は/いくら(그/사과/는/얼마)의 순이므로 정답은 1번이다.

その 그 | りんご 사과 | いくら 얼마

정답 ① (3214)

20 이것은 어제 **내가 만든 밥**입니다.

> **해설** 내가 만든 밥이라고 해야 하므로 わたし/が/つくった/ごはん의 순서이다. 따라서 정답은 3번이다.

これ 이것 | きのう 어제 | わたし 나, 저 | 作(つく)る 만들다 | ごはん 밥

정답 ③ (2431)

21 저는 삼 **개월 만 일을** 합니다.

> **해설** 三(さん)에 연결되어야 하므로 첫 칸에는 かげつ(개월)가 와야 하고 だけ(～만)를 넣어야 한다. 또 일을 한다고 해야 하므로 しごと/を(일/을)의 순이 되어야 하므로 정답은 3번이다.

わたし 나, 저 | ～かげつ ～개월 | ～だけ ～뿐, ～만 | しごとをする 일을 하다

정답 ③ (2134)

190

죠이 씨와 김민수 씨가 친구에게 편지를 썼습니다.

(1) 안녕하세요.

저는 지금 일본에 있습니다. 지금은 봄이라서 따뜻합니다.

지난주에 친구가 생겼습니다. 22 그래서 아주 즐겁습니다.

친구는 김민수라는 이름이며 한국에서 23 왔습니다.

그러면 또 편지를 쓰겠습니다. 안녕히 계세요.

(2) 잘 지내세요?

지금 도쿄에서 일본어를 공부하고 있습니다.

일본어 공부는 아주 힘듭니다.

24 일주일 전 미국인 죠이 씨와 친구가 되었습니다.

죠이 씨는 일본어를 매우 잘합니다.

저는 일본 책을 좋아해서 매일 일본 책을 25 읽고 있습니다.

아주 재미있지만 어렵습니다.

이제부터 더 일본어를 공부 26 하고 싶습니다.

22　1 하지만　　　　　　　　2 그러나

　　　3 그래서　　　　　　　　4 그렇게 해서

　　해설　앞 문장에서 지난주에 친구가 생겼다고 했고, 뒤에서는 아주 즐겁다고 했으므로 친구가 생겨서 즐겁다고 해야 자연스럽다. 따라서 だから(그래서)로 연결해야 한다.

23　1 왔습니다　　　　　　　2 갔습니다

　　　3 가고 있습니다　　　　　4 옵니다

　　해설　친구는 김민수라는 이름으로 한국에서 왔다고 해야 한다. 따라서 정답은 1번 来ました(왔습니다)이다.

24　1 한 달 전　　　　　　　2 일주일 전

　　　3 1년 전　　　　　　　　4 어제

　　해설　죠이 씨의 편지에서 지난주(先週)에 친구가 생겼다고 했으므로 김민수 씨도 일주일 전(いっしゅうかん まえ)에 죠이 씨와 친구가 되었다고 해야 맞다. 따라서 정답은 2번이다.

25　1 읽고 있습니다　　　　　2 돌려주고 있습니다

　　　3 넣고 있습니다　　　　　4 가르치고 있습니다

　　해설　바로 앞이 日本のほんを(일본 책을)이므로 일본 책을 읽고 있다고 해야 자연스럽다. 따라서 정답은 1번 よんでいます(읽고 있습니다)이다.

26　1 하고 싶지 않습니다　　　2 하고 싶습니다

　　　3 그만두고 싶습니다　　　4 읽고 싶습니다

 일본어는 재미있지만 어렵다고 했다. 따라서 이제부터 일본어를 더 공부하고 싶다고 해야 하므로 정답은 2번 したいです(하고 싶습니다)이다.

ともだち 친구 | 手紙(てがみ) 편지 | 書(か)く 쓰다 | いま 지금 | 日本(にほん) 일본 | 春(はる) 봄 | あたたかい 따뜻하다 | 先週(せんしゅう) 지난주 | できる 생기다 | だから 그래서 | とても 매우, 아주 | たのしい 즐겁다 | ~という ~라고 하는 | なまえ 이름 | 韓国(かんこく) 한국 | 来(く)る 오다 | それでは 그러면, 그럼 | また 또 | とうきょう 도쿄[지명] | 日本語(にほんご) 일본어 | べんきょう 공부 | たいへんだ 힘들다 | いっしゅうかんまえ 일주일 전 | アメリカじん 미국인 | なる 되다 | じょうずだ 잘하다, 능숙하다 | 本(ほん) 책 | すきだ 좋아하다 | まいにち 매일 | よむ 읽다 | おもしろい 재미있다 | むずかしい 어렵다 | これから 이제부터 | もっと 더 | 동사 ます형+たい ~(하)고 싶다 | でも 하지만 | しかし 그러나 | そうして 그렇게 해서 | いっかげつまえ 한 달 전 | いちねんまえ 1년 전 | きのう 어제 | かえす 돌려주다 | いれる 넣다 | おしえる 가르치다 | やめる 그만두다

문제 4　다음 (1)부터 (3)의 글을 읽고 질문에 답하세요. 답은 1·2·3·4에서 가장 알맞은 것을 하나 고르세요.

(1) 엄마가 쓴 편지가 책상 위에 있습니다.

유키에게

오늘은 할머니와 함께 병원에 다녀올게.
집에는 9시에 돌아올 거야.
늦어지니까 먼저 아빠와 밥을 먹으렴.

엄마로부터

27　병원에 가지 않은 사람은 누구입니까?

1 할머니　　　　　　　　　　2 엄마
3 할머니와 엄마　　　　　　　**4 유키**

 엄마는 할머니와 함께 병원에 다녀오겠다(今日はおばあさんといっしょに病院へ行ってきます)고 했으므로 병원에 간 사람은 엄마와 할머니다. 따라서 병원에 가지 않은 사람은 유키이다.

おかあさん 어머니 | 書(か)く 쓰다 | 手紙(てがみ) 편지 | つくえ 책상 | 上(うえ) 위 | 今日(きょう) 오늘 | おばあさん 할머니 | いっしょに 함께, 같이 | 病院(びょういん) 병원 | 行(い)ってくる 다녀오다 | 家(いえ) 집 | 九時(くじ) 9시 | かえる 돌아오다, 돌아가다 | おそい 늦다, 늦어지다 | い형용사 어간+くなる ~(해)지다 | ~から ~(이)니까, ~때문에 | さきに 먼저 | おとうさん 아버지 | ごはん 밥 | 食(た)べる 먹다 | ~より ~(으)로부터 | だれ 누구

(2) 우리 집은 2층 건물이고 2층에는 창문이 2개 있습니다. 2개의 창 중 오른쪽이 내 방입니다. 베란다가 없는 것이 아쉽습니다.

28 우리 집은 어느 것입니까?

해설 2층이고 창문이 2개에 베란다가 없는 조건을 갖춘 집은 4번이다.

家 집 | にかいだて 2층 건물 | 窓 창문 | みぎがわ 오른쪽 | へや 방 | ベランダ 베란다 | ざんねんだ 유감이다, 아쉽다

(3) 오타 씨의 책상 위에 메모가 붙어 있습니다.

오타 씨

좀 전에 야마다 씨가 찾고 있었어. 무언가 물어보고 싶은 것이 있었던 것 같아. 찾아봐.
그런데 내일 식사 모임 말인데 노다 씨가 급하게 참가하게 되었으니 가게에 연락해서 인원 수의 변경을 전해 주었으면 좋겠어. 그 후 장소를 먼저 노다 씨에게 전하는 것을 잊지 말아줘. 나중에 모두 끝나면 조금 이야기가 있으니 회의실로 와줘.

이케다

29 오타 씨는 가게에 전화를 한 후에 무엇을 합니까?

1 야마다 씨를 찾는다.
2 **노다 씨에게 전한다.**
3 회의실에 간다.
4 식사 모임를 한다.

해설 가게에 연락해서 인원 수 변경을 알린 다음 노다 씨에게 장소를 알려 주는 것을 잊지 말라고 했으므로 정답은 2번이다.

机 책상 | 上 위 | メモ 메모 | はる 붙이다 | さっき 좀 전 | さがす 찾다 | なにか 무언가 | 聞く 듣다 | ～みたい ～같다 | 동사 て형+てみる ～해보다 | ところで 그런데 | 明日 내일 | しょくじかい 식사 모임 | 急に 갑자기 | さんか 참가 | お店 가게 | れんらく 연락 | にんずう 인원 수 | へんこう 변경 | つたえる 전하다 | 동사 て형+てほしい ～하기 바란다 | ばしょ 장소 | まず 먼저 | わすれる 잊다 | あと 나중에 | すべて 모두, 전부 | 終わる 끝나다 | 少し 조금 | 話 이야기 | かいぎしつ 회의실 | 来る 오다

손 씨는 지난달에 비행기를 타고 일본에 왔습니다. 손 씨는 역 근처에 있는 집에 살고 있습니다. 손 씨의 집 앞에는 과일가게가 있습니다. 과일가게는 토요일은 쉬지만 일요일은 쉬는 날이 아닙니다. 과일가게 옆에 학교가 있습니다. 학교 옆에 채소가게가 있습니다.

점심에 손 씨는 과일을 사러 과일가게에 갔지만 과일가게는 쉬는 날이었습니다. 그래서 손 씨는 채소가게에 가서 채소를 샀습니다. 그러고 나서 집에 돌아왔습니다.

30 다음 중에서 손 씨가 간 곳은 어디입니까?

1　역, 과일가게

2　과일가게, 채소가게

3　채소가게, 학교

4　역, 학교

해설 점심에 손 씨는 과일을 사러 과일가게에 갔지만 과일가게가 쉬는 날인 바람에 채소가게에 가서 채소를 샀다고 한다. 즉 손 씨가 간 곳은 과일가게와 채소가게이므로 정답은 2번이다.

31 손 씨가 장보러 간 것은 언제입니까?

1　목요일

2　토요일

3　월요일

4　일요일

해설 과일가게는 토요일은 쉰다(土曜日はやすみます)고 했는데 손 씨가 과일을 사러 과일가게에 갔더니 쉬는 날이었다(くだものやはやすみでした)고 했으므로 그 날이 토요일임을 알 수 있다. 따라서 정답은 2번 토요일이다.

せんげつ 지난달 | ひこうき 비행기 | ～にのる ～(탈것)을 타다 | 日本 일본 | 来る 오다 | 駅 역 | ちかく 근처, 가까이 | 家 집 | すむ 살다, 거주하다 | 前 앞 | くだものや 과일가게 | 土曜日 토요일 | やすむ 쉬다 | 日曜日 일요일 | やすみ 쉼, 휴일 | となり 옆 | 学校 학교 | やさいや 채소가게 | おひる 낮, 점심 | くだもの 과일 | 買う 사다 | 동사 ます형+にいく ～하러 가다 | だから 그래서, 따라서 | やさい 채소 | それから 그리고, 그러고 나서 | かえる 돌아오다, 돌아가다 | ところ 곳, 장소 | いつ 언제 | 木曜日 목요일 | 月曜日 월요일

 오른쪽 페이지의 '버스 시간'과 '전철 시간'을 보고 질문에 답하세요. 정답은 1·2·3·4 에서 가장 알맞은 것을 하나 고르세요.

버스 시간

버스	집 앞	A역
①	12 : 30	13 : 10
②	12 : 35	13 : 10
③	12 : 40	13 : 25
④	13 : 00	13 : 35

전철 시간

전철	A역	B역
①	13 : 20	13 : 50
②	13 : 40	14 : 10

내일 영화를 보러 갑니다. 집 앞에서 A역까지 버스를 타고, A역에서 영화관이 있는 B역까지 전철로 갑니다.
B역에는 오후 2시 전에 도착하고 싶습니다.
버스를 타는 시간은 짧은 편이 좋습니다.

32 버스는 어느 것을 탑니까?

1　버스 ①

2　버스 ②

3　버스 ③

4　버스 ④

해설 버스 타는 시간이 짧은 편이 좋다고 하므로 각 버스마다 타는 시간을 비교하면 버스 ①은 40분, 버스 ②는 35분, 버스 ③은 45분, 버스 ④는 35분이다. 즉 버스 ②와 ④가 35분으로 가장 짧은 것을 알 수 있다. 그리고 B역에 2시 전에 도착할 수 있는지를 보면, 버스 ②를 타면 오후 1시 10분에 A역에 도착해 전철 ①을 타 1시 50분에 B역에 도착한다. 하지만 버스 ④를 타면 오후 1시 35분에 A역에 도착하므로 전철 ②를 타면 B역에 2시 10분에 도착하게 된다. 따라서 조건을 만족시키는 것은 버스 ②이다.

あした 내일 | えいが 영화 | 見る 보다 | 동사 ます형+にいく ～하러 가다 | 家 집 | 前 앞 | ～から ～부터 | ～駅 ～역 | ～まで ～까지 | バス 버스 | ～に乗る ～(탈것)을 타다 | えいがかん 영화관 | 電車 전철 | ごご 오후 | ～時 ～시 | ～前に ～전에 | つく 도착하다 | 동사 ます형+たい ～(하)고 싶다 | 時間 시간 | みじかい 짧다 | ～ほうがいい ～쪽이 좋다 | どれ 어느 것

もんだい 1

もんだい 1 では、はじめにしつもんをきいてください。それからはなしをきいて、もんだいようしの 1 から 4 のなかから、いちばんいいものをひとつえらんでください。

では、れんしゅうしましょう。

れい

男の人と女の人が話しています。女の人は、カフェで、何を飲みますか。

M：のどが渇いたし、カフェでも入ろうか。
F：そうだね、たくさん歩いたし。
M：僕はアイスアメリカーノだな。
F：私は、すぐ寒くなるからホットコーヒーにするよ。
M：店内って結構冷えるからね。

女の人は、カフェで、何を飲みますか。

1　ホットコーヒー
2　アイスアメリカーノ
3　アイスカフェラテ
4　ホットカフェラテ

いちばんいいものは 1 ばんです。かいとうようしのもんだい 1 のれいのところをみてください。いちばんいいものは 1 ばんですから、こたえはこのようにかきます。

では、はじめます。

1 ばん

洋服屋で、女の人と店員が話しています。女の人は、どのズボンを買いますか。

F1：ズボンってありますか。
F2：はい。長いのですか、短いのですか。
F1：できれば短いのがいいです。
F2：はい。こちらの二つがおすすめですが。
F1：じゃあ、ハートがはいってないのをください。

女の人は、どのズボンを買いますか。

> **단어**
>
> 洋服屋 옷가게 | 店員 점원 | ズボン 바지 | 買う 사다 | 長い 길다 | 短い 짧다 | できれば 가능하면 | こちら 여기, 이쪽 | 二つ 두 개 | おすすめ 권함, 추천 | ハート 하트

문제 1

문제 1은 우선 질문을 들으세요. 그리고 이야기를 듣고 문제 용지의 1에서 4 중에서 가장 알맞은 것을 하나 고르세요.

그럼 연습하겠습니다.

예

남자와 여자가 이야기하고 있습니다. 여자는 카페에서 무엇을 마십니까?

남 : 목이 마른데 카페라도 들어갈까?
여 : 그래, 많이 걸었으니까.
남 : 난 아이스 아메리카노.
여 : 난 금방 추워지니까 뜨거운 커피로 할래.
남 : 가게 안은 꽤 추우니까.

여자는 카페에서 무엇을 마십니까?

1　뜨거운 커피
2　아이스 아메리카노
3　아이스 카페라떼
4　뜨거운 카페라떼

가장 알맞은 것은 1번입니다. 해답 용지의 문제 1의 예 부분을 보세요. 가장 알맞은 것은 1번이므로 답은 이렇게 씁니다.

그럼 시작하겠습니다.

1번

옷가게에서 여자와 점원이 이야기하고 있습니다. 여자는 어느 바지를 삽니까?

여 1 : 바지 있어요?
여 2 : 네. 긴 것을 찾으세요, 짧은 것을 찾으세요?
여 1 : 가능하면 짧은 것이 좋아요.
여 2 : 네. 이쪽의 두 개를 권해 드리는데요.
여 1 : 그럼, 하트가 들어 있지 않은 것을 주세요.

여자는 어느 바지를 삽니까?

> **해설**
>
> 여자는 가능하면 짧은 바지를 원한다고 했고 점원이 권해 주는 것 중에서 하트가 들어 있지 않은 것을 달라고 했으므로 정답은 2번이다.

2 ばん

男の学生と女の学生が話しています。男の学生は、いつ宿題を提出しますか。

M：科学の宿題って、いつ提出だっけ。

F：確か火曜日だった気がする。

M：え？ 俺はその宿題を昨日もらったよ。

F：じゃあ、クラスによって違うのかもね。

M：うーん、いつだったかな。

F：私が木曜日に宿題をもらって火曜日提出だから、それ以降じゃない。

M：あ、じゃあ、金曜日に宿題もらったから、水曜日だ！

男の学生は、いつ宿題を提出しますか。

1　火曜日
2　水曜日
3　木曜日
4　金曜日

단어

いつ 언제 | 宿題 숙제 | 提出 제출 | 科学 과학 | 確か 아마, 분명 | 火曜日 화요일 | ～気がする ～느낌(생각)이 들다 | 俺 나 | 昨日 어제 | もらう 받다 | クラス 학급, 반 | ～によって ～에 따라서 | 違う 다르다 | ～かも(しれない) ～일지도 (모른다) | 木曜日 목요일 | 以降 이후 | 金曜日 금요일 | 水曜日 수요일

3 ばん

先生が話しています。学生は、何を持って来ますか。

M：明日は実験でせっけんを使うから、各自一個、家から持ってくるように。明日はプリントを使うから、教科書とノートは持ってこなくていいぞ。

学生は、何を持って来ますか。

단어

持つ 들다, 가지다 | 明日 내일 | 実験 실험 | せっけん 비누 | 使う 사용하다 | 各自 각자 | 一個 한 개 | 家 집 | ～ように ～(하)도록 | プリント 프린트 | 教科書 교과서 | 동사 て형 +てくる ～해 오다 | 동사 ない형+なくていい ～하지 않아도 된다

2 번

남학생과 여학생이 이야기하고 있습니다. 남학생은 언제 숙제를 제출합니까?

남 : 과학 숙제는 언제 제출이었더라?

여 : 아마 화요일이었던 것 같아.

남 : 어? 난 그 숙제를 어제 받았어.

여 : 그럼 반에 따라서 다른지도 몰라.

남 : 음, 언제였지?

여 : 내가 목요일에 숙제를 받아서 화요일 제출이니까 그 이후 아니야?

남 : 아, 그럼 금요일에 숙제 받았으니까 수요일이다!

남학생은 언제 숙제를 제출합니까?

1　화요일
2　수요일
3　목요일
4　금요일

해설

남학생은 금요일에 숙제를 받았으니 수요일이라고 말하고 있다. 따라서 남학생의 숙제 제출일은 2번 수요일인 것이다.

3 번

선생님이 이야기하고 있습니다. 학생은 무엇을 가지고 옵니까?

남 : 내일은 실험에서 비누를 사용하니까 각자 한 개씩 집에서 가지고 오도록. 내일은 프린트를 사용하니까 교과서와 노트는 들고 오지 않아도 돼.

학생은 무엇을 가지고 옵니까?

해설

내일 실험에서 비누를 사용하니 각자 한 개씩 집에서 가져오라고 했다. 따라서 학생이 가져와야 할 것은 2번 비누이다.

4 ばん

女の人と店員が靴について話しています。女の人は、どの靴を買いますか。

F : その靴を見せてください。

M : こちらのヒールのある靴でしょうか。

F : いいえ、そのもう一つ下の段にある…。

M : あ、こちらのスニーカーですか。

F : そのスニーカーの横にある靴です。

M : あぁ、こちらのフラットシューズですね。こちら新作ですよ。

F : サイズもピッタリだし、これください。

女の人は、どの靴を買いますか。

단어

店員 점원 | 靴 구두, 신발 | ～について ～에 대해 | 買う 사다 | 見せる 보여주다 | ヒール 굽, 구두 뒤축 | もう一つ 한 개 더 | 下 아래 | 段 단, 층 | こちら 이쪽 | スニーカー 스니커즈 | 横 옆 | フラットシューズ 플랫슈즈 | 新作 신작, 신제품 | サイズ 사이즈 | ピッタリ 딱 맞음, 꼭 맞음 | これ 이것

4 번

여자와 점원이 신발에 대해 이야기하고 있습니다. 여자는 어느 신발을 삽니까?

여 : 그 신발을 보여 주세요.

남 : 이쪽의 굽이 있는 신발이지요?

여 : 아니요, 그 하나 더 아래 단에 있는……

남 : 아, 이쪽의 스니커즈요?

여 : 그 스니커즈 옆에 있는 신발이요.

남 : 아, 이쪽의 플랫슈즈군요. 이것은 신제품이에요.

여 : 사이즈도 딱 맞고 이것 주세요.

여자는 어느 신발을 삽니까?

해설

여자는 점원에게 스니커즈 옆에 있는 신발을 보여달라고 한다. 그러자 점원은 플랫슈즈를 주고 여자는 사이즈도 딱 맞는다며 달라고 한다. 즉 여자가 사는 것은 플랫슈즈로 3번이 정답이다.

5 ばん

バスの中で、ガイドの人が旅行客に話しています。旅行客は、まず何をしますか。

F : 皆さん、清水寺に着きました。今から、全員で集合写真を撮ります。時間は10分ぐらいで終わりますので、急いで集まってくださいね。撮影後は、買い物をしたり散歩をしたりとそれぞれ自由行動になります。

旅行客は、まず何をしますか。

단어

バス 버스 | ガイド 가이드, 안내 | 旅行客 여행객 | まず 우선, 먼저 | 清水寺 기요미즈데라[일본 사원 중 하나] | 着く 도착하다 | 今から 지금부터 | 全員 전원 | 集合写真 단체 사진 | 撮る (사진을) 찍다 | 時間 시간 | ～ぐらい ～정도, ～쯤 | 終わる 끝나다 | 急ぐ 서두르다 | 集まる 모이다 | 撮影 촬영 | 買い物 쇼핑, 장보기 | 散歩 산책 | それぞれ 제각각, 각자 | 自由行動 자유행동

5 번

버스 안에서 가이드가 여행객에게 이야기하고 있습니다. 여행객은 우선 무엇을 합니까?

여 : 여러분, 기요미즈데라에 도착했습니다. 지금부터 전원이 단체 사진을 찍습니다. 시간은 10분 정도면 끝나므로 서둘러서 모여 주세요. 촬영 후에는 쇼핑을 하거나 산책을 하거나 각자 자유행동을 하게 됩니다.

여행객은 우선 무엇을 합니까?

해설

가이드는 여행객에게 지금부터 전원이 단체 사진을 찍을 것이라며 서둘러 모여달라고 말하고 있다. 따라서 여행객이 우선 할 일은 1번, 사진을 찍는 것이다.

6 ばん

男の人と女の人が話しています。女の人は、何を食べますか。

M：お腹減ったね。

F：やっとお昼ですね。何を食べに行きますか。

M：そうだなぁ。ラーメンもいいし、定食もいいよなぁ。

F：でも、2時からまた会議が始まりますよ。

M：そうか。じゃあ、今からコンビニでも行って簡単に済ますか。

F：はい。私はサンドウィッチにします。部長はどうされますか。

M：俺はおにぎりとパンかな。

女の人は、何を食べますか。

단어

食べる 먹다 | お腹が減る 배가 고프다 | やっと 겨우, 간신히 | 동사 ます형+に行く ～(하)러 가다 | ラーメン 라면 | 定食 정식 | また 또 | 会議 회의 | 始まる 시작되다 | 今から 지금부터 | コンビニ 편의점 | 簡単に 간단하게 | 済ます 끝내다 | サンドウィッチ 샌드위치 | 部長 부장 | どう 어떻게 | される 하시다[する의 높임말] | おにぎり 주먹밥 | パン 빵

7 ばん

男の人と女の人が話しています。男の人は、何を持っていきますか。

M：今週末のキャンプ、何を持っていくか決めた？

F：私は飲み物とお菓子を持っていこうと思ってるけど。

M：僕は何を持っていけばいいかな。

F：じゃあ、鈴木君は、お肉と野菜をお願い。

M：うん。わかったよ。

F：あ、山田さんが野菜を持ってきてくれるから、野菜はいいわ。

M：わかった。楽しみだなぁ。

男の人は、何を持っていきますか。

단어

持っていく 가져 가다 | 今週末 이번 주말 | キャンプ 캠프 | 決める 결정하다 | 飲み物 음료, 마실 것 | お菓子 과자 | ～と思う ～라고 생각하다 | 肉 고기 | 野菜 채소 | 願う 바라다, 부탁하다 | 동사 て형+てくれる (남이 나에게)～해 주다 | 楽しみ 즐거움, 기대

6 번

남자와 여자가 이야기하고 있습니다. 여자는 무엇을 먹습니까?

남 : 배 고프네.

여 : 이제 점심시간이군요. 무엇을 먹으러 갈까요?

남 : 글쎄. 라면도 좋고 정식도 좋아.

여 : 하지만 2시부터 또 회의가 시작해요.

남 : 그런가. 그럼 지금부터 편의점에라도 가서 간단하게 끝낼까?

여 : 네. 저는 샌드위치로 하겠습니다. 부장님 어떻게 하시겠습니까?

남 : 난 주먹밥과 빵으로 할까.

여자는 무엇을 먹습니까?

해설

두 사람은 2시부터 회의가 있어 간단히 먹어야 하는 상황이다. 여자는 샌드위치, 남자는 주먹밥과 빵이라고 했는데 여자에 대해 물었으므로 정답은 3번 샌드위치이다.

7 번

남자와 여자가 이야기하고 있습니다. 남자는 무엇을 들고 갑니까?

남 : 이번 주말 캠프때 뭐 가지고 갈지 정했어?

여 : 난 마실 것과 과자를 가져 가려고 하는데.

남 : 난 무엇을 가져 가면 좋을까?

여 : 그럼 스즈키 군은 고기와 채소를 부탁해.

남 : 응, 알겠어.

여 : 아, 야마다 씨가 채소를 가져 오니까 채소는 됐네.

남 : 알겠어. 기대된다.

남자는 무엇을 들고 갑니까?

해설

여자가 남자에게 고기와 채소를 부탁한다고 하자 남자는 알았다고 한다. 하지만 마지막에 여자는 야마다 씨가 채소를 가져오니까 그건 됐다고 했으므로 결국 남자는 고기만 가져가면 되는 것이다. 따라서 정답은 1번이다.

もんだい２

もんだい２では、はじめにしつもんをきいてください。それからはなしをきいて、もんだいようしの１から４のなかから、いちばんいいものをひとつえらんでください。
では、れんしゅうしましょう。

れい

女の学生と男の学生が話しています。男の学生は、どこに行きますか。男の学生です。

F：レポートの資料を集めなくちゃね。
M：岡田さんはどこで資料を集める予定なの？
F：私は地元の図書館に行く予定だよ。
　　山田くんは大学の図書館？
M：うーん、最初はそうしようと思ったんだけど、
　　ここには資料がないから教授の研究室でやること
　　にしたんだ。
F：じゃあ、また来週ね。

男の学生は、どこに行きますか。
1　大学の図書館
2　地元の図書館
3　学部の研究室
4　教授の研究室

いちばんいいものは４ばんです。かいとうようしのもんだい２のれいのところをみてください。いちばんいいものは４ばんですから、こたえはこのようにかきます。
では、はじめます。

１ばん

男の人と女の人が話しています。女の人は、今日、何時から約束がありますか。

M：ゼミのみんなで、夜ご飯を食べに行こうかって話
　　してるんだけど、来られる？
F：楽しそうだね。行きたい。何時からなの？
M：9時に藤が丘駅集合だよ。
F：9時かぁ。もっと早かったら行けたのになぁ。
M：都合悪いの？
F：8時から美容院予約しちゃってさ。
　　カラーだから2時間ぐらいかかるの。

문제 2

문제 2에서는 우선 질문을 들으세요. 그리고 이야기를 듣고 문제 용지의 1에서 4 중에서 가장 알맞은 것을 하나 고르세요.
그럼 연습하겠습니다.

예

여학생과 남학생이 이야기하고 있습니다. 남학생은 어디에 갑니까? 남학생입니다.

여 : 보고서 자료를 모아야 해.
남 : 오카다 씨는 어디에서 자료를 모을 예정이야?
여 : 난 지역 도서관에 갈 예정이야.
　　 야마다 군은 대학 도서관?
남 : 음, 처음에는 그렇게 하려고 생각했는데 여기에는
　　 자료가 없으니까 교수님 연구실에서 하기로 했어.
여 : 그럼 다음 주에 봐.

남학생은 어디에 갑니까?
1　대학 도서관
2　지역 도서관
3　학부 연구실
4　교수님 연구실

가장 알맞은 것은 4번입니다. 해답 용지의 문제 2의 예 부분을 보세요. 가장 알맞은 것은 4번이므로 답은 이렇게 씁니다.
그럼 시작하겠습니다.

1번

남자와 여자가 이야기하고 있습니다. 여자는 오늘 몇 시부터 약속이 있습니까?

남 : 세미나 멤버 모두 저녁을 먹으러 갈까 이야기하고 있
　　 는데 올 수 있어?
여 : 즐거울 것 같아. 가고 싶어. 몇 시부터야?
남 : 9시에 후지가오카 역 집합이야.
여 : 9시인가. 더 이르면 갈 수 있었을 텐데.
남 : 안 되는 거야?
여 : 8시부터 미용실 예약해 버려서.
　　 염색이니까 2시간 정도 걸러.

女の人は、今日、何時から約束がありますか。

1　7時
2　8時
3　9時
4　10時

今日 오늘 | 何時 몇 시 | 約束 약속 | ゼミ 세미나 | みんな 모두, 다 | 夜ご飯 저녁 식사 | 楽しい 즐겁다 | 駅 역 | 集合 집합 | 早い 이르다, 빠르다 | 都合 사정, 형편 | 美容院 미용실 | 予約 예약 | カラー 컬러, 염색 | 〜ぐらい 〜정도, 〜쯤 | かかる (시간이) 걸리다

2ばん

映画館で店員と男の人が話しています。男の人の予約番号は何番ですか。

F：予約はされましたか。
M：はい、インターネットで予約しました。
F：では、予約番号をお願いします。
M：2006−131−004です。
F：132−004ですね。
M：いえ、131の…。
F：004ですね。二枚発券します。上映開始まであと30分です。

男の人の予約番号は何番ですか。

1　2006−131−004
2　2006−131−005
3　2006−132−004
4　2006−132−005

映画館 영화관 | 店員 점원 | 予約 예약 | 番号 번호 | 何番 몇 번 | インターネット 인터넷 | 願う 바라다, 부탁하다 | 二枚 2장 | 発券 발권 | 上映 상영 | 開始 개시 | 〜まで 〜까지

3ばん

男の学生と女の学生が話しています。女の学生は、誰と住んでいますか。

M：不動産雑誌なんか見てどうしたの？
F：うん。ちょっと引っ越そうかと思って。
M：今って両親と住んでるの？
F：ううん。妹と二人で住んでるんだけど、駅から遠くて不便でさ。
M：お兄さんもいなかった？
F：うん。兄は近くで一人暮らししてるの。

여자는 오늘 몇 시부터 약속이 있습니까?

1　7시
2　8시
3　9시
4　10시

세미나 모임이 9시부터라는 남자의 말에 여자는 8시부터 미용실 예약을 해 두었다고 대답하고 있다. 따라서 정답은 2번으로 여자는 8시부터 약속이 있는 것이다.

2번

영화관에서 점원과 남자가 이야기하고 있습니다. 남자의 예약 번호는 몇 번입니까?

여 : 예약은 하셨습니까?
남 : 네, 인터넷으로 예약했습니다.
여 : 그럼 예약 번호를 부탁합니다.
남 : 2006−131−004입니다.
여 : 132−004라고요?
남 : 아니요, 131의…….
여 : 004이지요? 2장 발매하겠습니다. 상영 시작까지 이제 30분 남았습니다.

남자의 예약 번호는 몇 번입니까?

1　2006−131−004
2　2006−131−005
3　2006−132−004
4　2006−132−005

예약 번호를 묻는 점원의 말에 남자는 2006−131−004라고 대답 했으므로 정답은 1번이다.

3번

남학생과 여학생이 이야기하고 있습니다. 여학생은 누구와 살고 있습니까?

남 : 부동산 잡지 같은 걸 보고 어쩐 일이야?
여 : 응. 좀 이사할까 하고.
남 : 지금은 부모님과 살고 있어?
여 : 아니. 여동생과 둘이 살고 있는데 역에서 멀고 불편해서.
남 : 오빠도 없었나?
여 : 응. 오빠는 근처에서 혼자 살고 있어.

女の学生は、誰と住んでいますか。

1 兄（あに）
2 弟（おとうと）
3 妹（いもうと）
4 姉（あね）

단어

誰（だれ） 누구 ｜ 住（す）む 살다, 거주하다 ｜ 不動産（ふどうさん） 부동산 ｜ 雑誌（ざっし） 잡지 ｜ ～なんか ～같은 것, ～따위 ｜ 引（ひ）っ越（こ）す 이사하다 ｜ 今（いま） 지금 ｜ 両親（りょうしん） 부모님 ｜ 妹（いもうと） 여동생 ｜ 二人（ふたり） 두 사람 ｜ 駅（えき） 역 ｜ 遠（とお）い 멀다 ｜ 不便（ふべん）だ 불편하다 ｜ お兄（にい）さん 형, 오빠 ｜ 近（ちか）く 근처 ｜ 一人暮（ひとりぐ）らし 혼자 사는 것, 독신 생활

4ばん

会社（かいしゃ）で男（おとこ）の人（ひと）と女（おんな）の人（ひと）が話（はな）しています。二人（ふたり）は、何（なに）で現場（げんば）へ行（い）きますか。

M：そろそろ現場（げんば）に向（む）かうか。作業（さぎょう）の進（すす）み具合（ぐあい）も見（み）たいしね。

F：そうですね。電車（でんしゃ）で行（い）きますか、バスで行（い）きますか。

M：どちらも降（お）りてからが遠（とお）いから、今日（きょう）は車（くるま）で行（い）こう。

F：はい。

二人（ふたり）は、何（なに）で現場（げんば）へ行（い）きますか。

1 徒歩（とほ）
2 地下鉄（ちかてつ）
3 バス
4 車（くるま）

단어

会社（かいしゃ） 회사 ｜ 現場（げんば） 현장 ｜ そろそろ 이제 슬슬 ｜ 向（む）かう 향하다, 향해 가다 ｜ 作業（さぎょう） 작업 ｜ 進（すす）み 나아가는 정도, 진도 ｜ 具合（ぐあい） 상태, 형편 ｜ 電車（でんしゃ） 전철 ｜ バス 버스 ｜ どちら 어느 쪽 ｜ 降（お）りる (탈것에서) 내리다 ｜ 遠（とお）い 멀다 ｜ 今日（きょう） 오늘 ｜ 車（くるま） 차 ｜ とほ 도보 ｜ ちかてつ 지하철

5ばん

教室（きょうしつ）で、先生（せんせい）が学生（がくせい）に話（はな）しています。学生（がくせい）は、何（なに）でマークをつけますか。

M：今（いま）からテストを始（はじ）めます。今回（こんかい）のテストは記述式（きじゅつしき）ではなく、マーク式（しき）のテストになります。解答用紙（かいとうようし）にマークする際（さい）は、２Ｂの鉛筆（えんぴつ）でまるからはみ出（だ）さないように黒（くろ）く塗（ぬ）りつぶしてください。シャープペンやボールペンは使用（しよう）してはいけません。持（も）っていない人（ひと）は手（て）をあげてください。

여학생은 누구와 살고 있습니까?

1 오빠
2 남동생
3 여동생
4 언니

해설

지금 부모님과 같이 살고 있는지 남학생이 묻자 여학생은 여동생과 둘이 살고 있다(妹と二人で住んでるんだけど)고 하므로 정답은 3번 여동생이다.

4번

회사에서 남자와 여자가 이야기하고 있습니다. 두 사람은 무엇으로 현장에 갑니까?

남 : 이제 슬슬 현장에 갈까? 작업 진행 상태도 보고 싶고.

여 : 그렇군요. 전철로 갈까요, 버스로 갈까요?

남 : 양쪽 다 내리고 나서 머니까 오늘은 차로 가지.

여 : 네.

두 사람은 무엇으로 현장에 갑니까?

1 도보
2 지하철
3 버스
4 차

해설

여자가 현장에 전철로 갈지 버스로 갈지를 묻자 남자는 오늘은 차로 가자(今日は車で行こう)고 한다. 따라서 정답은 4번이다.

5번

교실에서 선생님이 학생에게 이야기하고 있습니다. 학생은 무엇으로 해답 용지에 표시합니까?

남 : 지금부터 테스트를 시작하겠습니다. 이번 테스트는 기술식이 아니라 마크식의 테스트입니다. 해답 용지에 마크할 때는 2B연필로 동그라미에서 비어져 나오지 않도록 검게 빈틈없이 칠해주세요. 샤프나 볼펜은 사용해서는 안 됩니다. 가지고 있지 않은 사람은 손을 들어 주세요.

学生は、何でマークをつけますか。

1　２Ｂの鉛筆
2　ボールペン
3　シャープペン
4　筆ペン

단어

教室 교실 | マークをつける 마크하다, 해답 용지에 표시하다 | テスト 테스트, 시험 | 始める 시작하다 | 今回 이번 | 記述式 기술식 | マーク式 마크식 | 解答用紙 해답 용지 | 〜際 〜때 | 鉛筆 연필 | まる 원, 동그라미 | はみ出る 비어져 나오다 | 黒い 검다 | 塗りつぶす 빈틈없이 칠하다 | シャープペン 샤프 | ボールペン 볼펜 | 使用 사용 | 동사 て형+てはいけない 〜(해)서는 안 된다 | 手をあげる 손을 들다

6 ばん

男の学生と女の学生が話しています。二人は、明日どこで会いますか。

M：明日映画でも見に行こうよ。
F：映画いいねぇ。久しぶりだわ。
M：予約は俺がするよ。映画館の前で会う？
F：映画館の前だと分かりづらいから、駅出たところにしよう。
M：わかった。明日６時に駅出口でね。
　　映画が終わったらカフェにでもいこうよ。

二人は、明日どこで会いますか。

1　カフェ
2　地下鉄
3　駅出口
4　映画館の前

단어

二人 두 사람 | 明日 내일 | どこ 어디 | 会う 만나다 | 映画 영화 | 見る 보다 | 동사 ます형+に行く 〜하러 가다 | いい 좋다 | 久しぶり 오래간만 | 予約 예약 | 俺 나 | 映画館 영화관 | 前 앞 | 동사 ます형+づらい 〜(하)기 힘들다 | 駅 역 | 出る 나오다, 나가다 | ところ 곳 | 分かる 알다, 이해하다 | 出口 출구 | 終わる 끝나다 | カフェ 카페 | 地下鉄 지하철

학생은 무엇으로 해답 용지에 표시합니까?

1　2B연필
2　볼펜
3　샤프
4　붓펜

해설

선생님은 해답 용지에 마크할 때는 2B연필로 동그라미에서 비어져 나오지 않도록 검게 빈틈없이 칠하라고 말하고 있다. 따라서 정답은 2번 2B연필이다.

6 번

남학생과 여학생이 이야기하고 있습니다. 두 사람은 내일 어디에서 만납니까?

남 : 내일 영화라도 보러 가자.
여 : 영화 좋지. 오랜만이다.
남 : 예약은 내가 할게. 영화관 앞에서 만날까?
여 : 영화관 앞이면 찾기 힘드니까 역에서 나온 곳으로 하자.
남 : 알겠어. 내일 6시에 역 출구에서.
　　영화가 끝나면 카페에라도 가자.

두 사람은 내일 어디에서 만납니까?

1　카페
2　지하철
3　역 출구
4　영화관 앞

해설

여자가 역에서 나온 곳에서 만나자고 했고, 남자가 알겠다고 했다. 따라서 정답은 3번 역 출구이다.

もんだい 3

もんだい 3 では、えをみながらしつもんをきいてください。➡（やじるし）のひとはなんといいますか。１から３のなかから、いちばんいいものをひとつえらんでください。
では、れんしゅうしましょう。

れい

お店で注文します。何と言いますか。

F：1　かしこまりました。
　　2　いらっしゃいませ。
　　3　すみません。

いちばんいいものは３ばんです。かいとうようしのもんだい３のれいのところをみてください。いちばんいいものは３ばんですから、こたえはこのようにかきます。
では、はじめます。

1 ばん

買い物に来ました。何と言いますか。

F：1　これください。
　　2　これですか。
　　3　これはどうですか。

> **단어**

買い物 장보기, 쇼핑 | 동사 ます형+に来る ～(하)러 오다

2 ばん

お客さんがタクシーに乗りました。何と言いますか。

M：1　そこまで、行ってみますか。
　　2　そこまで、行きました。
　　3　どこまで、行きますか。

> **단어**

お客さん 손님 | タクシー 택시 | ～に乗る (탈것에) 타다 | そこ 거기 | 行く 가다 | 동사 て형+てみせる ～해 보이다 | どこ 어디

3 ばん

具合が悪いです。何と言いますか。

M：1　寒気がします。
　　2　暑いです。
　　3　眠気がひどいです。

문제 3

문제 3에서는 그림을 보면서 질문을 들으세요. ➡(화살표)의 사람은 뭐라고 말합니까? 1에서 3 중에서 가장 알맞은 것을 하나 고르세요.
그럼 연습하겠습니다.

예

가게에서 주문합니다. 뭐라고 말합니까?

여 : 1　알겠습니다.
　　2　어서 오세요.
　　3　저기요.

가장 알맞은 것은 3번입니다. 해답 용지의 문제 3의 예 부분을 보세요. 가장 알맞은 것은 3번이므로 답은 이렇게 씁니다.
그럼 시작하겠습니다.

1번

장보러 왔습니다. 뭐라고 말합니까?

여 : 1　이것 주세요.
　　2　이것입니까?
　　3　이것은 어떻습니까?

> **해설**

장보러 와서 살 물건들을 다 고르고 계산대 앞에 왔다. 따라서 자신이 골라온 물건들을 달라고 해야 하므로 적절한 것은 1번이다.

2번

손님이 택시를 탔습니다. 뭐라고 말합니까?

남 : 1　거기까지 가 보겠습니까?
　　2　거기까지 갔습니다.
　　3　어디까지 갑니까?

> **해설**

택시를 탄 상황에서 택시 기사가 손님에게 말할 것을 찾아야 한다. 손님에게 어디까지 가는지를 물어야 하므로 정답은 3번이다.

3번

몸 상태가 안 좋습니다. 뭐라고 말합니까?

남 : 1　한기가 듭니다.
　　2　덥습니다.
　　3　졸음이 심합니다.

단어

具合 몸 상태 | 悪い 나쁘다 | 寒気 한기, 오한 | 暑い 덥다 |
眠気 졸음 | ひどい 심하다

4ばん

家に帰ってきました。何と言いますか。

M : 1 おかえり。

　　 2 いってらっしゃい。

　　 3 ただいま。

단어

家 집 | 帰る 돌아가다, 돌아오다

5ばん

電話で予約をしたいです。何と言いますか。

F : 1 予約はされましたか。

　　 2 予約したいんですけど。

　　 3 予約の変更をしたいです。

단어

電話 전화 | 予約 예약 | 変更 변경

もんだい4

もんだい4は、えなどがありません。ぶんをきいて1から3のなかから、いちばんいいものをひとつえらんでください。
では、れんしゅうしましょう。

れい

F：この本は面白いですか。
M：1 はい、面白そうですね。

　　 2 はい、面白かったです。

　　 3 いいえ、面白かったです。

いちばんいいものは2ばんです。かいとうようしのもんだい4のれいのところをみてください。いちばんいいものは2ばんですから、こたえはこのようにかきます。
では、はじめます。

해설

몸 상태가 안 좋은 상황이다. 이 때 화살표의 사람은 추위를 느끼고 있는 모습이므로 정답은 1번, 한기가 든다고 해야 한다.

4번

집에 돌아왔습니다. 뭐라고 말합니까?

남 : 1 어서 오세요.

　　 2 다녀오세요.

　　 3 다녀왔습니다.

해설

외출을 하고 집에 돌아온 사람이 할 말을 찾아야 한다. 잘 다녀왔다는 말을 해야 하므로 정답은 3번이다.

5번

전화로 예약을 하고 싶습니다. 뭐라고 말합니까?

여 : 1 예약은 하셨습니까?

　　 2 예약하고 싶은데요.

　　 3 예약 변경을 하고 싶습니다.

해설

예약을 하기 위해 전화하는 상황이다. 따라서 정답은 2번, 예약을 하고 싶다고 말해야 한다.

문제 4

문제 4는 그림 등이 없습니다. 문장을 듣고 1에서 3 중에서 가장 알맞은 것을 하나 고르세요.
그럼 연습하겠습니다.

예

여 : 이 책은 재미있습니까?
남 : 1 네, 재미있을 것 같군요.

　　 2 네, 재미있었습니다.

　　 3 아니요, 재미있었습니다.

가장 알맞은 것은 2번입니다. 해답 용지의 문제 4의 예 부분을 보세요. 가장 알맞은 것은 2번이므로 답은 이렇게 씁니다.
그럼 시작하겠습니다.

1 ばん

F：何が食べたいですか。

M： 1　和食は得意じゃないです。

　　 2　麺類がいいです。

　　 3　中華は得意です。

단어

食べる 먹다 | 和食 일식 | 得意だ 자신 있다, 잘하다 | 麺類 면류 | 中華 중화(요리), 중식

2 ばん

M：コーヒーは好きですか。

F： 1　いいえ、好きです。

　　 2　はい、嫌いじゃないです。

　　 3　はい、嫌いです。

단어

コーヒー 커피 | 好きだ 좋아하다 | 嫌いだ 싫어하다

3 ばん

M：髪を切りましたか。

F： 1　はい、美容院に行く予定です。

　　 2　はい、昨日美容院に行きました。

　　 3　いいえ、切りました。

단어

髪 머리카락 | 切る 자르다 | 美容院 미용실 | 行く 가다 | 予定 예정 | 昨日 어제

4 ばん

F：明日は晴れますか。

M： 1　晴れの予報です。

　　 2　天気が良くて良かったです。

　　 3　今にも雨が降りそうです。

단어

明日 내일 | 晴れる (날씨가) 맑다, 개다 | 晴れ 맑음, 갬 | 予報 예보 | 天気 날씨 | 今にも 당장에라도 | 雨が降る 비가 내리다

1 번

여 : 뭐가 먹고 싶습니까?

남 : 1　일식은 잘하지 못합니다.

　　 2　면류가 좋습니다.

　　 3　중식은 잘합니다.

해설

뭐가 먹고 싶은지를 묻고 있다. 면류가 좋다는 것은 면류가 먹고 싶다는 말이므로 정답은 2번이다.

2 번

남 : 커피는 좋아합니까?

여 : 1　아니요. 좋아합니다.

　　 2　네. 싫어하지 않습니다.

　　 3　네. 싫어합니다.

해설

커피를 좋아하는지 묻는 것이므로 좋아하면 긍정으로 대답하고 좋아한다고 해야하고, 싫어하면 부정으로 대답하고 싫어한다고 해야 한다. 따라서 정답은 2번, 긍정으로 대답하고 싫어하지 않는다고 한 것이다.

3 번

남 : 머리카락을 잘랐습니까?

여 : 1　네. 미용실에 갈 예정입니다.

　　 2　네. 어제 미용실에 갔습니다.

　　 3　아니요. 잘랐습니다.

해설

머리카락을 잘랐는지를 묻는 것이다. 따라서 그렇다고 긍정으로 대답하며 어제 미용실에 갔다고 한 2번이 가장 적절하다.

4 번

여 : 내일은 날씨가 맑습니까?

남 : 1　맑다는 예보입니다.

　　 2　날씨가 좋아서 다행입니다.

　　 3　당장에라도 비가 내릴 것 같습니다.

해설

내일 날씨가 맑은지 묻고 있다. 그러므로 맑다는 예보라고 대답한 1번이 정답이다.

F : 週末はどこへ行きますか。

M : 1　動物園に行ってきました。
　　2　毎週忙しいですね。
　　3　今のところ未定です。

단어

週末 주말 ｜ どこ 어디 ｜ 行く 가다 ｜ 動物園 동물원 ｜ 毎週 매주 ｜ 忙しい 바쁘다 ｜ 今のところ 지금으로서는 ｜ 未定 미정

6 ばん

M : 手伝いましょうか。

F : 1　お願いします。
　　2　手伝います。
　　3　どういたしまして。

단어

手伝う 돕다, 거들다 ｜ 동사 ます형+ましょうか ～할까요? ｜ お願いする 부탁하다

5 번

여 : 주말에는 어디에 갑니까?

남 : 1　동물원에 갔다 왔습니다.
　　2　매주 바쁘군요.
　　3　지금으로서는 미정입니다.

해설

주말에 어디에 가는지 묻고 있다. 그러므로 지금은 미정이라고 답한 3번이 가장 적절하다. 1번은 동물원에 다녀왔다고 과거로 답했으므로 적절하지 않다.

6 번

남 : 도와줄까요?

여 : 1　부탁합니다.
　　2　돕겠습니다.
　　3　천만에요.

해설

상대가 도와줄지 묻고 있다. 이에 대한 대답으로 가장 적절한 답은 도와달라는 뜻으로 부탁한다고 말한 1번이다.

JLPT 실전모의고사 N5 2회
정답 및 해설

1교시 언어지식(문자 · 어휘)

問題 1 　1 ①　2 ③　3 ④　4 ③　5 ④　6 ①　7 ②　8 ③　9 ②　10 ①　11 ③　12 ①

問題 2 　13 ①　14 ②　15 ④　16 ①　17 ②　18 ③　19 ①　20 ③

問題 3 　21 ②　22 ①　23 ①　24 ②　25 ③　26 ①　27 ④　28 ④　29 ②　30 ②

問題 4 　31 ②　32 ①　33 ④　34 ②　35 ①

2교시 언어지식(문법) · 독해

問題 1 　1 ②　2 ④　3 ②　4 ①　5 ②　6 ①　7 ③　8 ①　9 ②　10 ③　11 ④　12 ②　13 ②　14 ②　15 ④　16 ②

問題 2 　17 ②　18 ①　19 ④　20 ①　21 ③

問題 3 　22 ①　23 ④　24 ④　25 ①　26 ④

問題 4 　27 ③　28 ②　29 ④

問題 5 　30 ③　31 ②

問題 6 　32 ①

3교시 청해

問題 1 　1 ③　2 ②　3 ②　4 ①　5 ③　6 ①　7 ①

問題 2 　1 ③　2 ④　3 ①　4 ④　5 ③　6 ③

問題 3 　1 ③　2 ②　3 ②　4 ②　5 ②

問題 4 　1 ①　2 ②　3 ①　4 ②　5 ①　6 ①

문제 1 ______의 단어는 히라가나로 어떻게 씁니까? 1·2·3·4에서 가장 알맞은 것을 하나 고르세요.

1 목소리가 작습니다.

> **해설** 小는 음으로 しょう, 훈으로 小(ちい)さい, 小(こ)라고 읽는다. 이 문장에서는 훈독하는 형용사 小(ちい)さい(작다)를 뜻하므로 정답은 1번이다.

こえ 목소리 | 小さい 작다

정답 ①

2 오전 중에 가겠습니다.

> **해설** 午는 음으로 ご, 前은 음으로 ぜん, 훈으로 まえ라고 읽는다. 午前(오전)은 둘 다 음독하여 ごぜん이 되므로 정답은 3번이다.

午前ちゅう 오전 중 | いく 가다 | ごご 오후

정답 ③

3 오늘은 2월 9일입니다.

> **해설** 九日, 즉 9일은 ここのか라고 읽으므로 정답은 4번이다.

きょう 오늘 | にがつ 2월 | 九日 9일

정답 ④

4 아직 1개월입니다.

> **해설** 月은 음으로 げつ/がつ라고 읽고 훈으로는 月(つき)라고 읽는다. ～ヶ月는 ～개월이라는 뜻으로 ～かげつ라고 읽는다. 一ヶ月, 즉 1개월은 いっかげつ가 되므로 정답은 3번이다.

まだ 아직 | 一ヶ月 1개월, 한 달

정답 ③

5 그것은 왼쪽에 있습니다.

> **해설** 左는 음으로 さ, 훈으로 左(ひだり)라고 읽는다. 지금처럼 단독으로 쓰인 경우는 훈독하여 ひだり(왼쪽)라고 읽으므로 정답은 4번이다.

それ 그것 | 左 왼쪽 | ある (무생물/식물이) 있다 | みぎ 오른쪽

정답 ④

6 여행을 갑니다.

> **해설** 旅는 음으로 りょ, 훈으로 旅(たび)라고 읽으며 行은 음으로 こう/ぎょう, 훈으로 行(い)く/行(おこな)う라 읽는다. 旅行(여행)은 음독하여 りょこう이므로 정답은 1번이다.

旅行 여행 | いく 가다

정답 ①

7 사과가 6개 있습니다.

> **해설** 六つ, 즉 6개는 むっつ라고 읽으므로 정답은 2번이다.

りんご 사과 | 六つ 6개 | ある (무생물/식물이) 있다

정답 ②

[8] **비**가 내렸습니다.

> **해설** 雨는 음독하면 う, 훈독하면 雨(あめ)/雨(あま)이다. 이 때는 단독으로 쓰인 '비'라는 뜻의 명사이므로 あめ(비)라고 읽는다.

雨がふる 비가 내리다 | くも 구름 | きり 안개 | くもり 흐림

정답 ③

[9] **이번 달**에 여행을 갑니다.

> **해설** 今은 음으로 こん/きん, 훈으로 今(いま)라고 읽고 月은 음으로 げつ/がつ, 훈으로 月(つき)라고 읽는다. 今月은 둘 다 음독하여 こんげつ(이번 달)라고 읽으므로 정답은 2번이다.

今月 이번 달 | りょこうにいく 여행가다 | せんげつ 지난달, 전달

정답 ②

[10] 저 **마을**에 살고 싶습니다.

> **해설** 町은 음으로 ちょう, 훈으로 町(まち)라고 읽는다. '마을'이라는 뜻으로 쓰일 때는 훈독하여 まち라고 한다.

あの 저 | 町 마을, 시내 | すむ 살다, 거주하다 | 동사 ます형+たい ~(하)고 싶다 | むら 마을 | にし 서쪽 | ひがし 동쪽

정답 ①

[11] 그는 **외국인**입니다.

> **해설** 外는 음으로 がい/げ, 훈으로 外(そと)/外(ほか) 등으로 읽는다. 또 国은 음으로 こく, 훈으로 国(くに)라고 읽고 人은 음독하면 じん/にん, 훈독하면 人(ひと)가 된다. 外国人은 모두 음독하여 がいこくじん(외국인)이라고 하므로 정답은 3번이다.

かれ 그, 그 사람 | 外国人 외국인

정답 ③

[12] 오늘은 **6일**입니다.

> **해설** 六日, 즉 6일은 むいか라고 읽으므로 정답은 1번이다.

きょう 오늘 | 六日 6일

정답 ①

문제 2 ______의 단어는 어떻게 씁니까? 1·2·3·4에서 가장 알맞은 것을 하나 고르세요.

[13] **백화점**에 갔다 왔습니다.

> **해설** でぱーと는 백화점을 뜻하며 가타카나로는 デパート라고 표기해야 한다.

デパート 백화점 | いってくる 갔다 오다, 다녀오다

정답 ①

[14] **손수건**이 있습니다.

> **해설** はんかち는 손수건을 뜻하며 가타카나로는 ハンカチ라고 쓰므로 정답은 2번이다.

ハンカチ 손수건

정답 ②

15 **택시**를 탔습니다.

> **해설** たくしー는 택시를 뜻하며 가타카나로는 タクシー라고 표기하므로 정답은 4번이다.

タクシー 택시 | 〜にのる 〜(탈것)을 타다

정답 ④

16 **레스토랑**에서 고기를 먹습니다.

> **해설** れすとらん은 레스토랑을 뜻하는 명사이며 가타카나로는 レストラン이라고 표기한다.

レストラン 레스토랑 | にく 고기 | たべる 먹다

정답 ①

17 음악을 **듣습니다**.

> **해설** おんがくを(음악을)에 이어지므로 ききます는 듣는다는 의미임을 알 수 있다. 듣다라는 의미의 きく는 한자로 聞く라고 표기하므로 정답은 2번 聞きます이다.

おんがく 음악 | 聞く 듣다

정답 ②

18 오늘은 **쉬었습니다**.

> **해설** やすみました는 동사 やすむ(쉬다)의 과거로 쉬었습니다라는 뜻이다. やすむ는 한자로 休む라 표기하므로 정답은 3번 休みました이다.

きょう 오늘 | 休む 쉬다

정답 ③

19 그것은 **동쪽**에 있습니다.

> **해설** ひがし는 동쪽이라는 뜻의 명사로 한자로는 東라고 쓰므로 정답은 1번이다.

それ 그것 | 東 동쪽 | ある (무생물/식물이) 있다

정답 ①

20 **엄마**가 장보러 갔습니다.

> **해설** はは는 엄마라는 뜻이므로 한자로는 母라고 쓴다. 따라서 정답은 3번이다.

母 엄마, 어머니 | かいものにいく 장보러 가다

정답 ③

문제 3 (   )에 무엇을 넣습니까? 1 · 2 · 3 · 4에서 가장 알맞은 것을 하나 고르세요.

21 오늘은 목요일입니다. 모레는 **토요일**입니다.

> **해설** 오늘이 목요일이면 모레는 토요일이다. 따라서 2번 どようび(토요일)가 정답이다.

きょう 오늘 | もくようび 목요일 | あさって 모레 | どようび 토요일 | きんようび 금요일 | すいようび 수요일 | かようび 화요일

정답 ②

22 A "형은 **어느** 사람입니까?"

　 B "저기에 서 있는 사람입니다."

 저기에 서 있는 사람이라고 대답했으므로 질문은 형이 여러 사람들 중 어느 쪽에 있는 사람인지를 물어야 한다. 따라서 정답은 1번 どの(어느)이다.

おにいさん 형, 오빠 | どの 어느 | ひと 사람 | あそこ 저기 | たつ 일어서다 | いくら 얼마 | どれ 어느 것 | どんな 어떤

정답 ①

23 너무 더워서 옷을 벗었습니다.

해설 너무 덥다고 했으므로 옷을 벗는다고 해야 자연스럽다. 벗다라는 뜻의 동사는 ぬぐ이므로 정답은 1번 ぬぎました(벗었습니다)이다.

とても 매우, 너무 | あつい 덥다 | ～ので ～때문에 | ふく 옷 | ぬぐ 벗다 | きる 입다 | おく 두다, 놓다 | とめる 멈추게 하다, 고정시키다

정답 ①

24 그는 매일 양말을 신습니다.

해설 くつした는 양말을 뜻하므로 양말을 신는다는 말이 와야 자연스럽다. 양말이나 신발 등을 신는다고 할 때 쓰는 동사는 はく이므로 정답은 2번 はきます(신습니다)이다.

かれ 그 | まいにち 매일 | くつした 양말 | はく 신다, (하의를) 입다 | つける 붙이다, 착용하다 | かぶる (모자를) 쓰다 | きる 입다

정답 ②

25 방이 더럽기 때문에 청소합니다.

해설 방이 더러울 때는 청소를 해야 한다. 따라서 정답은 3번 そうじ(청소)이다.

へや 방 | きたない 더럽다, 지저분하다 | ～から ～때문에 | そうじ 청소 | りょうり 요리 | べんきょう 공부 | せんたく 세탁

정답 ③

26 집 앞에서 차가 멈추었습니다.

해설 괄호 앞에 くるまが(차가)가 왔으므로 이것에 연결될 수 있는 말이 와야 한다. 차가 멈췄다고 하는 것이 가장 자연스러우므로 동사 とまる(서다, 멈추다)를 이용해 1번 とまりました(멈추었습니다)라고 해야 한다.

いえ 집 | まえ 앞 | くるま 차 | とまる 서다, 멈추다 | おりる (탈것에서) 내리다 | あらう 씻다 | ある (무생물/식물이) 있다

정답 ①

27 A "이 가방은 비쌉니까?"
B "아니요, 쌉니다."

해설 B가 아니라고 하면서 싸다고 대답했으므로 A는 비싼지를 물어야 한다.

かばん 가방 | たかい 비싸다, 높다 | やすい (값이) 싸다 | みじかい 짧다 | ひろい 넓다 | ながい 길다

정답 ④

28 여기는 차가 많기 때문에 위험합니다.

해설 차가 많으므로 위험하다는 말이 와야 자연스럽다. 위험하다는 뜻의 형용사는 4번 あぶない이다.

ここ 여기 | くるま 차 | おおい 많다 | ～ので ～때문에 | あぶない 위험하다 | ひくい 낮다 | ふとい 굵다, 뚱뚱하다 | ひろい 넓다

정답 ④

29 과자를 많이 먹었기 때문에 배가 **아픕**니다.

> **해설** 과자를 많이 먹었다고 하므로 배가 아프다고 해야 자연스럽다. 따라서 정답은 2번 いたい(아프다)이다.

おかし 과자 | たくさん 많이 | たべる 먹다 | ～から ～때문에, ～니까 | おなか 배 | いたい 아프다 | あまい 달다 | さむい 춥다 | ほそい 가늘다

정답 ②

30 A "이 채소는 **얼마**입니까?"
   B "100엔입니다."

> **해설** B가 100엔이라고 대답했으므로 가격을 묻는 질문이 와야 자연스럽다. 따라서 빈칸에는 2번 いくら(얼마)가 적당하다.

やさい 채소 | いくら 얼마 | どれ 어느 것 | だれ 누구 | いつ 언제

정답 ②

문제4 _____의 문장과 거의 같은 의미인 문장이 있습니다. 1 · 2 · 3 · 4에서 가장 알맞은 것을 하나 고르세요.

31 **저는 일요일과 토요일은 학교에 가지 않습니다.**

1   저는 매일 학교에 갑니다.
2   저는 일주일에 5일 학교에 갑니다.
3   저는 일주일에 이틀 학교에 갑니다.
4   저는 늘 학교에 가지 않습니다.

> **해설** 일요일과 토요일은 학교에 가지 않는다는 말이다. 이것은 다시 말해 일주일에 이틀을 뺀 5일(いつか)만 학교에 간다는 뜻이므로 정답은 2번, 일주일에 5일 학교에 간다는 말이다.

わたし 나, 저 | にちようび 일요일 | どようび 토요일 | がっこう 학교 | いく 가다 | まいにち 매일 | いっしゅうかん 일주일 | いつか 5일 | ふつか 2일, 이틀 | いつも 늘, 항상

32 **오늘 아침 처음으로 눈이 내렸습니다.**

1   오늘 아침부터 눈이 내렸습니다.
2   오늘 아침 또 눈이 내렸습니다.
3   어제 아침부터 눈이 내리고 있습니다.
4   어제 아침 또 눈이 내렸습니다.

> **해설** けさ는 오늘 아침이라는 뜻으로 오늘 아침 처음으로 눈이 내렸다는 말이다. 따라서 1번 きょうのあさから, 즉 오늘 아침부터 눈이 내렸다는 의미이다.

けさ 오늘 아침 | はじめて 처음으로 | ゆき 눈 | ふる 내리다 | きょう 오늘 | あさ 아침 | きのう 어제 | また 또

33 **어젯밤에 채소가게에서 장을 봤습니다.**

1   어젯밤 과일을 샀습니다.
2   오늘 아침 과일을 샀습니다.

3 오늘 아침 채소를 샀습니다.

4 **어젯밤 채소를 샀습니다.**

해설 ゆうべ는 어젯밤을 뜻하므로 어젯밤에 채소가게에서 장을 보았다는 말이다. 이것과 의미가 비슷한 문장은 4번, 어젯밤에 채소를 샀다이다.

ゆうべ 어젯밤 ┃ やおや 채소가게 ┃ かいもの 장보기, 쇼핑 ┃ きのう 어제 ┃ よる 밤 ┃ くだもの 과일 ┃ かう 사다 ┃ きょう 오늘 ┃ あさ 아침 ┃ やさい 채소

34 **오늘 밤부터 추워집니다.**

1 어제는 몹시 추웠습니다.

2 **오늘 밤은 춥습니다.**

3 오늘 아침은 춥습니다.

4 어제부터 조금 추워졌습니다.

해설 こんばん은 오늘 밤, さむくなる는 추워진다는 말이다. 따라서 오늘 밤부터 추워진다는 뜻이므로 2번, 오늘 밤은 춥다는 것과 의미상 통한다.

こんばん 오늘 밤 ┃ ～から ～부터 ┃ さむい 춥다 ┃ い형용사 어간+くなる ～해지다 ┃ きのう 어제 ┃ とても 매우, 몹시 ┃ きょう 오늘 ┃ よる 밤 ┃ あさ 아침 ┃ すこし 조금

35 **접시를 전부 씻었습니다.**

1 **접시를 모두 깨끗하게 했습니다.**

2 접시를 한 개 더럽혔습니다.

3 접시를 한 개 샀습니다.

4 접시를 모두 새롭게 했습니다.

해설 あらう는 씻다 라는 뜻의 동사로 あらいました는 '씻었습니다'라는 말이다. 즉 접시를 전부 씻었다는 뜻이다. きれいにする는 깨끗하게 하다라는 의미이므로 1번, 접시를 모두 깨끗하게 했다는 것과 같은 의미이다.

おさら 접시 ┃ ぜんぶ 전부 ┃ あらう 씻다 ┃ みんな 모두 ┃ きれいだ 깨끗하다, 예쁘다 ┃ ひとつ 하나, 한 개 ┃ きたない 더럽다, 지저분하다 ┃ あたらしい 새롭다, 새것이다

문제 1   (   )에 무엇을 넣습니까? 1·2·3·4에서 가장 알맞은 것을 하나 고르세요.

1   그는 채소**와** 과일을 샀습니다.

> **해설** やさい(채소)와 くだもの(과일)를 연결할 조사를 찾으면 된다. 명사는 と(~와/과)로 연결하면 되므로 정답은 2번이다.

かれ 그, 그 남자 | やさい 채소 | ~と ~와 | くだもの 과일 | 買う 사다 | ~も ~도 | ~が ~이/가 | ~を ~을/를

정답 ②

2   아버지는 회사**에서** 늘 6시에 돌아옵니다.

> **해설** 회사에서 6시에 돌아온다는 말이 되어야 하므로 빈칸에는 출발점을 나타내는 から(~에서)를 넣어야 한다.

おとうさん 아버지 | 会社 회사 | ~から ~에서 | いつも 늘 | 6時 6시 | 帰ってくる 돌아오다 | ~まで ~까지

정답 ④

3   역 근처는 편리하**지만** 시끄럽습니다.

> **해설** 빈칸 앞은 편리하다는 말이고 뒤에는 시끄럽다는 말이 온다. 둘은 대조적인 내용이므로 빈칸에는 2번 が(~지만)가 가장 적당하다.

駅 역 | ちかく 근처, 가까이 | べんりだ 편리하다 | ~が ~지만 | うるさい 시끄럽다 | ~と ~와/과 | ~し ~(하)고 | ~や ~랑

정답 ②

4   매일 전철**로** 학교에 갑니다.

> **해설** でんしゃ(전철)에 연결되어 전철을 타고 학교에 간다고 해야 한다. 교통수단을 나타내는 명사에 이어져 그것을 타고 간다고 할 때는 조사 で를 넣어야 하므로 정답은 1번이다.

まいにち 매일 | でんしゃ 전철 | ~で ~(으)로[수단/방법] | 学校 학교 | 行く 가다 | ~へ ~로 | ~も ~도

정답 ①

5   저는 버스**보다** 전철 쪽을 좋아합니다.

> **해설** 빈칸 뒤에 전철이 좋다는 말이 왔으므로 버스와 전철을 비교하고 있음을 알 수 있다. 따라서 ~보다라는 뜻인 2번 より가 와야 한다.

わたし 나, 저 | バス 버스 | ~より ~보다 | でんしゃ 전철 | ~ほう ~쪽 | 好きだ 좋아하다 | ~から ~부터

정답 ②

6   여름에 바다에서 **수영하고 싶습니다.**

> **해설** 여름에 바다에서 수영하고 싶다고 해야 자연스럽다. 희망을 나타내는 표현 〈동사 ます형+たい(~하고 싶다)〉를 동사 およぐ(수영하다)에 연결하면 およぎたい(수영하고 싶다)가 된다. 따라서 정답은 1번 およぎたいです(수영하고 싶습니다)이다.

夏 여름 | 海 바다 | ~で ~에서 | およぐ 수영하다

정답 ①

7   색 **중에서** 파랑을 가장 좋아합니다.

> **해설** 色(いろ)는 색깔을 뜻하며 あお는 색깔 중 파랑을 뜻한다. 따라서 색 중에서 파랑을 가장 좋아한다고 해

야 하므로 빈칸에는 ~중에서라는 뜻인 なかで가 들어가야 한다.

色 색 | なか ~중, 안 | あお 파랑 | いちばん 가장, 제일 | 好きだ 좋아하다 | ~ほう ~쪽

정답 ③

8 봄에는 바다**랑** 산에 갈 생각입니다.

해설 바다와 산에 갈 생각이라는 의미이므로 바다와 산을 연결할 조사를 찾아야 한다. 그러므로 1번 や(~랑)가 정답이다.

春 봄 | 海 바다 | ~や ~랑 | 山 산 | 동사 기본형+つもりだ ~할 생각(작정)이다 | ~を ~을/를 | ~は ~은/는 | ~も ~도

정답 ①

9 오늘은 바빠서 **아직** 청소를 하지 않았습니다.

해설 오늘은 바쁘다고 했고 빈칸 뒤는 청소를 하지 않았다고 하므로 빈칸에는 아직이라는 말이 들어가 아직 청소를 하지 않았다고 해야 한다. 따라서 정답은 2번 まだ이다.

きょう 오늘 | 忙しい 바쁘다 | ~から ~때문에 | まだ 아직 | そうじ 청소 | もう 이미, 벌써 | ~まで ~까지 | ~でも ~에서도, ~(이)더라도

정답 ②

10 빨리 이쪽으로 **와** 주세요.

해설 こちらに(이쪽으로)에 이어져야 하므로 이쪽으로 와 달라고 해야 한다. '~해 주세요'라고 할 때는 동사 て형에 ください를 연결해야 하므로 오다라는 뜻의 동사 くる의 て형인 きて가 정답이다.

早く 빨리, 급히 | こちら 이쪽 | くる 오다 | 동사 て형+てください ~해 주세요

정답 ③

11 이 **예쁜** 꽃을 샀습니다.

해설 きれいだ는 예쁘다는 뜻의 な형용사이다. 빈칸 바로 뒤에 花(はな)(꽃)라는 명사가 이어지므로 명사를 수식하는 형태인 4번 きれいな(예쁜)가 정답이다.

この 이 | きれいだ 예쁘다 | 花 꽃 | かう 사다

정답 ④

12 오늘은 채소가게에 가고 **나서** 돌아왔습니다.

해설 오늘은 채소가게에 갔다가 돌아왔다는 말이 되어야 한다. 따라서 앞의 일이 일어난 후 뒤의 일이 일어났다는 시간적 전후 관계를 나타내는 ~てから(하고 나서)로 연결해야 한다. 따라서 정답은 2번이다.

きょう 오늘 | やおや 채소가게 | 行く 가다 | 동사 て형+てから ~(하)고 나서 | かえる 돌아가다, 돌아오다 | ~より ~보다

정답 ②

13 비가 **내리**기 전에 돌아갑시다.

해설 빈칸 뒤에 まえに(전에)가 오므로 비가 내리기 전에 돌아가자는 말이다. まえに 앞에는 동사 사전형이 와야 하므로 정답은 2번 ふる(눈, 비 등이 내리다)이다.

雨 비 | ふる (눈, 비 등이) 내리다 | ~まえに ~전에 | かえる 돌아가다, 돌아오다

정답 ②

14 나는 엄마**와** 장 보러 갔습니다.

해설 엄마와 같이 장 보러 갔다고 해야 한다. 따라서 빈칸에는 ~와, ~과를 뜻하는 조사 と를 넣어야 한다.

わたし 나, 저 | おかあさん 엄마, 어머니 | ～と ～와/과 | 買い物 쇼핑, 장보기 | 동사 ます형+に行く ～(하)러 가다 | ～も ～도 | ～が ～이/가 | ～に ～에

정답 ②

15 오늘은 피곤하니까 **쉬어도** 됩니까?

> (해설) 오늘은 피곤하므로 쉬어도 되는지를 물어야 한다. 따라서 동의·허락을 구하는 뜻의 ～てもいいですか 형태가 와야 하므로 4번 やすんでもいいですか가 정답이다.

今日 오늘 | つかれる 지치다, 피곤하다 | ～ので ～때문에 | やすむ 쉬다 | 동사 て형+てもいいですか ～해도 됩니까?

정답 ④

16 이것은 내일까지 **하지 않으면** 안 됩니다.

> (해설) 이것은 내일까지 하지 않으면 안 된다고 해야 자연스럽다. 따라서 동사 する의 ない형에 なくてはいけません을 연결하여 しなくてはいけません(하지 않으면 안 됩니다)이 되어야 한다. 따라서 빈칸에는 2번 しなくては를 넣어야 한다.

これ 이것 | 明日 내일 | ～までに ～까지[기한] | 동사 ない형+なくてはいけません ～하지 않으면 안 됩니다

정답 ②

문제 2　_____★___에 들어갈 것은 어느 것입니까? 1·2·3·4에서 가장 알맞은 것을 하나 고르세요.

17 너무 추우**니까 창문을 닫아도** 됩니까?

> (해설) 앞은 매우 춥다고 했고 뒤는 ～해도 되는지를 묻고 있으므로 매우 추우니 창문을 닫아도 되는가 하는 말이다. 따라서 첫 칸에는 이유를 나타내는 から가 오고 뒤에는 창문을 닫아도 되는지 물어야 하므로 まど/を/しめても(창문/을/닫아도)의 순서가 된다. 따라서 정답은 2번이다.

とても 매우, 너무 | さむい 춥다 | ～から ～때문에, ～(이)니까 | まど 창문 | しめる 닫다 | 동사 て형+てもいいですか ～해도 됩니까?

정답 ② (1324)

18 저것은 엄마**가 작년에 산 가방**입니다.

> (해설) あれは(저것은)로 시작하므로 뒤는 사물을 나타내는 명사가 와야 한다. 따라서 마지막 칸은 かばん(가방)이고 엄마가 작년에 산 가방이라고 해야 자연스러우므로 が/きょねん/かった(가/작년에/산)가 앞에 와야 한다. 따라서 정답은 1번이다.

あれ 저것 | おかあさん 엄마, 어머니 | きょねん 작년 | 買う 사다 | かばん 가방

정답 ① (2314)

19 오늘 아침 **공원의 꽃을 보고** 왔습니다.

> (해설) 마지막 칸에는 문장을 끝맺는 말이 와야 하므로 きました(왔습니다)를 넣어야 하고 바로 앞은 보고 왔다고 해야 하므로 みて(보고)가 들어간다. 또 공원의 꽃을 보고 왔다고 해야 하므로 앞의 두 칸에는 こうえんの/はなを(공원의/꽃을)를 넣어야 한다. 따라서 정답은 4번이다.

けさ 오늘 아침 | こうえん 공원 | 花 꽃 | 見る 보다 | くる 오다

정답 ④ (3241)

20 어제 아빠는 **늦게까지 일했기 때문에** 지쳐 있습니다.

> **해설** 마지막에 지쳐 있다고 하므로 늦게까지 일했기 때문에 지쳐 있다고 해야 자연스럽다. 그러므로 앞의 두
> 칸은 おそく/まで(늦게/까지), 뒤의 두 칸은 はたらいた/から(일했기/때문에)를 넣어야 하므로 정답은
> 1번이다.

きのう 어제 | おとうさん 아빠, 아버지 | おそくまで 늦게까지 | はたらく 일하다 | つかれる 지치다, 피곤하다

정답 ① (3214)

21 지금 책상**의 위에 무엇**이 있습니까?

> **해설** 문장이 ありますか(있습니까?)로 끝맺고 있으므로 무엇이 있는지를 물어야 할 것이다. 따라서 마지막
> 칸에는 なに(무엇)를 넣어야 한다. 또 책상 위에 무엇이 있는지 물어야 하므로 の/うえ/に(의/위/에)가
> 이 앞에 와야 한다. 그러므로 정답은 3번이다.

今 지금 | つくえ 책상 | 上 위 | なに 무엇

정답 ③ (4132)

문제 3 22 부터 26 에 무엇을 넣습니까? 글의 의미를 생각해서 1 · 2 · 3 · 4에서 가장 알맞은 것을 하나 고르세요.

> 세로 씨와 존 씨는 인사를 하기 위해 다음 글을 썼습니다.
>
> (1) 안녕하세요. 미국에서 22 온 세로입니다. 저는 일본어를 공부하고 있습니다. 일본어는 매우 어렵습니다.
> 23 하지만 아주 재미있습니다. 여러분, 저와 친구가 24 되어 주세요.
>
> (2) 여러분, 처음 뵙겠습니다. 저는 존입니다. 공원 근처에 살고 있습니다. 저는 공원을 무척 좋아합니다. 그래서
> 매일 공원에 25 갑니다.
> 　여러분 같이 26 갑시다. 잘 부탁드립니다.

22 　1 온　　　　　　　　　2 갈

　　3 올　　　　　　　　　4 간

> **해설** 일본어로 자신을 소개하고 있다. 미국에서 왔다고 해야 하므로 동사 くる(오다)를 사용해야 하는데 이미
> 온 것이므로 과거로 나타내야 한다. 따라서 정답은 1번 きた이다.

23 　1 또　　　　　　　　　2 그리고

　　3 그래서　　　　　　　　4 하지만

> **해설** 바로 앞에서는 일본어가 아주 어렵다고 했지만 빈칸 뒤에서는 아주 재미있다고 했다. 상반되는 내용이
> 나왔으므로 역접의 의미를 나타내는 4번 でも(하지만)가 가장 적절하다.

24 　1 되고 싶습니다　　　　　2 되었습니다

　　3 됩니다　　　　　　　　4 되어 주세요

> **해설** 자신을 소개하면서 자신과 친구가 되어 달라고 하는 것이 자연스럽다. 따라서 〈명사+になる(~이(가) 되다)〉
> 를 이용해 なってください(되어 주세요)라고 하는 것이 자연스럽다.

25   1 갑니다   2 가지 않습니다

     3 있습니다   4 없습니다

해설 공원 근처에 살고 있고 공원을 좋아한다고 말하고 있다. 그렇다면 매일 공원에 간다고 해야 연결이 자연스럽다. 따라서 알맞은 것은 1번 いきます(갑니다)이다.

26   1 가지 않아도 됩니다   2 가지 않습니다

     3 갑니다   4 갑시다

해설 자신이 매일 공원에 간다고 했으므로 모두에게도 같이 가자고 해야 내용이 이어진다. 그러므로 가자고 권유하는 4번 いきましょう(갑시다)가 정답이다.

あいさつ 인사 | ～ために ～위해서 | つぎ 다음 | ぶんしょう 문장, 글 | 書く 쓰다 | アメリカ 아메리카, 미국 | いま 지금 | 日本語 일본어 | べんきょう 공부 | とても 매우, 굉장히 | むずかしい 어렵다 | おもしろい 재미있다 | みなさん 여러분 | ともだち 친구 | 公園 공원 | ちかく 근처, 가까이 | すむ 살다, 거주하다 | すきだ 좋아하다 | だから 그래서 | まいにち 매일 | いっしょに 함께, 같이 | また 또, 다시 | そして 그리고 | だから 그래서 | でも 하지만, 그렇지만

문제 4   다음 (1)부터 (3)의 글을 읽고 질문에 답하세요. 답은 1 · 2 · 3 · 4에서 가장 알맞은 것을 하나 고르세요.

> (1) 도서관 앞에 안내가 써 있습니다.
>
> 책은 한 사람당 5권까지 빌릴 수 있습니다.
> 빌릴 때는 여기에 주소와 이름을 써 주세요.
> 도서관은 월요일이 쉬는 날입니다.

27   책은 몇 권 빌릴 수 있습니까?

    1 1권

    2 3권

    3 5권

    4 7권

해설 첫 문장에서 책은 한 사람이 5권까지 빌릴 수 있다고 한다. 따라서 정답은 3번이다.

図書館 도서관 | 前 앞 | あんない 안내 | 書く 쓰다 | 동사 て형+てある ～해 있다[상태] | 本 책 | ひとり 한 사람, 한 명 | ～さつ (책을 세는 단위) ～권 | ～まで ～까지 | かりる 빌리다 | 동사 기본형+ことができる ～할 수 있다 | ～とき ～때 | ここ 여기 | じゅうしょ 주소 | なまえ 이름 | 동사 て형+てください ～해 주세요 | 月曜日 월요일 | やすみ 쉼, 휴일 | なんさつ 몇 권

(2) 최근 좀 피곤해서 몸의 상태가 좋지 않습니다. 갑자기 눈이 아플 때가 있습니다. 그 때문인지 두통도 있습니다. 컴퓨터를 자주 사용하기 때문이라고 생각합니다만 한번 병원에 가 보겠습니다.

28 어느 병원에 가야만 합니까?

해설 눈이 아플 때가 있다(目が痛むことがあります)고 했으므로 안과에 가야만 한다. 정답은 2번이다.

さいきん 최근 | 少し 조금 | つかれる 피곤하다 | からだ 몸, 신체 | ちょうし 컨디션, 상태 | いい 좋다 | 急に 갑자기 | 目 눈 | いたむ 아프다 | そのためか 그 때문인지 | ずつう 두통 | パソコン 컴퓨터 | よく 자주 | 使う 사용하다 | 思う 생각하다 | 一度 한번 | 病院 병원 | 行く 가다 | 동사 て형+てみる ～해 보다

---

(3) 유미 씨에게 치에 씨로부터 메일이 왔습니다.

유미 씨
지난주에 빌린 CD를 다나카 씨가 듣고 싶다고 말해서 빌려주었습니다.
다나카 씨가 그 CD를 돌려줄 겁니다.
내가 빌려준 책을 다나카 씨에게 건네주세요.
다나카 씨에게는 내가 전하겠습니다.

치에

29 유미 씨는 무엇을 해야 합니까?

1 다나카 씨에게 CD를 빌려준다.
2 다나카 씨에게 CD를 돌려준다.
3 다나카 씨에게 전달한다.
4 다나카 씨에게 책을 건넨다.

해설 본문에 내가 빌려준 책을 다나카 씨에게 건네주세요(私がかした本を田中さんにわたしてください。)라는 부분이 나온다. 이것을 보아 메일을 받은 유미 씨는 다나카 씨에게 책을 건네주어야만 한다.

メール 메일 | 来る 오다 | 先週 지난주 | かりる 빌리다 | きく 듣다 | 言う 말하다 | かす 빌려주다 | かえす 돌려주다 | 本 책 | わたす 건네다 | つたえる 전하다

마리 씨가 자주 가는 가게가 있습니다. 그것은 찻집입니다. 찻집은 역의 서쪽에 있습니다. 역 옆에 빵집이 있습니다. 그 옆에 생선가게가 있습니다. 생선가게 앞에 있는 길을 조금 걸어가면 은행이 있습니다. 그리고 은행 앞 가게가 그 찻집입니다.

찻집은 수요일이 휴일입니다. 마리 씨는 그곳에 매주 토요일에 갑니다. 그 귀갓길에 생선가게에 가서 생선을 사서 돌아갑니다. 생선가게는 일요일이 휴일입니다.

30 다음 중에서 마리 씨가 자주 가는 곳은 어디입니까?

1 은행
2 빵집
3 찻집
4 역

해설 마리 씨가 자주 가는 가게가 있는데 그것은 찻집(マリさんがよく行く店があります。それはきっさてんです。)이라고 했다. 따라서 정답은 3번(きっさてん)이다.

31 다음 중에서 찻집의 휴일은 언제입니까?

1 월요일
2 수요일
3 일요일
4 토요일

해설 찻집은 수요일이 휴일(きっさてんは水曜日がやすみです)이라고 했다. 그러므로 정답은 2번 水曜日(수요일)이다.

よく 자주, 잘 | 行く 가다 | 店 가게 | それ 그것 | きっさてん 찻집 | 駅 역 | にし 서쪽 | となり 옆 | パンや 빵집 | さかなや 생선 가게 | 前 앞 | みち 길 | すこし 조금 | あるく 걷다 | ぎんこう 은행 | そして 그리고 | 水曜日 수요일 | やすみ 쉼, 휴일 | そこ 거기 | まいしゅう 매주 | 土曜日 토요일 | かえり 귀갓길, 돌아옴 | さかな 생선 | かう 사다 | かえる 돌아가다, 돌아오다 | 日曜日 일요일 | ところ 곳, 장소 | どこ 어디 | 月曜日 월요일

  오른쪽 페이지의 '꽃 가격'과 '열려 있는 시간'을 보고 질문에 답하세요. 정답은 1·2·3·4 에서 가장 알맞은 것을 하나 고르세요.

꽃 가격

꽃가게 A	꽃가게 B
① 600엔	③ 500엔
② 800엔	④ 900엔

열려 있는 시간

꽃가게 A	꽃가게 B
아침 8시부터 저녁 5시까지	아침 9시부터 저녁 6시까지
수요일이 휴일	수요일이 휴일

미나 씨는 내일 학교 근처의 꽃집에서 꽃을 삽니다. 꽃집은 두 곳이 있습니다. 미나 씨는 800엔을 가지고 있습니다. 꽃은 저렴한 편이 좋습니다. 목요일 아침 8시에 사러 갑니다.

32 꽃은 어느 것을 사면 됩니까?

1 꽃 ①
2 꽃 ②
3 꽃 ③
4 꽃 ④

해설 800엔을 가지고 있고 가격이 저렴한 편이 좋다고 한다. 또 목요일 아침 8시에 사러 간다고 했으므로 이 조건들을 만족하는 것을 찾아야 한다. 일단 꽃 ④는 900엔이므로 살 수 없다. 또 가게가 열려 있는 시간과 미나 씨가 방문하는 시간을 비교해 보면 꽃가게 B는 아침 9시부터이므로 8시에는 문을 열지 않는다는 점을 알 수 있다. 따라서 꽃 ③도 살 수 없다. 또 꽃 ①과 ②는 둘 다 살 수는 있지만 가격이 더 싼 쪽을 원한다고 하므로 600엔인 꽃 ①을 사면 된다. 따라서 정답은 1번이다.

花 꽃 | ねだん 가격 | あく (문이) 열리다 | 時間 시간 | あした 내일 | 学校 학교 | ちかく 근처, 가까이 | 花や 꽃가게 | かう 사다 | 二つ 둘 | もつ 가지다, 들다 | 安い (가격이) 싸다 | ～ほう ～쪽, ～편 | いい 좋다 | 木曜日 목요일 | あさ 아침 | 동사 ます형+ にいく ～(하)러 가다 | どれ 어느 것 | ～から ～에서 | よる 밤, 저녁 | ～まで ～까지 | 水曜日 수요일 | やすみ 휴일

もんだい1

もんだい1では、はじめにしつもんをきいてください。それからはなしをきいて、もんだいようしの1から4のなかから、いちばんいいものをひとつえらんでください。
では、れんしゅうしましょう。

れい

男の人と女の人が話しています。女の人は、カフェで、何を飲みますか。

M：のどが渇いたし、カフェでも入ろうか。
F：そうだね、たくさん歩いたし。
M：僕はアイスアメリカーノだな。
F：私は、すぐ寒くなるからホットコーヒーにするよ。
M：店内って結構冷えるからね。

女の人は、カフェで、何を飲みますか。

1　ホットコーヒー
2　アイスアメリカーノ
3　アイスカフェラテ
4　ホットカフェラテ

いちばんいいものは1ばんです。かいとうようしのもんだい1のれいのところをみてください。いちばんいいものは1ばんですから、こたえはこのようにかきます。
では、はじめます。

1ばん

ホームセンターで店員と女の人が話しています。女の人は、どれを買いますか。

F1：グラスを探しているんですけど。
F2：はい。おすすめはこの二つでございます。
F1：あまり大きすぎず、できれば持つ部分が細めのタイプがいいんですけど。
F2：では、こちらはどうでしょうか。
F1：いいですね。それください。

女の人は、どれを買いますか。

문제 1

문제 1은 우선 질문을 들으세요. 그리고 이야기를 듣고 문제 용지의 1에서 4 중에서 가장 알맞은 것을 하나 고르세요.
그럼 연습하겠습니다.

예

남자와 여자가 이야기하고 있습니다. 여자는 카페에서 무엇을 마십니까?

남 : 목이 마른데 카페라도 들어갈까?
여 : 그래. 많이 걸었으니까.
남 : 난 아이스 아메리카노.
여 : 난 금방 추워지니까 뜨거운 커피로 할래.
남 : 가게 안은 꽤 추우니까.

여자는 카페에서 무엇을 마십니까?

1　뜨거운 커피
2　아이스 아메리카노
3　아이스 카페라떼
4　뜨거운 카페라떼

가장 알맞은 것은 1번입니다. 해답 용지의 문제 1의 예 부분을 보세요. 가장 알맞은 것은 1번이므로 답은 이렇게 씁니다.
그럼 시작하겠습니다.

1번

홈 센터에서 점원과 여자가 이야기하고 있습니다. 여자는 어느 것을 삽니까?

여 1 : 유리잔을 찾고 있는데요.
여 2 : 네. 추천해 드리는 것은 이 두 개입니다.
여 1 : 그다지 너무 크지 않고, 가능하면 드는 부분이 좀 가는 타입이 좋은데요.
여 2 : 그럼 이쪽은 어떨까요?
여 1 : 좋네요. 그것 주세요.

여자는 어느 것을 삽니까?

ホームセンター 홈 센터, 생활용품 매장 | 店員 점원 | どれ 어느 것 | 買う 사다 | グラス 유리잔 | 探す 찾다 | おすすめ 권함, 추천 | 二つ 두 개 | あまり 그다지, 별로 | 大きい 크다 | い형용사 어간+すぎる 너무 ~하다 | できれば 가능하면, 되도록 | 持つ 들다, 가지다 | 部分 부분 | 細め 비교적 가늚(좀음) | タイプ 타입 | こちら 이쪽 | どう 어떻게

2 ばん

男の学生と女の学生が話しています。二人は、どこへ行きますか。

M：今週末どこか行こうか。
F：私、遊園地か水族館に行きたい。
M：それは平日に行こうよ。人が少ないときに。
F：じゃあ、どこがいいの？
M：うーん、野球観戦とか。
F：暑いからいやよ。
　　今ちょうど見たい映画ならあるけど。
M：じゃあ、行こうよ。
二人は、どこへ行きますか。

どこ 어디 | 今週末 이번 주말 | どこか 어딘가 | 遊園地 유원지 | 水族館 수족관 | 平日 평일 | 少ない 적다 | 野球観戦 야구 관전 | 暑い 덥다 | いや 싫음 | 今 지금 | ちょうど 마침, 딱 | 映画 영화 | ～なら ~라면, ~하면

3 ばん

先生が話しています。学生は、何時に集合しますか。

M：明日は課外授業で演劇を見に行くため、いつもの
　　8時登校ではなく、9時に劇場前にて集合です。
　　演劇は10時から始まりますので、必ず遅れないよ
　　うに来てください。

学生は、何時に集合しますか。

1　10時
2　9時
3　8時
4　7時

何時 몇 시 | 集合 집합 | 明日 내일 | 課外授業 과외 수업 | 演劇 연극 | 동사 ます형+に行く ~(하)러 가다 | ～ため ~위해 | いつも 늘, 항상 | 登校 등교 | 劇場 극장 | ～前 ~앞 | ～にて ~에서[장소] | 始まる 시작되다 | 必ず 반드시, 꼭 | 遅れる 늦다, 지각하다 | ～ように ~(하)도록

여자는 너무 크지 않고 가능하면 드는 부분이 좀 가는 타입이 좋다고 말하고 있다. 따라서 알맞은 것은 3번이다.

2번

남학생과 여학생이 이야기하고 있습니다. 두 사람은 어디에 갑니까?

남 : 이번 주말에 어딘가 갈까?
여 : 나 유원지나 수족관에 가고 싶어.
남 : 그건 평일에 가자. 사람이 적을 때에.
여 : 그럼 어디가 좋아?
남 : 음, 야구 관전이라든가.
여 : 더워서 싫어.
　　지금 마침 보고 싶은 영화라면 있는데.
남 : 그럼 가자.

두 사람은 어디에 갑니까?

여자는 야구 관전은 더워서 싫다고 하며 지금 마침 보고 싶은 영화가 있다고 했다. 이에 남자도 가자고 했으므로 두 사람은 영화를 보러 영화관에 갈 것이다. 따라서 정답은 2번이다.

3번

선생님이 이야기하고 있습니다. 학생은 몇 시에 집합합니까?

남 : 내일은 과외 수업으로 연극을 보러가기 위해 평소의 8시 등교가 아니라, 9시에 극장 앞에서 집합입니다. 연극은 10시부터 시작되니까 반드시 늦지 않도록 와 주세요.

학생은 몇 시에 집합합니까?

1　10시
2　9시
3　8시
4　7시

내일은 연극을 보러 가므로 평소의 8시 등교가 아니라 9시에 극장 앞에서 집합이라고 했다. 따라서 집합 시간은 2번 9시이다.

4 ばん

女の人と店員が時計について話しています。女の人は、どの時計を買いますか。

F：時計を探しているんですが。

M：どのような時計をお探しですか。

F：少しベルトが細いタイプの時計がいいのですが。

M：では、こちらの新作はいかがでしょうか。

F：少しベルトが太い気がします。

M：では、こちらのタイプはいかがでしょうか。女性らしいデザインになっております。

F：女性らしくていいですね。これにします。

女の人は、どの時計を買いますか。

단어

店員 점원 | 時計 시계 | ～について ～에 대해서 | どの 어느 | 買う 사다 | 探す 찾다 | どのような 어떠한 | 少し 조금 | ベルト 벨트 | 細い 가늘다, (폭이) 좁다 | タイプ 타입 | こちら 이쪽 | 新作 신작, 신제품 | いかが 어떠함 | 太い 두껍다 | ～気がする ～느낌(생각)이 들다 | 女性 여성 | 명사+らしい ～답다, ～스럽다 | デザイン 디자인 | 명사+にする ～로 하다

5 ばん

会場で係員が話しています。公演は、何時から始まりますか。

F：本日の公演は7時から始まる予定でしたが、音響の不具合のため、1時間遅れて始めることになりました。皆様にご迷惑をお掛けしまして、大変申し訳ございません。

公演は、何時から始まりますか。

1　6時
2　7時
3　8時
4　9時

단어

会場 회장 | 係員 담당자 | 公演 공연 | 何時 몇 시 | 始まる 시작되다 | 本日 금일, 오늘 | 予定 예정 | 音響 음향 | 不具合 형편, 상태가 좋지 않음 | ～のため ～때문에 | 遅れる 늦다, 지각하다 | 始める 시작하다 | 皆様 여러분 | 迷惑を掛ける 폐를 끼치다 | 大変 매우, 대단히

4 번

여자와 점원이 시계에 대해 이야기하고 있습니다. 여자는 어느 시계를 삽니까?

여 : 시계를 찾고 있는데요.

남 : 어떤 시계를 찾으십니까?

여 : 조금 벨트가 가는 타입의 시계가 좋은데요.

남 : 그럼 이쪽의 신제품은 어떨까요?

여 : 조금 벨트가 두꺼운 것 같아요.

남 : 그럼 이쪽 타입은 어떨까요?
　　여성스러운 디자인으로 되어 있습니다.

여 : 여성스러워서 좋네요. 이것으로 하겠습니다.

여자는 어느 시계를 삽니까?

해설

여자는 벨트가 가는 타입의 시계를 찾고 있고 점원이 여성스러운 디자인의 시계를 권하자 그것으로 하겠다고 한다. 즉 벨트가 가늘고 여성스러운 타입의 시계를 찾아야 하므로 정답은 1번이다.

5 번

회장에서 담당자가 이야기하고 있습니다. 공연은 몇 시부터 시작됩니까?

여 : 오늘의 공연은 7시부터 시작될 예정이었지만 음향 상태가 좋지 않아 1시간 늦게 시작하게 되었습니다. 여러분께 폐를 끼쳐드려 대단히 죄송합니다.

공연은 몇 시부터 시작됩니까?

1　6시
2　7시
3　8시
4　9시

해설

오늘 공연은 7시부터 시작될 예정이었지만 음향 상태가 좋지 않아 1시간 늦게 시작하게 된다고 했으므로 공연시작 시간은 8시인 것이다. 따라서 정답은 3번이 된다.

6 ばん

男の人と女の人が話しています。二人は、何を食べますか。

M：今日の夜ご飯はどこで食べようか。

F：そうだね。パスタもいいし、オムライスもいい
なぁ。

M：僕はカレーもいいと思うんだけど。

F：今日のお昼に食べちゃったんだよね。ごめん。

M：そうか。じゃあ、この辺に有名なパスタのお店あ
るから行ってみる？

F：うん。混んでないといいね。

二人は、何を食べますか。

단어

二人 두 사람 | 食べる 먹다 | 今日 오늘 | 夜ご飯 저녁 식사 |
どこ 어디 | パスタ 파스타 | オムライス 오므라이스 | カ
レー 카레 | お昼 점심 | 辺 근처, 근방 | 有名だ 유명하다 |
お店 가게, 상점 | 동사 て형+てみる ～해 보다 | 混む 붐비
다, 혼잡하다

7 ばん

女の人と男の人が話しています。男の人は、何曜日に
日本へ行きますか。

F：今度日本へ遊びに行くって言ってなかった？

M：うん。今日飛行機の予約してきたんだ。

F：土曜日に行くんだっけ。

M：ううん。最初はそうしようと思ってたんだけど、
土曜日出発が意外に高くて。

F：そうなんだ。なら金曜日に行くの？

M：金曜日も価格が変わらないから、結局木曜日に
したよ。

男の人は、何曜日に日本へ行きますか。

1 木曜日
2 金曜日
3 土曜日
4 日曜日

단어

何曜日 무슨 요일 | 日本 일본 | 今度 이번 | 遊ぶ 놀다 | 동
사 ます형+に行く ～(하)러 가다 | 今日 오늘 | 飛行機 비
행기 | 予約 예약 | 土曜日 토요일 | ～っけ ～였지, ～던가 |
最初 최초, 처음 | 出発 출발 | 意外に 의외로 | 高い 비싸다 |
金曜日 금요일 | 価格 가격 | 変わる 바뀌다 | 結局 결국 |
木曜日 목요일

6 번

남자와 여자가 이야기하고 있습니다. 두 사람은 무엇을 먹습니
까?

남 : 오늘 저녁은 어디에서 먹을까?

여 : 글쎄. 파스타도 좋고 오므라이스도 좋아.

남 : 난 카레도 좋다고 생각하는데.

여 : 오늘 점심에 먹어버렸어. 미안.

남 : 그렇구나. 그럼 이 근처에 유명한 파스타 가게 있으니
까 가 볼래?

여 : 응. 붐비지 않으면 좋겠다.

두 사람은 무엇을 먹습니까?

해설

남자가 근처에 유명한 파스타 가게가 있는데 가 보겠는지
제안하자 여자는 붐비지 않으면 좋겠다고 했으므로 정답
은 1번, 파스타를 먹으러 갈 것이다.

7 번

여자와 남자가 이야기하고 있습니다. 남자는 무슨 요일에 일본에
갑니까?

여 : 이번에 일본에 놀러 간다고 하지 않았어?

남 : 응. 오늘 비행기 예약하고 왔어.

여 : 토요일에 간다고 했나?

남 : 아니. 처음에는 그렇게 하려고 했는데 토요일 출발이
의외로 비싸서.

여 : 그렇구나. 그러면 금요일에 가는 거야?

남 : 금요일도 가격이 다르지 않아서 결국 목요일로 했어.

남자는 무슨 요일에 일본에 갑니까?

1 목요일
2 금요일
3 토요일
4 일요일

해설

남자는 토요일 출발이 의외로 비싸고 금요일도 가격이 다
르지 않아 결국 목요일로 했다(結局木曜日にしたよ)고
말하고 있다. 따라서 정답은 1번 목요일이다.

もんだい2

もんだい2では、はじめにしつもんをきいてください。それからはなしをきいて、もんだいようしの1から4のなかから、いちばんいいものをひとつえらんでください。
では、れんしゅうしましょう。

れい

女の学生と男の学生が話しています。男の学生は、どこに行きますか。男の学生です。

F：レポートの資料を集めなくちゃね。
M：岡田さんはどこで資料を集める予定なの？
F：私は地元の図書館に行く予定だよ。
　　山田くんは大学の図書館？
M：うーん、最初はそうしようと思ったんだけど、
　　ここには資料がないから教授の研究室でやること
　　にしたんだ。
F：じゃあ、また来週ね。

男の学生は、どこに行きますか。
1　大学の図書館
2　地元の図書館
3　学部の研究室
4　教授の研究室

いちばんいいものは4ばんです。かいとうようしのもんだい2のれいのところをみてください。いちばんいいものは4ばんですから、こたえはこのようにかきます。
では、はじめます。

1ばん

男の学生と女の学生が話しています。女の学生は、今日、何時から約束がありますか。
M：山田さん、急なんだけど今日のサークル会議に参加できるかな。
F：あ、先輩。何時からですか。
M：6時から部室に集合なんだけど。
F：7時からアルバイトがあるんですけど、何時ごろに終わりますか。
M：だいたい30分ぐらいで終わるよ。
F：そうですか。なら大丈夫です。

문제 2

문제 2에서는 우선 질문을 들으세요. 그리고 이야기를 듣고 문제 용지의 1에서 4 중에서 가장 알맞은 것을 하나 고르세요.
그럼 연습하겠습니다.

예

여학생과 남학생이 이야기하고 있습니다. 남학생은 어디에 갑니까? 남학생입니다.

여 : 보고서 자료를 모아야 해.
남 : 오카다 씨는 어디에서 자료를 모을 예정이야?
여 : 난 지역 도서관에 갈 예정이야.
　　 야마다 군은 대학 도서관?
남 : 음, 처음에는 그렇게 하려고 생각했는데 여기에는
　　 자료가 없으니까 교수님 연구실에서 하기로 했어.
여 : 그럼 다음 주에 봐.

남학생은 어디에 갑니까?
1　대학 도서관
2　지역 도서관
3　학부 연구실
4　교수님 연구실

가장 알맞은 것은 4번입니다. 해답 용지의 문제 2의 예 부분을 보세요. 가장 알맞은 것은 4번이므로 답은 이렇게 씁니다.
그럼 시작하겠습니다.

1번

남학생과 여학생이 이야기하고 있습니다. 여학생은 오늘 몇 시부터 약속이 있습니까?

남 : 야마다, 갑작스럽지만 오늘 동아리 회의에 참가할 수
　　 있어?
여 : 아, 선배. 몇 시부터입니까?
남 : 6시부터 동아리방에 집합인데.
여 : 7시부터 아르바이트가 있는데, 몇 시쯤에 끝납니까?
남 : 대개 30분 정도면 끝나.
여 : 그래요? 그럼 괜찮아요.

女の学生は、今日、何時から約束がありますか。

1　6時
2　6時30分
3　7時
4　7時30分

단어

今日 오늘 | 何時 몇 시 | 約束 약속 | 急だ 급하다, 갑작스럽다 | サークル 서클, 동아리 | 会議 회의 | 参加 참가 | 先輩 선배 | 部室 부실, 동아리방 | 集合 집합 | アルバイト 아르바이트 | ～ごろ ～경, ～쯤 | 終わる 끝나다 | だいたい 대개, 대부분 | ～ぐらい ～정도, ～쯤 | 大丈夫だ 괜찮다

2ばん

電話で女の人と男の人が話しています。男の人の電話番号は、何番ですか。

F：お電話ありがとうございます。西川ツーリストでございます。
M：もしもし、先日グアム旅行の予約をした池田ですけど、担当者の大川さんはいますか。
F：ご予約ありがとうございます。大川はただいま席を外しておりますので、戻りましたらかけ直します。
M：あ、では僕の番号は０９０－２７９３－６６５４です。
F：０９０－２７９３－６６６４でしょうか。
M：いえ、５４です。
F：かしこまりました。
　　お電話ありがとうございます。

男の人の電話番号は、何番ですか。

1　０９０－２７９３－６６６４
2　０９０－２３７９－６６５４
3　０９０－２３７９－６６６４
4　０９０－２７９３－６６５４

단어

電話番号 전화번호 | ツーリスト 투어리스트, 관광 안내소 | 先日 일전, 요전 | グアム 괌[지명] | 旅行 여행 | 予約 예약 | 担当者 담당자 | ただいま 지금 | 席を外す 자리를 비우다 | 戻る 되돌아오다, 되돌아가다 | かけ直す (전화를) 다시 걸다 | かしこまりました 알겠습니다

여학생은 오늘 몇 시부터 약속이 있습니까?

1　6시
2　6시 30분
3　7시
4　7시 30분

해설

남학생이 6시 서클 회의에 참가할 수 있는지 묻자 여학생은 7시부터 아르바이트가 있다고 한다. 즉 여학생은 7시부터 약속이 있는 것이므로 정답은 3번이다.

2번

전화로 여자와 남자가 이야기하고 있습니다. 남자의 전화번호는 몇 번입니까?

여 : 전화 감사합니다. 니시카와 투어리스트입니다.
남 : 여보세요. 일전에 괌 여행 예약을 한 이케다인데요, 담당자인 오카와 씨 있습니까?
여 : 예약 감사합니다. 오카와는 지금 자리를 비우고 있어서 돌아오면 다시 걸겠습니다.
남 : 아, 그럼 제 번호는 090-2793-6654입니다.
여 : 090-2793-6664지요?
남 : 아니요. 54입니다.
여 : 알겠습니다. 전화 감사합니다.

남자의 전화번호는 몇 번입니까?

1　090-2793-6664
2　090-2379-6654
3　090-2379-6664
4　090-2793-6654

해설

남자는 자신의 번호가 090-2793-6654라고 했으므로 정답은 4번이다.

3 ばん

男の学生と女の学生が話しています。女の学生は、誰と旅行に行きますか。

M：旅行のパンフレット？
F：うん。思い切って海外に行こうかと思って。
M：友だちと行くの？ 一人で行くの？
F：今回は母の誕生日祝いで、二人で行くの。
M：へえ、親孝行だね。
F：一生懸命アルバイトしなくちゃ。

女の学生は、誰と旅行に行きますか。

1 母
2 友だち
3 一人
4 両親

단어

誰 누구 | 旅行 여행 | パンフレット 팸플릿, 소책자 | 思い切って 큰 맘 먹고 | 海外 해외 | 友だち 친구 | 一人 한 명, 한 사람 | 今回 이번 | 誕生日 생일 | 祝い 축하, 축하 선물 | 二人 두 명, 두 사람 | 親孝行 효도, 효행 | 一生懸命 열심히 | アルバイト 아르바이트

4 ばん

会社で男の人と女の人が話しています。女の人は、この後何をしますか。

M：太田さん、今度のバレンタインデーの短期アルバイトの募集どうかな。
F：そうですね。去年よりも募集が多いです。
M：そうか。候補の子には、電話して面接の日時を決めていこう。
F：はい。とりあえず、募集を締め切りますね。

女の人は、この後何をしますか。

1 電話をかける
2 履歴書を整理する
3 面接をする
4 募集を締め切る

단어

会社 회사 | この後 이후 | 今度 이번 | バレンタインデー 발렌타인데이 | 短期 단기 | アルバイト 아르바이트 | 募集 모집 | 去年 작년, 지난해 | 多い 많다 | 候補 후보 | 電話 전화 | 面接 면접 | 日時 일시 | 決める 결정하다 | とりあえず 일단, 당장 | 締め切る 마감하다

3 번

남학생과 여학생이 이야기하고 있습니다. 여학생은 누구와 여행을 갑니까?

남 : 여행 팸플릿이야?
여 : 응. 큰 맘먹고 해외에 가려고 생각해서.
남 : 친구와 가는 거야? 혼자 가는 거야?
여 : 이번에는 엄마 생신 축하 선물로 둘이 가는 거야.
남 : 이야, 효녀구나.
여 : 열심히 아르바이트 해야 해.

여학생은 누구와 여행을 갑니까?

1 엄마
2 친구
3 혼자
4 부모님

해설

여학생은 이번 여행은 엄마 생신 축하 선물로 둘이 간다고 했으므로 엄마와 같이 가는 것을 알 수 있다. 따라서 정답은 1번이다.

4 번

회사에서 남자와 여자가 이야기하고 있습니다. 여자는 이후에 무엇을 합니까?

남 : 오타 씨, 이번 발렌타인데이 단기 아르바이트 모집 어때?
여 : 네. 작년보다 모집이 많습니다.
남 : 그런가. 후보에게는 전화해서 면접 일시를 결정하자고.
여 : 네. 일단 모집을 마감할게요.

여자는 이후에 무엇을 합니까?

1 전화를 건다.
2 이력서를 정리한다.
3 면접을 한다.
4 모집을 마감한다.

해설

아르바이트 후보에게 전화해서 면접 일정을 정하라는 남자의 말에 여자는 일단 모집을 마감하겠다고 한다. 따라서 여자가 이후에 바로 해야 할 일은 4번, 모집을 마감하는 것이다.

5 ばん

教室で、先生が学生に話しています。学生は、どこに集合しますか。

M : 明日の動物園での社会見学は、朝8時に駅に集合です。いつものように学校の教室に来ても誰もいないから、間違えないようにするんだよ。

学生は、どこに集合しますか。

1 動物園
2 学校
3 駅
4 教室

단어

教室 교실 | どこ 어디 | 集合 집합 | 明日 내일 | 動物園 동물원 | 社会見学 사회 견학 | 駅 역 | いつも 늘, 언제나 | 誰も 아무도, 누구도 | 間違える 착각하다, 잘못 알다 | ～ようにする ～하도록 하다

6 ばん

男の学生と女の学生が話しています。女の学生は、何を買いましたか。

M : 明日、先輩の卒業式だよね。
　　何をあげるか決めた？
F : 花束やケーキはありきたりだよね。
M : 確かに。手紙もたくさんもらうだろうし。
F : でしょ？ だから、大学でも使えるように定期ケースにしたの。
M : いいじゃん。先輩、大学まで電車通学って言ってたしね。

女の学生は、何を買いましたか。

1 花束
2 ケーキ
3 定期ケース
4 手紙

단어

買う 사다 | 明日 내일 | 先輩 선배 | 卒業式 졸업식 | あげる 주다 | 決める 결정하다 | 花束 꽃다발 | ありきたり 얼마든지 있음, 흔함 | 確かに 분명히, 확실히 | 手紙 편지 | たくさん 많음, 충분함 | もらう 받다 | 大学 대학 | 使う 사용하다 | 定期ケース 정기권 케이스 | 電車 전철 | 通学 통학

5 번

교실에서 선생님이 학생에게 이야기하고 있습니다. 학생은 어디에 집합합니까?

남 : 내일 동물원에서의 사회 견학은 아침 8시에 역에 집합입니다. 평소처럼 학교 교실에 와도 아무도 없으니 착각하지 않도록 하세요.

학생은 어디에 집합합니까?

1 동물원
2 학교
3 역
4 교실

해설

선생님은 학생들에게 내일 동물원에서의 사회 견학은 아침 8시에 역에 집합이라고 말하고 있다. 따라서 학생들이 모이는 곳은 역이므로 정답은 3번이 된다.

6 번

남학생과 여학생이 이야기하고 있습니다. 여학생은 무엇을 샀습니까?

남 : 내일 선배 졸업식이지?
　　무엇을 줄지 정했어?
여 : 꽃다발이랑 케이크는 너무 흔하지?
남 : 그렇지. 편지도 많이 받을 것 같고.
여 : 그렇지? 그래서 대학에서도 사용할 수 있도록 정기권 케이스로 했어.
남 : 좋은데. 선배 대학까지 전철로 통학한다고 했으니까.

여학생은 무엇을 샀습니까?

1 꽃다발
2 케이크
3 정기권 케이스
4 편지

해설

여학생은 졸업하는 선배에게 줄 선물로 대학에 가서도 사용할 수 있도록 정기권 케이스를 샀다(大学でも使えるように定期ケースにしたの)고 했으므로 정답은 3번이다.

もんだい３

もんだい３では、えをみながらしつもんをきいてください。➡（やじるし）のひとはなんといいますか。１から３のなかから、いちばんいいものをひとつえらんでください。
では、れんしゅうしましょう。

れい

お店（みせ）で注文（ちゅうもん）します。何（なん）と言（い）いますか。

F：1　かしこまりました。
　　2　いらっしゃいませ。
　　3　すみません。

いちばんいいものは３ばんです。かいとうようしのもんだい３のれいのところをみてください。いちばんいいものは３ばんですから、こたえはこのようにかきます。
では、はじめます。

１ばん

お客（きゃく）さんが来（き）ました。何（なん）と言（い）いますか。

F：1　ありがとうございました。
　　2　いらっしゃいました。
　　3　いらっしゃいませ。

単語

お客（きゃく）さん 손님 | 来（く）る 오다 | いらっしゃる 오시다, 가시다, 계시다

２ばん

学校（がっこう）に行（い）きます。何（なん）と言（い）いますか。

F：1　いってらっしゃい。
　　2　いってきます。
　　3　気（き）をつけてね。

単語

学校（がっこう）학교 | 気（き）をつける 조심하다, 주의하다

３ばん

アルバイトに来（き）ました。何（なん）と言（い）いますか。

F：1　お疲（つか）れ様（さま）でした。
　　2　おはようございます。
　　3　ご苦労様（くろうさま）でした。

문제 3

문제 3에서는 그림을 보면서 질문을 들으세요. ➡(화살표)의 사람은 뭐라고 말합니까? 1에서 3 중에서 가장 알맞은 것을 하나 고르세요.
그럼 연습하겠습니다.

예

가게에서 주문합니다. 뭐라고 말합니까?

여 : 1　알겠습니다.
　　 2　어서 오세요.
　　 3　저기요.

가장 알맞은 것은 3번입니다. 해답 용지의 문제 3의 예 부분을 보세요. 가장 알맞은 것은 3번이므로 답은 이렇게 씁니다.
그럼 시작하겠습니다.

1번

손님이 왔습니다. 뭐라고 말합니까?

여 : 1　감사합니다.
　　 2　오셨습니다.
　　 3　어서 오세요.

해설

손님이 왔을 때 쓰는 표현을 골라야 한다. 따라서 손님을 환영하는 인사인 3번이 정답이다.

2번

학교에 갑니다. 뭐라고 말합니까?

여 : 1　다녀 와.
　　 2　다녀오겠습니다.
　　 3　조심해.

해설

학교에 가는 아이가 엄마에게 하는 말을 찾아야 한다. 그러므로 정답은 2번이다.

3번

아르바이트를 하러 왔습니다. 뭐라고 말합니까?

여 : 1　수고하셨습니다.
　　 2　안녕하세요.
　　 3　수고했습니다.

단어

アルバイト 아르바이트 | 来る 오다 | 苦労 수고, 고생

4ばん

友だちに会いました。何と言いますか。

F：1　初めまして。

2　久しぶりだね。

3　さようなら。

단어

友だち 친구 | 会う 만나다

5ばん

電車の中です。お年寄りが来ました。何と言いますか。

M：1　ありがとうございます。

2　ここ、どうぞ。

3　大変ですね。

단어

電車 전철 | 中 속, 안 | お年寄り 노인 | 来る 오다 | 大変だ 힘들다, 큰일이다

もんだい4

もんだい4は、えなどがありません。ぶんをきいて1から3のなかから、いちばんいいものをひとつえらんでください。

では、れんしゅうしましょう。

れい

F：この本は面白いですか。

M：1　はい、面白そうですね。

2　はい、面白かったです。

3　いいえ、面白かったです。

いちばんいいものは2ばんです。かいとうようしのもんだい4のれいのところをみてください。

いちばんいいものは2ばんですから、こたえはこのようにかきます。

では、はじめます。

해설

아르바이트를 하러 온 상황이다. 따라서 그 날 처음 봤을 때 하는 인사인 2번이 적절하다.

4번

친구를 만났습니다. 뭐라고 말합니까?

여 : 1　처음 뵙겠습니다.

2　오래간만이네.

3　잘 가.

해설

친구를 만났을 때 할 수 있는 인사를 찾아야 한다. 따라서 오랜만이라고 하는 2번이 정답이다.

5번

전철 안입니다. 노인이 왔습니다. 뭐라고 말합니까?

남 : 1　감사합니다.

2　여기 앉으세요.

3　큰일이군요.

해설

전철 안에서 노인이 온 경우이다. 노인에게 자리를 양보하며 여기 앉으시라고 한 2번이 알맞은 답이다.

문제 4

문제 4는 그림 등이 없습니다. 문장을 듣고 1에서 3 중에서 가장 좋은 것을 하나 고르세요.

그럼 연습하겠습니다.

예

여 : 이 책은 재미있습니까?

남 : 1　네, 재미있을 것 같군요.

2　네, 재미있었습니다.

3　아니요, 재미있었습니다.

가장 알맞은 것은 2번입니다. 해답 용지의 문제 4의 예 부분을 보세요. 가장 알맞은 것은 2번이므로 답은 이렇게 씁니다.

그럼 시작하겠습니다.

1 ばん

F：どこに行きますか。

M：1　塾に行きます。

　　2　まだ決めていません。

　　3　じゃあ、行きますか。

【단어】

どこ 어디 ｜ 行く 가다 ｜ 塾 사설 학원 ｜ まだ 아직 ｜ 決める 결정하다

2 ばん

M：犬は好きですか。

F：1　いいえ、好きです。

　　2　はい、嫌いじゃないです。

　　3　はい、嫌いです。

【단어】

犬 개 ｜ 好きだ 좋아하다 ｜ 嫌いだ 싫어하다

3 ばん

M：バス停はここから近いですか。

F：1　5分ぐらいです。

　　2　10分後にバスが来ます。

　　3　遠いですか。

【단어】

バス停 버스 정류장 ｜ ここから 여기에서 ｜ 近い 가깝다 ｜ ～ぐらい ～정도, ～쯤 ｜ 来る 오다 ｜ 遠い 멀다

4 ばん

F：昨日から具合が悪くて。

M：1　お疲れ様です。

　　2　辛そうですね。

　　3　病院に行きます。

【단어】

昨日 어제 ｜ 具合 몸 상태 ｜ 辛い 힘들다, 괴롭다 ｜ 病院 병원

1번

여 : 어디에 갑니까?

남 : 1　학원에 갑니다.

　　2　아직 정하지 않았습니다.

　　3　그럼 가겠습니까?

【해설】

어디에 가는지 묻는 것이다. 따라서 학원에 간다고 한 1번이 가장 알맞다.

2번

남 : 개는 좋아합니까?

여 : 1　아니요. 좋아합니다.

　　2　네. 싫어하지 않습니다.

　　3　네. 싫어합니다.

【해설】

개를 좋아하는지 묻는 것이므로 좋아하면 긍정으로 대답하고 좋아한다고 하고, 싫어하면 부정으로 답한 후 싫어한다고 해야 한다. 따라서 적절한 대답은, 긍정으로 답하고 싫어하지 않는다고 한 2번이다.

3번

남 : 버스 정류장은 여기에서 가깝습니까?

여 : 1　5분 정도입니다.

　　2　10분 후에 버스가 옵니다.

　　3　멉니까?

【해설】

버스 정류장이 여기에서 가까운지 묻고 있다. 따라서 5분 정도라고 대답한 1번이 정답이다.

4번

여 : 어제부터 몸 상태가 안 좋아서.

남 : 1　수고하셨습니다.

　　2　힘들어 보여요.

　　3　병원에 갑니다.

【해설】

어제부터 몸 상태가 안 좋다는 말이다. 그러므로 보기에도 힘들어 보인다고 한 2번이 가장 적절하다.

5ばん

F：これ、つまらないものだけど。

M：1　嬉しい、ありがとう。

　　2　つまらないなら、いいや。

　　3　いや、面白かったよ。

단어

これ 이것 | つまらない 시시하다. 하찮다 | 嬉しい 기쁘다 |
面白い 재미있다

6ばん

M：今日の映画はどうだった？

F：1　期待はずれだったかな。

　　2　面白いといいね。

　　3　映画は明日にしよう。

단어

今日 오늘 | 映画 영화 | 期待はずれ 기대에서 어긋남 | 面
白い 재미있다 | 明日 내일

5번

여 : 이거 별것 아니지만.

남 : 1　기뻐. 고마워.

　　2　별것 아니면 됐어.

　　3　아니. 재미있었어.

해설

무언가 선물을 주면서 별것 아니라고 말하고 있다. 선물을
받는 상대는 기쁘다며 고맙다고 해야 할 것이다. 따라서
정답은 1번이다.

6번

남 : 오늘 영화는 어땠어?

여 : 1　기대에서 벗어났어.

　　2　재미있으면 좋겠다.

　　3　영화는 내일로 하자.

해설

오늘 영화가 어땠는지 묻고 있다. 자신이 기대했던 것과
달랐다고 말한 1번이 가장 적절한 대답이다.

1교시 언어지식(문자 · 어휘)

問題 1 1 ③ 2 ② 3 ② 4 ② 5 ③ 6 ③ 7 ① 8 ④ 9 ①

問題 2 10 ③ 11 ④ 12 ① 13 ② 14 ② 15 ②

問題 3 16 ① 17 ② 18 ④ 19 ④ 20 ③ 21 ② 22 ① 23 ③ 24 ① 25 ②

問題 4 26 ② 27 ③ 28 ① 29 ② 30 ②

問題 5 31 ② 32 ① 33 ② 34 ④ 35 ①

2교시 언어지식(문법) · 독해

問題 1 1 ② 2 ② 3 ② 4 ③ 5 ① 6 ② 7 ④ 8 ② 9 ③ 10 ③ 11 ②
12 ① 13 ① 14 ② 15 ①

問題 2 16 ④ 17 ④ 18 ④ 19 ① 20 ①

問題 3 21 ① 22 ② 23 ④ 24 ② 25 ②

問題 4 26 ③ 27 ③ 28 ④ 29 ①

問題 5 30 ③ 31 ② 32 ② 33 ②

問題 6 34 ④ 35 ③

3교시 청해

問題 1 1 ② 2 ④ 3 ③ 4 ③ 5 ④ 6 ③ 7 ① 8 ④

問題 2 1 ③ 2 ③ 3 ② 4 ③ 5 ④ 6 ① 7 ④

問題 3 1 ① 2 ③ 3 ① 4 ③ 5 ③

問題 4 1 ③ 2 ③ 3 ③ 4 ① 5 ③ 6 ③ 7 ② 8 ②

문제 1 ______의 단어는 히라가나로 어떻게 씁니까? 1 · 2 · 3 · 4에서 가장 알맞은 것을 하나 고르세요.

1 형은 **양복**을 샀습니다.

> **해설** 洋은 음으로 よう라고 읽고 服은 음으로 ふく라고 읽는다. 洋服(양복)은 둘 다 음독하여 ようふく라고 읽는다.

あに 형, 오빠 | 洋服 양복 | 買う 사다

정답 ③

2 밥이 **적**습니다.

> **해설** 少는 음으로 しょう, 훈으로 少(すく)ない/少(すこ)し라고 읽는다. '적다'라는 뜻일 때는 훈독하여 少(すく)ない라고 읽는다.

ごはん 밥 | 少ない 적다

정답 ②

3 **출구**를 모릅니다.

> **해설** 出은 음으로 しゅつ, 훈으로 出(で)る/出(だ)す라고 읽는다. 口는 음으로 こう/く, 훈으로 口(くち)라고 읽는다. 出口(출구)는 둘 다 훈독하는데, 이 때 くち의 く가 탁음이 되므로 でぐち라고 읽어야 한다.

出口 출구 | わかる 알다, 이해하다

정답 ②

4 **동물**을 보기 위해 외출했습니다.

> **해설** 動은 음으로 どう, 훈으로 動(うご)く/動(うご)かす라 읽으며, 物은 음으로 ぶつ/もつ, 훈으로 もの라고 읽는다. 動物(동물)은 둘 다 음독하여 どうぶつ라 한다.

動物 동물 | 見る 보다 | 〜ために 〜위해 | でかける 나가다, 외출하다

정답 ②

5 휴일에 **도서관**에 갑니다.

> **해설** 図는 음으로 ず/と, 훈으로 図(はか)る, 書는 음으로 しょ, 훈으로 書(か)く라고 읽고, 館은 음독하여 かん이다. 図書館(도서관)은 각각 음독하여 としょかん이라고 읽는다.

やすみ 휴일, 휴가 | 図書館 도서관 | 行く 가다

정답 ③

6 **빨간** 꽃이군요.

> **해설** 赤은 음으로 せき, 훈으로 赤(あか)/赤(あか)い라 읽는다. 빨갛다는 형용사로 쓰일 때는 훈독하여 赤(あか)い라고 읽는다.

赤い 빨갛다 | はな 꽃

정답 ③

7 **영어**를 가르치고 있습니다.

> **해설** 英은 음으로 えい, 語는 음으로 ご, 훈으로 語(かた)る라고 읽는다. 英語(영어)는 둘 다 음독하여 えいご라고 한다.

英語 영어 | おしえる 가르치다

정답 ①

8 **자동차**를 탑니다.

해설 自는 음으로 じ/し, 훈으로 自(みずか)ら라고 읽고, 動은 음으로 どう, 훈으로 動(うご)く/動(うご)かす라고 읽는다. 또 車는 음으로 しゃ, 훈으로 車(くるま)라고 읽는다. 自動車(자동차)는 각각 음독하여 じどうしゃ가 된다.

自動車 자동차 | ～にのる ～(탈것)을 타다

정답 ④

9 돈을 **빌려** 주세요.

해설 貸는 음으로 たい, 훈으로 貸(か)す라고 읽는다. 여기서는 훈으로 읽는 동사 貸(か)す(빌려주다)를 의미하므로 정답은 1번 かして이다.

おかね 돈 | 貸す 빌려주다 | 동사 て형+てください ～해 주세요

정답 ①

문제 2　＿＿＿＿의 단어는 어떻게 씁니까? 1·2·3·4에서 가장 알맞은 것을 하나 고르세요.

10 이것은 어제 찍은 **사진**입니다.

해설 여기서의 しゃしん은 '사진'을 의미한다. 따라서 올바른 한자표기는 3번이다.

これ 이것 | きのう 어제 | とる (사진을) 찍다 | 写真 사진

정답 ③

11 그는 노래를 **잘합니다.**

해설 じょうず는 '잘함, 능숙함'을 뜻하는 な형용사이다. 한자표기는 4번 上手이다. 참고로 2번 下手는 へた라고 읽으며 '못함, 서투름'을 의미한다.

かれ 그, 그 사람, 그 남자 | うた 노래 | 上手だ 잘하다, 능숙하다 | 下手だ 못하다, 서투르다

정답 ④

12 이 근처에 **살고** 있습니다.

해설 이 근처에 살고 있다는 뜻이다. 즉 동사 すむ(살다)를 가리키므로 한자로는 住む라고 쓴다. 이것을 て형으로 바꾸어야 하므로 정답은 1번 住んで이다.

ちかく 근처 | 住む 살다, 거주하다

정답 ①

13 그는 **갑자기** 달리기 시작했습니다.

해설 きゅうに는 급히, 혹은 갑작스럽게 무언가를 한다는 의미의 부사이다. 한자로는 急に라고 쓴다.

急に 갑자기, 급하게 | はしりだす 달리기 시작하다

정답 ②

14 저 **건물**이 학교입니다.

해설 たてもの란 '건물, 건축물'을 뜻한다. 한자로 올바르게 표기한 것은 2번 建物이다.

建物 건물, 건축물 | がっこう 학교

정답 ②

15 여름방학이 **시작됩**니다.

> **해설** はじまる는 '시작되다'라는 의미의 동사로 이 문장은 여름방학이 시작된다는 뜻이다. 한자로는 始まる 라고 쓴다.

なつやすみ 여름방학 | 始まる 시작되다

정답 ②

문제 3 (   )에 무엇을 넣습니까? 1·2·3·4에서 가장 알맞은 것을 하나 고르세요.

16 시험 **문제**는 어려웠다.

> **해설** 시험의 무엇이 어려웠을지 생각해야 한다. 가장 잘 어울리는 답은 1번 もんだい(문제)다.

テスト 테스트, 시험 | もんだい 문제 | むずかしい 어렵다 | かみ 종이 | しつもん 질문 | ぎもん 의문

정답 ①

17 오늘은 **조금** 춥기 때문에 따뜻하게 하고 갑시다.

> **해설** 빈칸 바로 뒤에 춥다는 말이 나오고 따뜻하게 하고 가자고 했으므로 빈칸에 들어갈 말로 가장 알맞은 것은 2번 すこし(조금)이다. 조금 추우니 따뜻하게 하고 가자고 해야 자연스럽다.

きょう 오늘 | すこし 조금 | さむい 춥다 | ～ので ～때문에 | あたたかい 따뜻하다 | 行く 가다 | みじかい 짧다 | あまり 그다지, 별로 | うすい 얇다, 연하다

정답 ②

18 **지갑**을 잃어버렸기 때문에 쇼핑을 할 수 없습니다.

> **해설** 무엇을 잃어버려서 쇼핑을 할 수 없는지를 생각해 봐야 한다. 가장 자연스러운 답은 지갑이므로 정답은 4번이다.

さいふ 지갑 | なくす 없애다, 분실하다 | かいもの 쇼핑, 장보기 | できる 할 수 있다 | ハンカチ 손수건 | ざっし 잡지 | はがき 엽서

정답 ④

19 1년 전 다리가 부러져서 **입원**하고 있었습니다.

> **해설** 다리가 부러졌다고 했으므로 입원이라는 말이 와야 가장 자연스럽다. 그러므로 정답은 4번 にゅういん(입원)이다.

いちねんまえ 1년 전 | あしをおる 다리가 부러지다 | にゅういん 입원 | けんがく 견학 | にゅうがく 입학 | けんこう 건강

정답 ④

20 이곳은 역이 가깝기 때문에 아주 **편리**합니다.

> **해설** 역이 가깝다고 했으므로 보기 중에서는 편리하다는 말이 와야 가장 자연스럽다. 따라서 정답은 3번 べんり(편리)이다.

ここ 여기 | えき 역 | ちかい 가깝다 | とても 매우, 아주 | べんりだ 편리하다 | かんたんだ 간단하다 | ふべんだ 불편하다 | わるい 나쁘다

정답 ③

21 아침밥을 **착실히** 먹지 않으면 힘이 나지 않습니다.

해설 아침을 제대로 먹지 않으면 힘이 나지 않는다고 해야 자연스럽다. 어떤 일을 착실히, 확실히 한다고 할 때 쓰는 부사는 2번 しっかり이다.

あさごはん 아침밥 | しっかり 착실히, 확실히 | 食べる 먹다 | ちから 힘 | 出る 나오다, 나가다 | たいへん 매우 | じょうぶに 튼튼하게 | ほんとう 정말

정답 ②

22 모르는 단어는 **사전**으로 조사하세요.

해설 모르는 단어가 나오면 무엇으로 조사할지 생각해 보자. 정답은 1번 じしょ(사전)이다.

わかる 알다, 이해하다 | ことば 단어, 말 | じしょ 사전 | しらべる 조사하다 | しゅくだい 숙제 | じゅぎょう 수업 | しつもん 질문

정답 ①

23 시험 **중**에 자고 말았습니다.

해설 시험을 보는 중에 자고 말았다는 말이다. 따라서 어떠한 일을 하는 중임을 나타낼 때 쓰는 표현인 〈명사＋ちゅう〉를 이용해 しけんちゅう(시험 중)라고 해야 한다.

しけん 시험 | 〜ちゅう 〜중 | ねむる 자다, 잠들다 | 동사 て형+てしまう 〜해 버리다, 〜하고 말다 | すぐ 바로, 곧 | 〜ずつ 〜씩 | 〜なか 〜중, 〜속

정답 ③

24 선생님이 이야기하고 있는 말의 **의미**를 모르겠습니다.

해설 선생님이 이야기하고 있는 말의 무엇을 모르겠는지를 묻고 있다. 가장 자연스럽게 올 수 있는 단어는 '의미'다. 그러므로 정답은 1번이다.

先生 선생님 | はなす 이야기하다 | ことば 말, 언어 | いみ 의미, 뜻 | わかる 알다, 이해하다 | はなし 이야기, 대화 | ぶんしょう 문장, 글 | さくぶん 작문

정답 ①

25 차를 샀기 때문에 **운전**할 수 있습니다.

해설 차를 사서 무엇을 할 수 있는지 생각해 보아야 한다. 빈칸에는 차와 관련된 것이 들어가야 하므로 정답은 2번 うんてん(운전)이다.

くるま 차 | 買う 사다 | 〜ので 〜때문에 | うんてん 운전 | 동사 사전형+ことができる 〜할 수 있다 | かいてん 회전 | うんどう 운동 | さんぽ 산책

정답 ②

문제4 _____의 문장과 거의 같은 의미인 문장이 있습니다. 1 · 2 · 3 · 4에서 가장 알맞은 것을 하나 고르세요.

26 학교에 학생이 아직 아무도 오지 않았습니다.

1 학교에 학생이 많이 있습니다.
2 학교에 학생이 한 명도 없습니다.
3 학교에 학생이 한 명 있습니다.
4 학교에 학생이 거의 없습니다.

해설 학교에 학생이 아직 아무도 오지 않았다는 말이므로 학교에는 학생이 한 명도 없다는 의미와 비슷하다.

がっこう 학교 | せいと 학생, 중 · 고등학생 | まだ 아직 | だれも 누구도, 아무도 | くる 오다 | たくさん 많이 | ひとり 한 명 | ほとんど 거의, 대부분

27 <u>오늘은 선생님이 수업에 늦었습니다.</u>

1 오늘은 선생님이 수업을 쉬었습니다.

2 오늘은 선생님이 수업을 그만두었습니다.

3 오늘은 선생님이 수업을 늦게 시작했습니다.

4 오늘은 선생님이 수업을 빨리 시작했습니다.

해설 선생님이 수업에 늦었다는 뜻이므로 수업을 늦게 시작했다는 말과 비슷하다. 따라서 답은 3번이다.

きょう 오늘 | せんせい 선생님 | じゅぎょう 수업 | おくれる 늦다, 지각하다 | やすむ 쉬다 | やめる 그만두다 | おそく 늦게 | はじめる 시작하다 | はやく 빨리

28 <u>날씨가 나빠지기 전에 집을 나와 산책했습니다.</u>

1 날씨가 아직 좋을 때에 집을 나와 걸었습니다.

2 날씨가 아직 나쁠 때에 집을 나와 걸었습니다.

3 날씨가 나쁘기 때문에 집을 나와 달렸습니다.

4 날씨가 좋기 때문에 집을 나와 달렸습니다.

해설 날씨가 나빠지기 전에 집을 나와 산책했다는 말은 날씨가 아직 좋을 때에 집을 나와 걸었다는 말과 비슷하다. 따라서 정답은 1번이다.

てんき 날씨 | わるい 나쁘다 | 〜まえに 〜전에 | いえ 집 | でる 나오다, 나가다 | さんぽ 산책 | いい 좋다 | あるく 걷다 | 〜ので 〜때문에 | はしる 달리다

29 <u>공부를 열심히 합니다.</u>

1 공부를 조금만 합니다.

2 공부를 성실히 합니다.

3 공부를 가끔 합니다.

4 공부를 거의 하지 않습니다.

해설 공부를 열심히 한다는 말은 성실히 한다는 말과 의미상 통한다. 따라서 정답은 2번이다.

べんきょう 공부 | いっしょうけんめいに 열심히 | すこし 조금 | 〜だけ 〜만, 〜뿐 | まじめに 성실하게 | ときどき 때때로, 가끔 | ほとんど 거의, 대부분

30 <u>단것을 싫어하기 때문에 과자는 거의 먹지 못합니다.</u>

1 단것을 좋아하지 않기 때문에 과자는 전부 먹을 수 있습니다.

2 단것을 좋아하지 않기 때문에 과자는 그다지 먹지 못합니다.

3 단것을 싫어하지 않기 때문에 과자는 전부 먹을 수 있습니다.

4 단것을 싫어하지 않기 때문에 과자는 그다지 먹지 못합니다.

해설 단것을 싫어하기 때문에 과자는 거의 먹지 못한다고 한다. 따라서 단것을 좋아하지 않아서 과자는 그다지 먹지 못한다는 2번이 가장 비슷한 의미이다.

あまい 달다 | きらいだ 싫어하다 | おかし 과자 | ほとんど 거의, 대부분 | たべる 먹다

31 의견

1   이 글은 의견이 통하지 않습니다. [いけん → 意味(의미)]

2   사장님은 그의 의견을 들었습니다.

3   나는 학교에 가서 선생님의 아침 의견을 했습니다. [いけん → あいさつ(인사)]

4   그는 늦게 일어나서 어머니에게 의견을 들었습니다. [いけん → 小言(잔소리)]

해설 いけん이란 '의견'이라는 뜻이다. 따라서 정답은 2번, 사장님이 그의 의견을 들었다고 한 것이 가장 자연스럽다.

いけん 의견 | ぶんしょう 문장, 글 | とおる 통하다 | しゃちょう 사장 | かれ 그, 그 사람 | きく 듣다 | がっこう 학교 | いく 가다 | せんせい 선생님 | あさ 아침 | おそく 늦게 | おきる 일어나다 | おかあさん 어머니

32 계획

1   내년에 여행 갈 계획을 세우고 있습니다.

2   저도 아침 회의에 계획하겠습니다. [けいかく → 参加(참가, 참석)]

3   내일 낮부터 추워질 계획입니다. [けいかく → 予定(예정)]

4   남동생은 어제 한 계획을 깼습니다. [けいかく → 約束(약속)]

해설 けいかく는 '계획'이라는 뜻의 명사이다. 그러므로 뒤에 동사 たてる(세우다)와 함께 쓰여 계획을 세우고 있다고 한 1번이 가장 자연스럽다.

けいかく 계획 | らいねん 내년 | りょこう 여행 | たてる 세우다 | あさ 아침 | かいぎ 회의 | あした 내일 | ひる 낮 | さむい 춥다 | おとうと 남동생 | きのう 어제 | やぶる 깨다, 찢다

33 연락

1   매일 피아노를 연락합니다. [れんらく → 練習(연습)]

2   모를 때는 내게 연락해 주세요.

3   당신의 집 연락을 여기에 써 주세요. [れんらく → 住所(주소)]

4   많이 연락했기 때문에 시험은 잘 치렀다. [れんらく → 勉強(공부)]

해설 れんらく란 '연락'이라는 뜻이므로 이 단어가 적절하게 쓰인 문장은 모를 때는 내게 연락해 달라고 한 2번이다.

れんらく 연락 | まいにち 매일 | ピアノ 피아노 | わかる 알다, 이해하다 | あなた 너, 당신 | うち 집 | ここ 여기 | かく 쓰다 | 동사 て형＋てください ~해 주세요 | たくさん 많이 | ~ので ~때문에 | テスト 테스트 | うまくいく 잘 되다

34 예약

1 오늘은 집에서 요리를 만들 <u>예약</u>입니다. [よやく → 予定(예정)]

2 내년에 회사를 만들 <u>예약</u>을 세웠습니다. [よやく → 計画(계획)]

3 내일 미술관에 갈 <u>예약</u>입니다. [よやく → 予定(예정)]

4 빨리 <u>예약</u>하지 않으면 표를 살 수 없습니다.

해설 よやく는 '예약'이라는 뜻이므로 빨리 예약하지 않으면 표를 살 수 없다고 한 4번이 가장 자연스러운 문
장이다.

よやく 예약 | きょう 오늘 | いえ 집 | りょうり 요리 | つくる 만들다 | らいねん 내년 | かいしゃ 회사 | たてる 세우
다 | あした 내일 | びじゅつかん 미술관 | いく 가다 | はやく 빨리 | きっぷ 표 | かう 사다

35 경치

1 저 산의 <u>경치</u>는 정말로 아름답습니다.

2 얼굴 <u>경치</u>가 나쁜데 괜찮습니까? [けしき → 色(색)]

3 오늘 회의 <u>경치</u>는 그다지 좋지 않았습니다. [けしき → 雰囲気(분위기)]

4 집에 있는 이 꽃의 <u>경치</u>는 매우 예쁩니다. [けしき → 色(색)]

해설 けしき는 '경치'를 뜻하므로 산의 경치를 아름답다고 표현한 1번이 가장 자연스러운 문장이다.

けしき 경치 | やま 산 | ほんとうに 정말로 | うつくしい 아름답다 | かお 얼굴 | わるい 나쁘다 | だいじょうぶだ 괜
찮다 | きょう 오늘 | かいぎ 회의 | あまり 그다지 | いい 좋다 | いえ 집 | 花 꽃 | とてき 매우, 아주 | きれいだ 예쁘다,
깨끗하다

문제 1 ( )에 무엇을 넣습니까? 1·2·3·4에서 가장 알맞은 것을 하나 고르세요.

1 A "이제 밖에 나가서 놀아도 되나요?"

B "비가 내리고 있으니까 아직 밖에 **나가지 않는 편이 좋아요.**"

해설 A가 밖에 나가서 놀아도 되는지 물었으므로 그에 대한 긍정 혹은 부정의 대답이 와야 한다. 비가 내리고 있다는 근거를 댔으므로 나가지 않는 편이 좋다고 해야 자연스럽다. 따라서 정답은 2번, でないほうが いいです(나가지 않는 편이 좋습니다)이다.

もう 이제, 이미 | そと 밖 | 出る 나오다, 나가다 | あそぶ 놀다 | あめ 비 | ふる 내리다 | ~ので ~때문에 | まだ 아직 | 동사 ない형＋ないほうがいい ~(하)지 않는 편이 좋다 | ~つもりだ ~(할) 작정이다 | 동사 て형＋てください ~해 주세요

정답 ②

2 A "오늘은 선생님께 많이 혼났습니까?"

B "아니요, 그다지 **혼나지 않았습니다.**"

해설 おこる는 '혼내다'라는 뜻의 동사이므로 수동형 おこられる는 '혼나다'라는 뜻이 된다. A가 선생님께 혼났냐고 물었고 이에 아니라는 대답과 それほど(그다지)라는 말이 왔으므로 그다지 혼나지 않았다고 해야 자연스럽다. 따라서 정답은 2번이다.

きょう 오늘 | 先生 선생님 | たくさん 많이 | おこる 화내다, 혼내다 | それほど 그렇게, 그다지

정답 ②

3 A "제 여동생이 어디에 있는지 압니까?"

B "네, 교실을 나가서 (집에) **돌아갔습니다.**"

해설 A는 자신의 여동생이 어디에 있는지 아냐고 물었고 B는 이에 긍정으로 대답하고 있다. 따라서 かえっていく(돌아가다)를 이용해 돌아갔다고 한 2번이 정답이다.

いもうと 여동생 | どこ 어디 | わかる 알다 | きょうしつ 교실 | 出る 나오다, 나가다 | かえる (집에) 돌아오다, 돌아가다

정답 ②

4 A "내일 날씨가 좋으면 어딘가에 가지 않겠습니까?"

B "아니요, 바쁘기 때문에 **갈 수 없습니다.**"

해설 내일 날씨가 좋으면 어디 가지 않겠는지 물었고 이에 부정으로 대답했으므로 바빠서 갈 수 없다고 해야 자연스럽다. 그러므로 정답은 3번, 行くことができません(갈 수 없습니다)이다.

あした 내일 | てんき 날씨 | どこか 어딘가 | 行く 가다 | いそがしい 바쁘다

정답 ③

5 A "탁자 위에 있던 사과는 어디에 있습니까?"

B "아까 먹어서 **이제 없습니다.**"

해설 탁자 위에 있던 사과가 어디에 있는지 물었고 아까 먹었다고 했으므로 이제는 없다는 말이 와야 자연스럽게 이어진다. 따라서 정답은 1번, もうありません(이제 없습니다)이다.

テーブル 탁자 | 上 위 | ある 있다 | りんご 사과 | どこ 어디 | さっき 아까, 조금 전 | 食べる 먹다 | もう 이미, 벌써 | まだ 아직

정답 ①

6 A "나오코 씨의 병은 어떻습니까?"

B "겨우 건강**해졌습니다**."

해설 병 상태가 어떤지 묻고 있다. 따라서 げんきになる(건강해지다)를 이용해 오늘 겨우 건강해졌다고 해야 자연스럽다. 빈칸 앞에 やっと(겨우)라는 말이 나오므로 동사를 과거로 표현해야 한다. 따라서 정답은 2번이다.

病気 병 | どう 어떻게 | きょう 오늘 | やっと 겨우 | げんきだ 건강하다

정답 ②

7 A "제 가방을 찾고 있습니다."

B "책상 위에 **있었어요**."

해설 자신의 가방을 찾고 있다고 했으므로 책상 위에 있었다고 대답해야 할 것이다. 가방은 사물이므로 동사 ある(있다)로 표현해야 하므로 정답은 4번, ありました(있었습니다)이다.

わたし 나, 저 | かばん 가방 | さがす 찾다 | つくえ 책상 | うえ 위 | ある (무생물/식물이) 있다 | いる (사람, 동물이) 있다

정답 ④

8 A "내일 축구 시합을 봅니까?"

B "네, **볼 생각입니다**."

해설 내일 축구 시합을 보는지 묻고 있다. 앞에 긍정으로 대답했으므로 볼 생각이라고 해야 한다. 따라서 예정을 표현하는 ～つもりだ(～할 작정이다)를 이용해 みるつもりです(볼 생각입니다)라고 한 2번이 정답이다.

あした 내일 | サッカー 축구 | しあい 시합 | みる 보다 | 동사 ない형＋なくてもいい ～(하)지 않아도 된다 | ～つもりだ ～할 작정이다

정답 ②

9 A "선생님, 아직 학교에 남아야 합니까?"

B "아니요, **남지 않아도 됩니다**."

해설 아직 학교에 남아 있어야 하는지 물었다. 앞에서 부정으로 대답했으므로 뒤에는 남아있지 않아도 된다는 말이 와야 연결이 자연스럽다. 따라서 정답은 3번, のこらなくてもいいです(남지 않아도 됩니다)이다.

先生 선생님 | まだ 아직 | 学校 학교 | のこる 남다 | ～つもりだ ～(할) 생각이다 | 동사 ない형＋なければいけない ～(하)지 않으면 안 된다, ～(해)야 한다 | 동사 ない형＋なくてもいい ～(하)지 않아도 된다

정답 ③

10 A "이것은 이제 먹을 수 있습니까?"

B "아버지가 오면 **먹어도 됩니다**."

해설 이것을 먹어도 되는지 묻고 있으므로 아버지가 오면 먹어도 된다고 해야 자연스럽다. 따라서 3번, 食べてもいいです(먹어도 됩니다)가 정답이다.

もう 이제 | 동사 사전형＋ことができる ～(할) 수 있다 | おとうさん 아버지, 아빠 | ～たら ～하면 | 동사 ます형＋そうだ ～할 것 같다, ～인 것 같다 | 동사 て형＋てもいい ～(해)도 된다

정답 ③

11 A "오늘 누가 회의에 올 예정입니까?"

B "다나카 씨와 유리코 씨가 **온다고 합니다**."

해설 오늘 회의에 누가 올 예정인지 묻고 있다. 따라서 다나카 씨와 유리코 씨가 온다고 전해들은 내용을 전달하는 2번이 가장 적절하다. 来るそうです는 '온다고 합니다'라는 뜻으로 온다고 전해들은 내용을 그대로 전달한 문장이다.

きょう 오늘 | だれ 누구 | かいぎ 회의 | 来る 오다 | よてい 예정 | 동사 ない형+なくてもいい ~하지 않아도 된다 | ~そうだ ~라고 한다(전문) | 동사 ない형+ないほうがいい ~(하)지 않는 편이 좋다 | 동사 ない형+なければならない ~(하)지 않으면 안 된다, ~(해)야 한다

정답 ②

12 A "어느 역에서 내리면 됩니까?"

B "C역에서 **내리세요.**"

(해설) 어느 역에서 내리면 되는지 묻고 있으므로 C역에서 내리라고 대답해야 한다. 동사 おりる(내리다)에 ~てください를 연결하여 おりてください(내려 주세요)라 하는 것이 가장 적절한 답이다.

どの 어느 | えき 역 | おりる (탈것에서) 내리다 | ~たら ~하면 | 동사 て형+てください ~해 주세요 | 동사 ます형+そうだ ~인 것 같다, ~할 것 같다 | 동사 ます형+たい ~(하)고 싶다

정답 ①

13 A "여행은 즐거웠습니까?"

B "아니요, 날씨가 좋지 않아서 **즐겁지 않았습니다.**"

(해설) 여행이 즐거웠는지에 대한 물음에 부정으로 답하고 있다. 따라서 뒤에도 즐겁지 않다는 말이 와야 한다. 과거로 답해야 하므로 정답은 1번, たのしくなかったです(즐겁지 않았습니다)이다.

りょこう 여행 | たのしい 즐겁다 | てんき 날씨 | ~ようだ ~(인) 것 같다(주관적 추측)

정답 ①

14 A "주스는 차갑습니까?"

B "아니요, 냉장고에 넣은 지 **얼마 안 되었기 때문에** 차갑지 않습니다."

(해설) 주스가 차가운지 물었고 아니라고 대답했다. 그러므로 냉장고에 넣은 지 얼마 안되었다고 해야 자연스럽게 연결된다. 〈동사 た+ばかり〉는 '막 ~함, ~한지 얼마 안 됨'이라는 뜻이므로 いれたばかりで는 넣은 지 얼마 안 되었다는 의미를 나타낸다.

つめたい 차갑다 | れいぞうこ 냉장고 | いれる 넣다 | 동사 과거형+たばかり 막 ~함, ~한지 얼마 안 됨 | 동사 과거형+たあとで ~(한) 후에

정답 ②

15 A "여기 문을 열지 않는 쪽이 좋습니까?"

B "네, **열지 말아 주세요.**"

(해설) 문을 열지 않는 쪽이 좋은지 물었고 이에 긍정으로 대답하고 있다. 따라서 빈 칸에는 열지 말라는 말이 들어와야 자연스럽다. 따라서 정답은 1번, あけないでください(열지 말아 주세요)이다.

ここ 여기 | ドア 문 | あける 열다 | 동사 ない형+ないほうがいい ~(하)지 않는 편이 좋다 | 동사 ない형+ないでください ~(하)지 말아 주세요 | 동사 て형+てください ~해 주세요 | 동사 て형+てもいい ~(해)도 된다

정답 ①

문제 2   _____★_____ 에 들어갈 것은 어느 것입니까? 1·2·3·4에서 가장 알맞은 것을 하나 고르세요.

16 마리 "지금 기타를 배우고 있는 겁니까?"

시호 "네, 지금 학교에 **가서 연습을 하고** 있습니다."

(해설) がっこうに(학교에) 뒤에 바로 이어져야 하므로 첫 칸에는 いって(가서)가 와야 하고, 학교에 가서 연습을 하고 있다고 해야 하므로 그 뒤에 れんしゅう/を/して(연습/을/하고)가 이어져야 한다. 따라서 정답은 4번이다.

いま 지금 | ギター 기타 | ならう 배우다 | がっこう 학교 | れんしゅう 연습

정답 ④ (3241)

17 유리 씨는 미국에서 **영어를 공부한 적이** 있습니다.

> **해설** 경험을 나타내는 〈동사 과거형＋ことがあります(~한 적이 있습니다)〉가 쓰인 문장이다. 그러므로 뒤의 두 칸은 した/ことが(~한/적이)를 넣고, 영어를 공부한 적이 있다고 해야 하므로 앞의 두 칸은 えいごを/べんきょう(영어를/공부)를 넣어야 한다.

えいご 영어 | べんきょう 공부 | 동사 과거형＋たことがある ~한 적이 있다

정답 ④ (2143)

18 여기는 지저분하기 때문에 **앉지 않는 편이** 좋습니다.

> **해설** 〈동사 ない형＋ないほうがいい(~하지 않는 편이 좋다)〉가 쓰인 문장이다. 지저분하다고 했으므로 앉지 않는 편이 좋다고 해야 할 것이다. 따라서 すわら/ない/ほうが/いい(앉지/않는/편이/좋다)의 순이므로 정답은 4번이다.

きたない 지저분하다, 더럽다 | ~ので ~때문에 | すわる 앉다 | 동사 ない형＋ないほうがいい ~(하)지 않는 편이 좋다

정답 ④ (3241)

19 이시다 "야마모토 씨, 아직 집에 있습니까?"

야마모토 "네. 지금**부터 집을 나갈 참**입니다."

> **해설** 아직 집에 있는지 묻고 있다. ところだ는 동사 사전형에 붙어서 '~할 참이다'라는 뜻이 되므로 동사 でる(나가다) 뒤에 와야 자연스럽다. いま에는 から가 연결되어 いまから(지금부터)가 되어야 하고, 집을 나간다고 해야 하므로 두 번째 칸에는 いえを(집을)를 넣어야 한다. 따라서 올바른 순서는 から/いえを/でる/ところ(부터/집을/나갈/참)이므로 정답은 1번이다.

まだ 아직 | いえ 집 | いま 지금 | でる 나오다, 나가다 | ~どころだ ~할 참이다

정답 ① (2314)

20 내일**까지 몹시 추울** 것 같습니다.

> **해설** あした에는 まで가 연결되어 あしたまで(내일까지)가 되고, 몹시 춥다고 해야 자연스러우므로 그 뒤에는 とてもさむい(몹시 춥다)가 이어져야 한다. 또 마지막 칸에 らしい(~것 같다)를 넣어 まで/とても/さむい/らしい(까지/몹시/추울/것 같습)의 순서가 되므로 정답은 1번이다.

あした 내일 | とても 매우, 몹시 | さむい 춥다 | ~らしい ~(인) 것 같다

정답 ① (4213)

문제 3　　21 부터 25 에 무엇을 넣습니까? 글의 의미를 생각해서 1·2·3·4에서 가장 알맞은 것을 하나 고르세요.

다음 글은 아란 씨가 쓴 일기입니다.

4월 3일 일요일

　오늘 학교 근처에 있는 공원에 갔습니다. 공원에는 간 적이 21 없었기 때문에 한번 가고 싶다고 생각하고 있었습니다. 공원은 맨션에서 걸어서 30분 정도 걸렸습니다. 매우 좋은 날씨였기 22 때문에 공원에는 많은 사람이 와 있었습니다. 공원에는 벚꽃이 많이 피어 있어서 아주 예뻤습니다. 이 공원은 친구인 니코 씨가 가르쳐 23 주었습니다. 니코 씨는 공원 근처에 살고 있습니다. 24 그래서 매일 공원에 놀러 간다고 합니다. 다음에는 니코 씨와 같이 놀러 25 가고 싶다고 생각했습니다.

| 21 | 1 없었기 때문에 | 2 있었기 때문에 |
| 3 없어 보여서 | 4 있다고 해서 |

해설 오늘 학교 근처에 있는 공원에 갔다고 하며 공원에는 간 적이 없어서 한번 가고 싶었다고 해야 한다. 빈칸에는 간 적이 없다는 말에 이유를 나타내는 표현을 연결해야 하므로 정답은 1번 なかったので(없었기 때문에)이다.

| 22 | 1 뿐으로 | 2 때문에 |
| 3 는데 | 4 뒤에 |

해설 빈칸 앞은 아주 좋은 날씨였다고 하고 뒤는 공원에는 많은 사람이 와 있었다고 하므로 빈칸에는 이유를 나타내는 말을 넣어 아주 좋은 날씨였기 때문에 공원에 많은 사람이 와 있었다고 해야 할 것이다. 따라서 정답은 2번 ので(~때문에)이다.

| 23 | 1 받았습니다 | 2 (내가 남에게) 주었습니다 |
| 3 (내가 남에게) 주었습니다 | 4 (남이 나에게) 주었습니다 |

해설 이 공원은 친구인 니코 씨가 가르쳐 주었다고 해야 한다. 따라서 니코 씨가 자신에게 가르쳐 준 것이므로 남이 나에게 무언가를 해 주었다고 할 때 쓰는 표현인 ~てくれる(~해 주다)를 넣어야 하므로 정답은 4번 くれました이다.

| 24 | 1 그러나 | 2 그래서 |
| 3 예를 들어 | 4 또한 |

해설 바로 앞 문장은 니코 씨는 공원 근처에 살고 있다고 하고 뒤는 매일 공원에 놀러 간다고 한다는 것이므로 니코 씨는 공원 근처에 살고 있어서 매일 공원에 놀러 간다고 해야 연결이 자연스럽다. 따라서 2번 だから(그래서)를 넣어야 한다.

| 25 | 1 가고 싶지 않다 | 2 가고 싶다 |
| 3 가고 싶어 한다 | 4 가고 싶어 하지 않는다 |

해설 다음에는 니코 씨와 같이 놀러 가고 싶다는 말이 와야 자연스럽다. 자신의 희망을 나타내고 있으므로 〈동사 ます형＋たい〉를 이용해 '~(하)고 싶다'라는 표현을 만들 수 있다. 따라서 정답은 2번, 行きたい(가고 싶다)이다.

文章 문장, 글 | 書く 쓰다 | 日記 일기 | にちようび 일요일 | 今日 오늘 | 学校 학교 | 近く 근처, 가까이 | こうえん 공원 | 行く 가다 | 동사 과거형＋たことがない ~한 적이 없다 | いちど 한번 | 思う 생각하다 | アパート 아파트, 맨션 | 歩く 걷다 | ~くらい ~정도, ~쯤 | かかる (시간이) 걸리다 | 天気 날씨 | たくさん 많이 | 人 사람 | さくら 벚꽃 | さく (꽃이) 피다 | とても 매우 | きれいだ 예쁘다, 깨끗하다 | ともだち 친구 | おしえる 가르치다 | すむ 살다, 거주하다 | 毎日 매일 | あそぶ 놀다 | 동사 ます형＋に行く ~하러 가다 | 동사 사전형＋そうだ ~라고 한다 | こんど 이 다음, 다음 | いっしょに 같이, 함께

(1) 내일 회의 예정을 써서 왕 씨에게 건넵니다.

　왕 씨에게
　내일 오후 4시 30분에 시작할 예정이었던 회의는 시간이 바뀌었습니다. 부장님이 회사에 돌아올 예정이 5시이기 때문에 회의는 5시 30분부터가 되었습니다. 장소는 요전에는 4층이었지만 이번에는 3층 회의실입니다. 왕 씨는 회의가 시작되기 30분 전까지 와 주세요. 가와카미 씨는 회의에 나오지 않을 듯하니 모르는 것은 2층에 있는 요시다 씨에게 물어보세요.

26　회의에 나오지 않는 사람은 누구입니까?

1 부장　　　　　　　　　　　2 왕 씨

3 가와카미 씨　　　　　　　　4 요시다 씨

[해설] 마지막 문장에서 가와카미 씨는 회의에 나오지 않을 것 같으니(川上さんは会議に出ないようなので)라고 했으므로 정답은 3번 가와카미 씨임을 알 수 있다.

明日 내일 | 予定 예정 | 会議 회의 | 書く 쓰다 | わたす 건네다 | 午後 오후 | 始める 시작하다 | 時間 시간 | かわる 바뀌다 | ぶちょう 부장 | 会社 회사 | もどる 되돌아오다, 되돌아가다 | 場所 장소 | この前 요전 | ～かい・～がい ～층 | こんど 이번 | 会議室 회의실 | 始まる 시작되다 | 동사 て형+てください ～해 주세요 | 出る 나오다, 출석하다 | ～ようだ ～(인) 것 같다 | 聞く 듣다

(2) 도서관 입구에 다음 안내문이 있습니다.

도서관 이용 주의

★ 이용 시간은 오전 9시 반부터 오후 8시까지입니다. 단 토 · 일 · 공휴일은 오후 5시까지입니다.

★ 휴관일은 매주 월요일입니다. 월요일이 공휴일인 경우도 휴관입니다.

★ 대출 기간은 2주간입니다.

27　이 안내문에서 도서관에 대해 알 수 있는 것은 무엇입니까?

1　오후 9시에 도서관에서 공부해도 괜찮습니다.

2　일주일 이내에 책을 읽어야 합니다.

3　평일과 휴일의 이용 시간이 다릅니다.

4　월요일은 도서관을 이용할 수 있습니다.

[해설] 이용 시간은 오전 9시 반부터 오후 8시까지입니다. 단, 토 · 일 · 공휴일은 오후 5시까지입니다(利用時間は午前9時半から午後8時までです。ただし、土・日・祝日は午後5時までです)로 되어 있으므로 평일과 휴일의 이용 시간이 다른 것을 알 수 있다.

図書館 도서관 | 入り口 입구 | お知らせ 안내, 소식 | 利用 이용 | 注意 주의 | 時間 시간 | 午前 오전 | 午後 오후 | ただし 단 |
祝日 축일, 공휴일 | 休館日 휴관일 | 毎週 매주 | 月曜日 월요일 | 場合 경우 | 貸し出し 대출 | 期間 기간 | 勉強 공부 | 以内
이내 | 本 책 | 読む 읽다 | 平日 평일 | 休日 휴일 | 違う 다르다

(3) 이것은 요시다 씨로부터 야마다 씨에게 온 결혼식 초대장입니다.

드디어 봄 기운이 느껴지기 시작했습니다. 여러분, 어떻게 지내시는지요?

이번에 결혼식을 올리게 되었습니다.

바쁘신 가운데 무척 번거로우시겠지만 꼭 참석해 주시기를 바라며 여기에 안내를 드립니다.

일시　2013년 5월 24일 금요일

오전 11시 00분

오전 10시 30분 접수

장소　호텔 마리오트

아이치현 나고야시 나카무라구 메이에키 1번가 1번 4호

요시다 이치로

이시다 마유미

몹시 번거로우시겠지만 동봉된 엽서에 출석 여부를 적어 4월 30일까지 알려주시길 부탁 드립니다.

28 야마다 씨는 요시다 씨에게 무엇을 해 주어야 합니까?

1　전화로 축하 인사를 해야 한다.

2　결혼식에 출석해야 한다.

3　전화로 출석 여부를 알린다.

4　**엽서로 출석 가능한지 여부를 알린다.**

해설 동봉의 엽서에 출석 유무를 11월 30일까지 알려주시도록 부탁 드립니다(同封の葉書にてご出席の有無
を11月30日までにお知らせくださいますようお願い申し上げます)라고 본문 마지막에 나와 있
으므로 출석 가능한지 여부를 알려야 한다.

届く 도착하다 | 結婚式 결혼식 | 招待状 초대장 | ようやく 드디어 | 春めく 봄다워지다, 봄 기운이 느껴지다 | 皆様 여러분 |
いかが 어떻게 | 過ごす 지내다 | 挙げる 올리다 | ご多忙中 바쁘신 가운데 | 誠に 참으로, 정말로 | 恐縮 공축, 죄송하게 여김 |
ぜひ 꼭 | 出席 출석, 참석 | 案内 안내 | 申し上げる 말씀드리다, 아뢰다 | 日時 일시 | 午前 오전 | 受付 접수 | 場所 장소 | 手
数 수고, 성가심 | 同封 동봉 | 葉書 엽서 | ～にて ～로 | 有無 유무, 여부 | 祝い 축하

(4) 사사키 씨는 인터넷 쇼핑 회사에서 일합니다. 손님에게서 주문을 받거나 전화로 상담에 응하거나 합니다. 그러고 나서 주문 메일을 확인하거나 상품 설명을 쓰거나 합니다.

29 사사키 씨의 일이 아닌 것은 어느 것입니까?

1 상품 발송을 합니다.
2 주문 확인을 합니다.
3 상품 설명을 씁니다.
4 손님의 상담에 응합니다.

해설 사사키 씨의 일이 아니 것을 물어봤으므로 본문에 없는 내용을 찾으면 된다. 상품 발송은 없으므로 1번이 정답이다.

インターネット 인터넷 | ショッピング 쇼핑 | 会社 회사 | 働く 일하다 | お客さん 손님 | 注文 주문 | 受ける 받다 | 電話 전화 | 相談に乗る 상담에 응하다 | それから 그러고 나서 | メール 메일 | 確認 확인 | 商品 상품 | 説明 설명 | 書く 쓰다 | 仕事 일 | 発送 발송

문제 5 다음 글을 읽고 질문에 답하세요. 답은 1 · 2 · 3 · 4에서 가장 알맞은 것을 하나 고르세요.

일본에서는 정월은 1월 1일부터 7일입니다. 특히 1월 1일이 가장 중요한 날로, '설날'이라고 하여 새로운 해가 된 것을 축하하는 날입니다. 일본에서는 정월 준비를 하는 12월 30일부터 1월 5일쯤까지 학교와 직장을 쉬는 사람이 많습니다. 그때 가족이 모두 모입니다. 설날은 아주 중요한 날이기 때문에 그 전날인 12월 31일에 청소를 합니다. 그리고 새로운 해가 되기 전에 가족 모두 메밀국수를 먹는 풍습이 있습니다. 이것은 '오래 살 수 있도록'이라는 의미가 있습니다. 새로운 해가 되면 "새해 복 많이 받으세요."라고 사람들에게 인사를 합니다. 인사를 한 후, 1월 1일부터 3일 사이에만 설 음식(조림 요리)을 먹습니다. 설 음식을 만드는 것은 힘들기 때문에 최근에는 설 음식을 만들지 않고 사는 사람이 많아졌습니다. 또 아이들은 '세뱃돈'이라는 돈을 어른에게 받을 수 있습니다. 아이들은 그 돈으로 장난감 등을 삽니다.

30 일본에서는 정월이란 언제입니까?

1 1월 1일
2 12월 31일
3 1월 1일부터 1월 7일
4 12월 30일부터 1월 5일

해설 첫 번째 문장에서, 일본에서는 정월은 1월 1일부터 7일을 뜻한다(日本では、正月は１月１日から７日のことです)고 했으므로 정답은 3번이다.

31 일본에서는 정월이 되기 전에 어떤 일을 합니까?

1 학교와 회사에 간다.
2 청소를 하고 메밀국수를 먹는다.
3 모두에게 인사를 하고 조림요리를 먹는다.
4 어른에게 돈을 받는다.

해설 설날은 아주 중요한 날이기 때문에 그 전날인 12월 31일에 청소를 한다(そのまえの日の１２月３１日 に掃除をします)고 하고 새로운 해가 되기 전에 가족 모두 메밀국수를 먹는 풍습이 있다(そして新し い年になるまえに、家族みんなでそばを食べる習慣があります)고 하므로 정답은 2번, 청소를 하 고 메밀국수를 먹는 것이다.

32 청소를 하는 것은 왜입니까?

1 학교와 일이 쉬기 때문에 시간이 있으니까
2 정월은 매우 중요한 날이기 때문에 깨끗하게 하고 싶으니까
3 오래 살고 싶으니까
4 돈을 받아야 하니까

해설 설날은 아주 중요한 날이기 때문에 그 전날인 12월 31일에 청소를 한다(元日はとても大切な日なので、 そのまえの日の１２月３１日に掃除をします)고 말하고 있다. 즉 정답은 2번, 정월은 매우 중요한 날 이므로 깨끗이 하고 싶어서인 것이다.

33 최근 무엇을 하는 사람이 많아지고 있습니까?

1 회사와 학교를 쉬는 사람
2 설 음식을 사는 사람
3 설 음식을 만드는 사람
4 장난감을 사는 사람

해설 설 음식(조림 요리)을 만드는 것이 힘들기 때문에, 최근에는 설 음식을 만들지 않고 사는 사람이 많아졌다(お せち料理をつくることはたいへんなので、最近はおせち料理をつくらないで、買う人が多く なりました)고 하므로 정답은 2번, 설 음식을 사는 사람이다.

日本 일본 | 正月 정월, 1월 | 一日 1일 | 7 日 7일 | とくに 특히 | いちばん 가장, 제일 | 大切だ 소중하다, 중요하다 | 元日 설날 | 新しい 새롭다 | 年 해, 년 | 祝う 축하하다 | 準備 준비 | ～ぐらい ～쯤, ～정도 | 学校 학교 | 仕事 일, 직업 | 休み 쉼, 휴가 | 人 사람 | 多い 많다 | 家族 가족 | みんな 모두 | 集まる 모이다 | 掃除 청소 | そば 메밀국수 | 習慣 습관, 풍습 | 長い 길다, 오래다 | 生きる 살다, 생존하다 | ～ように ～(하)도록 | 意味 의미 | あいさつ 인사 | 3 日 3일 | 間 사이 | ～だけ ～뿐, ～만 | おせち料理 설 음식, 명절 때 먹는 조림 요리(주로 우엉, 연근, 당근, 토란 등을 조림) | つくる 만들다 | たいへんだ 힘들다 | 最近 최근 | 買う 사다 | 子供 아이, 어린이 | お年玉 세뱃돈 | お金 돈 | 大人 어른, 성인 | もらう 받다 | おもちゃ 장난감 | 会社 회사

문제 6 다음 페이지의 A '학생식당 메뉴'와 B '달력'을 보고 아래의 질문에 답하세요. 답은 1·2·3·4에서 가장 알맞은 것을 하나 고르세요.

A 학생식당 메뉴

메뉴	먹을 수 있는 날	가격
돈가스	월요일, 목요일	650엔
메밀국수	월요일, 수요일, 금요일	250엔
우동	화요일, 목요일	200엔
카레	월요일, 수요일	500엔
햄버그 스테이크	화요일, 금요일	600엔
초밥	매월 첫째 주 금요일	850엔

B 달력

일	월	화	수	목	금	토
			1	2	3	4
5	6	7	8	9	10	11
12	13	14	15	16	17	18
19	20	21	22	23	24	25
26	27	28	29	30		

34 오늘은 6일입니다. 마리 씨는 지금 600엔을 가지고 있습니다. 무엇을 먹을 수 있습니까?

1 초밥이나 우동

2 우동이나 햄버그 스테이크

3 돈가스나 메밀국수

4 메밀국수나 카레

해설 600엔을 가지고 있으므로 보기의 메뉴 중 600엔 이하로 월요일에 먹을 수 있는 것을 찾으면 된다. 따라서 정답은 4번, 메밀국수(250엔)나 카레(500엔)이다.

35 오늘은 10일입니다. 다케시 씨는 지금 900엔을 가지고 있습니다. 다음 중 무엇을 먹을 수 있습니까?

1 돈가스

2 초밥

3 햄버그 스테이크

4 카레

해설 달력에서 10일은 둘째 주 금요일임을 알 수 있고 이 때 먹을 수 있는 메뉴는 메밀국수(250엔)와 햄버그 스테이크(600엔)이다. 지금 900엔을 가지고 있다고 하므로 이 둘의 메뉴를 다 먹을 수 있으며 선택지 3번에 햄버그 스테이크가 있으므로 정답은 3번이다.

学生食堂 학생식당 | メニュー 메뉴 | カレンダー 캘린더, 달력 | 見る 보다 | 今日 오늘 | 6日 6일 | ~円 ~엔 | もつ 들다, 가지다 | 何 무엇 | 食べる 먹다 | すし 초밥 | うどん 우동 | ハンバーグ 햄버그 (스테이크) | とんかつ 돈가스 | そば 메밀국수 | 10日 10일 | つぎ 다음 | ~うち ~중 | カレー 카레 | ねだん 가격 | 月曜日 월요일 | 木曜日 목요일 | 水曜日 수요일 | 火曜日 화요일 | 金曜日 금요일 | 毎月・毎月 매월 | 最初 최초, 처음

もんだい1

もんだい1では、まずしつもんを聞いてください。それから話を聞いて、もんだいようしの1から4の中から、いちばんいいものを一つえらんでください。
では、練習しましょう。

れい

男の人が女の人に電話をしています。男の人は、何を買って帰りますか。

M：今仕事が終わったけど、何か足りないものある？
F：ありがとう。えっと、にんじんと…。
M：紙に書くから待って。にんじんは1本？
F：うーん、2本お願い。それから、りんご。
M：りんごって、この前買わなかった？
F：ケーキ作るときに全部使っちゃった。
M：そうか。分かった。30分ぐらいで家に着くよ。

男の人は、何を買って帰りますか。

1　にんじん1本だけ
2　にんじん1本とりんご
3　にんじん2本だけ
4　にんじん2本とりんご

いちばんいいものは4ばんです。かいとうようしのもんだい1のれいのところを見てください。いちばんいいものは4ばんですから、答えはこのように書きます。
では、始めます。

1ばん

男の学生と女の学生が話しています。男の学生は、何で図書館へ行きますか。

M：課題に必要な本を図書館に探しに行きたいんだけど、どうやって行くのがいいかな。
F：車なら10分以内には着くんじゃない？
M：なるほど。地下鉄かバスはどうかな。
F：行けるけど、降りてから結構歩かなくちゃいけないよ。自転車は持ってる？
M：うん。

문제 1

문제 1에서는 우선 질문을 들으세요. 그리고 나서 이야기를 듣고 문제 용지의 1부터 4 중에서 가장 알맞은 것을 하나 고르세요.
그럼 연습하겠습니다.

예

남자가 여자에게 전화를 하고 있습니다. 남자는 무엇을 사서 돌아갑니까?

남：지금 일이 끝났는데 뭔가 부족한 것 있어?
여：고마워. 음, 당근이랑…….
남：종이에 쓸 테니까 기다려. 당근은 1개?
여：음, 2개 부탁해. 그리고 사과.
남：사과라면 얼마 전에 사지 않았어?
여：케이크 만들 때에 전부 써 버렸어.
남：그렇구나. 알겠어. 30분 정도면 집에 도착해.

남자는 무엇을 사서 돌아갑니까?

1　당근 1개만
2　당근 1개와 사과
3　당근 2개만
4　당근 2개와 사과

가장 알맞은 것은 4번입니다. 해답 용지의 문제 1의 예 부분을 보세요. 가장 알맞은 것은 4번이므로 답은 이렇게 씁니다.
그럼 시작하겠습니다.

1번

남학생과 여학생이 이야기하고 있습니다. 남학생은 무엇을 타고 도서관에 갑니까?

남：과제에 필요한 책을 도서관에 찾으러 가고 싶은데, 어떻게 가는 것이 좋을까?
여：자동차라면 10분 이내에는 도착하지 않아?
남：그렇구나. 지하철이나 버스는 어떨까?
여：갈 수 있지만 내리고 나서 꽤 걸어야 해. 자전거는 갖고 있어?
남：응.

N4·해설

F：なら自転車で行きなよ。近道教えてあげる。

M：ありがとう。そうするよ。

男の学生は、何で図書館へ行きますか。

何で 무엇으로, 무엇을 타고 ｜ 図書館 도서관 ｜ 課題 과제 ｜ 必要だ 필요하다 ｜ 本 책 ｜ 探す 찾다 ｜ 動詞 ます形+に行く ～(하)러 가다 ｜ どうやって 어떻게 해서 ｜ 車 자동차 ｜ ～なら ～라면 ｜ 以内 이내 ｜ 着く 도착하다 ｜ 地下鉄 지하철 ｜ バス 버스 ｜ 降りる (탈것에서) 내리다 ｜ 結構 꽤, 제법 ｜ 歩く 걷다 ｜ 動詞 ない形+なくちゃいけない ～하지 않으면 안 된다 ｜ 自転車 자전거 ｜ 持つ 가지다, 소지하다 ｜ 近道 지름길, 빠른 길 ｜ 教える 가르치다 ｜ 動詞 て形+てあげる ～해 주다

2 ばん

男の学生と女の学生が話しています。男の学生は、何を買いますか。

M：来週、バーベキューだよね。何を買っていくか決めた？

F：うん。私はナスと玉ねぎを買ったよ。

M：そうか。俺はまだ何を買っていこうか悩んでいるんだ。

F：そう。お肉は他の人が買ってくるって言ってたしね。

M：スイカとかはどうかな。スイカ割りもできるし。

F：あっ、佐藤君が持ってくるって言ってた気がするから、花火はどうかな。

M：そうなんだ。うん。そうするよ。

男の学生は、何を買いますか。

来週 다음 주 ｜ バーベキュー 바비큐 ｜ 買う 사다 ｜ 決める 결정하다 ｜ ナス 가지 ｜ 玉ねぎ 양파 ｜ 俺 나 ｜ 悩む 고민하다 ｜ 肉 고기 ｜ 他の人 다른 사람 ｜ スイカ 수박 ｜ ～とか ～라든가 ｜ スイカ割り 수박 깨기 놀이(눈을 가리고 주위 사람들의 목소리에 의지해서 수박을 깨는 놀이) ｜ ～気がする ～ 생각(느낌)이 들다 ｜ 花火 불꽃놀이

3 ばん

男の人と女の人が話しています。女の人は、チケットを何枚予約しますか。

M：来週の演劇のチケット、予約お願いしてもいいかな？

F：うん、わかった。何枚？

여：그렇다면 자전거로 가. 지름길 가르쳐 줄게.

남：고마워. 그렇게 할게.

남학생은 무엇을 타고 도서관에 갑니까?

여자는 남자에게 지름길을 알려줄 테니 자전거를 타고 가라고 한다. 이에 남자도 그렇게 하겠다고 하므로 정답은 2번이다. 남자는 자전거를 타고 갈 것이다.

2 번

남학생과 여학생이 이야기하고 있습니다. 남학생은 무엇을 삽니까?

남：다음 주에 바비큐 파티지? 무엇을 사 갈지 정했어?

여：응. 난 가지랑 양파를 샀어.

남：그렇구나. 난 아직 무엇을 사 갈지 고민하고 있어.

여：그래. 고기는 다른 사람이 사 올 거라고 했고.

남：수박 같은 것은 어떨까? 수박 깨기 놀이도 할 수 있고.

여：앗, 사토 군이 가져온다고 했던 것 같으니까 불꽃놀이는 어떨까?

남：그렇구나. 응. 그렇게 할게.

남학생은 무엇을 삽니까?

가지와 양파는 여학생이, 고기는 다른 사람이 사온다고 했고 수박은 사토 군이 가져온다고 했다. 여학생이 불꽃놀이는 어떤지 묻자 남학생이 그렇게 하겠다고 했으므로 정답은 4번 불꽃놀이다.

3 번

남자와 여자가 이야기하고 있습니다. 여자는 티켓을 몇 장 예약합니까?

남：다음 주 연극 티켓, 예약 부탁해도 될까?

여：응, 알겠어. 몇 장?

M：僕ら2人と、友だち6人かな。

F：じゃあ、全部で8枚予約すればいいよね？

M：あ、そういえば2人行けるかわかんないって言ってたから、6人だ。

F：わかった。今から予約するね。

M：うん。頼んだよ。

女の人は、チケットを何枚予約しますか。

1　2枚

2　4枚

3　6枚

4　8枚

チケット 표, 티켓 | 何枚 몇 장 | 予約 예약 | 来週 다음 주 | 演劇 연극 | 동사 て형+てもいい ～해도 된다 | 全部 전부 | そういえば 그러고 보니 | わかる 알다, 이해하다 | 頼む 부탁하다

4 ばん

女の人と男の人がかばんについて話しています。女の人は、どのかばんを買いますか。

F：新しくかばんを買おうと思うんだけど、どれがいいと思う？

M：このリュックはちょっと大きすぎるかな。

F：うん。そんなに物を入れないから。この手持ちのかばんはどう？

M：手で持って歩くと置いてきちゃいそう。これなんてどう？

F：それより、ショルダータイプがいいんだけど。

M：そうか。あっ、これいいんじゃない？

　　ショルダーにもなるし、大きさもちょうどいいし。

F：ほんとだ。これにするよ。

女の人は、どのかばんを買いますか。

かばん 가방 | 買う 사다 | 新しい 새롭다, 새것이다 | 思う 생각하다 | どれ 어느 것 | リュック 배낭 | 大きい 크다 | い형용사 어간+すぎる 너무 ～하다 | 入る 넣다 | 手持ち 수중에 가지고 있음, 손에 듦 | 手 손 | 持つ 들다 | 歩く 걷다 | 置く 두다, 놓다 | できれば 가능하면 | ショルダータイプ 어깨에 메는 타입 | 大きさ 크기 | ちょうど 마침, 딱

남 : 우리 2명이랑 친구 6명인가.

여 : 그럼 전부 합해서 8장 예약하면 되는 거지？

남 : 아, 그러고 보니 두 사람이 갈 수 있을지 모른다고 했으니까 6명이다.

여 : 알겠어. 지금부터 예약할게.

남 : 응. 부탁해.

여자는 티켓을 몇 장 예약합니까?

1　2장

2　4장

3　6장

4　8장

전부 합하면 8명이지만 두 사람은 갈 수 있을지 모른다고 했으므로 총 6명이다. 따라서 티켓은 6장 예약하면 된다.

4 번

여자와 남자가 가방에 대해 이야기하고 있습니다. 여자는 어느 가방을 삽니까?

여 : 새로 가방을 사려고 하는데, 어느 것이 좋다고 생각해？

남 : 이 배낭은 좀 너무 큰가？

여 : 응. 그다지 물건을 넣지 않으니까. 이 손가방은 어때？

남 : 손으로 들고 걸으면 두고 와 버릴 것 같아. 이것은 어때？

여 : 그것보다 어깨에 메는 타입이 좋은데.

남 : 그렇구나. 앗, 이것 좋지 않아？

　　어깨에도 메도 되고 크기도 딱 좋고.

여 : 정말이다. 이것으로 할게.

여자는 어느 가방을 삽니까?

여자는 배낭이나 손가방보다는 어깨에 매는 타입을 원하고 있다. 이에 남자가 어깨에 맬 수 있고 크기도 딱 좋다며 한 가방을 권했고 여자도 그걸로 하겠다고 한다. 즉 알맞은 크기에 어깨에 메는 타입인 3번을 살 생각이다.

5 ばん

男の留学生と女の人が話しています。男の留学生は、何を持っていきますか。

M：次の夏休みに家族に会いに行きます。お土産を持って行きたいんですが、日本らしいものは何がありますか。

F：そうですね。お菓子とかはどうですか。日本でお土産というと、お菓子をよく持って行きます。

M：食べ物だと好き嫌いがありますから、選ぶのが難しいですね。

F：それか、日本の本とかおもちゃとか、お茶もいいんじゃないですか。

M：ああ、いいですね。母は日本茶が好きですから、そうします。

F：お茶のチョコレートとかもありますけど。

M：甘いものは好きじゃないので。

男の留学生は、何を持っていきますか。

단어

持つ 가지다, 들다 | 次 다음 | 夏休み 여름방학 | 家族 가족 | 会う 만나다 | 동사 ます형+に行く 〜(하)러 가다 | お土産 토산품, 선물 | 〜らしい 〜답다 | お菓子 과자 | 〜というと 〜라고 하면 | よく 자주, 잘 | 好き嫌い 좋아함과 싫어함, 좋아하는 것만 취함 | 選ぶ 선택하다, 고르다 | 難しい 어렵다 | おもちゃ 장난감 | お茶 차 | 日本茶 일본 차 | 好きだ 좋아하다 | チョコレート 초콜릿 | 甘いもの 단것

6 ばん

会社で男の人と女の人が話しています。女の人は今日、何をしますか。

M：今忙しいかな。

F：いえ、大丈夫です。

M：今日の会議は、明日の午前になったから、夜に会議室の準備頼むよ。

F：他の部署で夜、会議室を使うと聞きましたが。

M：そうか。じゃあ、準備は明日の朝一だな。資料は13部用意できてるよね？

F：あ、12部しか用意していませんでした。今すぐ用意します。

M：うん。頼んだよ。

女の人は今日、何をしますか。

5 번

남자 유학생과 여자가 이야기하고 있습니다. 남자 유학생은 무엇을 들고 갑니까?

남 : 다음 여름방학에 가족을 만나러 갑니다. 선물을 가져가고 싶은데 일본다운 것은 무엇이 있습니까?

여 : 글쎄요. 과자 같은 것은 어떻습니까? 일본에서 선물이라고 하면 과자를 자주 가져갑니다.

남 : 음식이면 좋고 싫음이 있으니까 고르기가 어렵군요.

여 : 아니면 일본의 책이라든가 장난감이라든가, 차도 괜찮지 않아요?

남 : 아, 좋겠군요. 어머니는 일본 차를 좋아하니까 그렇게 하겠습니다.

여 : 차 초콜릿 같은 것도 있는데요.

남 : 단것은 좋아하지 않아서.

남자 유학생은 무엇을 들고 갑니까?

해설

남자는 가족에게 줄 선물을 생각하고 있다. 여자가 차도 좋지 않냐고 하자 남자는 어머니가 일본 차를 좋아하니 그렇게 하겠다고 한다. 여자는 차 초콜릿도 얘기했지만 남자는 단것은 좋아하지 않는다고 했으므로 정답은 4번이다.

6 번

회사에서 남자와 여자가 이야기하고 있습니다. 여자는 오늘 무엇을 합니까?

남 : 지금 바쁜가?

여 : 아니요. 괜찮습니다.

남 : 오늘 회의는 내일 오전으로 됐으니까 밤에 회의실 준비 부탁해.

여 : 다른 부서에서 밤에 회의실을 사용한다고 들었는데요.

남 : 그런가. 그럼 준비는 내일 아침부터네. 자료는 13부 준비되어 있지?

여 : 아, 12부밖에 준비하지 않았습니다. 지금 바로 준비하겠습니다.

남 : 응. 부탁해.

여자는 오늘 무엇을 합니까?

今日 오늘 | 今 지금 | 忙しい 바쁘다 | 大丈夫だ 괜찮다 | 会議 회의 | 明日 내일 | 午前 오전 | 夜 밤 | 会議室 회의실 | 準備 준비 | 頼む 부탁하다 | 部署 부서 | 使う 사용하다 | 聞く 듣다, 묻다 | 朝一 아침 업무가 시작된 직후 | 資料 자료 | 用意 준비 | できる 다 되다 | 〜部 〜부 | 〜しか 〜밖에 | 今すぐ 지금 바로

남자는 여자에게 내일 회의에 쓸 자료 13부가 준비되어 있는지를 물었고 이에 여자는 12부밖에 준비되어 있지 않다며 지금 바로 준비하겠다고 한다. 즉 여자는 오늘 자료를 한 부 더 준비해야 하므로 정답은 3번이다.

7 ばん

教室で、先生が話しています。学生は明日、何時にどこに集まらなければなりませんか。

M : 明日の工場見学ツアーについて話します。明日は、朝8時までに来てください。いつもは10時からですが、少し遠くまで行くので2時間早めの集合になりますので気をつけてくださいね。場所は校門の前です。いつもの体育館の前ではなく校門の前ですよ。

学生は明日、何時にどこに集まらなければなりませんか。

1　8時に校門の前
2　10時に校門の前
3　8時に体育館の前
4　10時に体育館の前

7 번

교실에서 선생님이 이야기하고 있습니다. 학생은 내일 몇 시에 어디에 모여야 합니까?

남 : 내일 공장 견학 투어에 대해 이야기하겠습니다. 내일은 아침 8시까지 와 주세요. 평소에는 10시부터이지만 조금 멀리까지 가기 때문에 2시간 빨리 집합하게 되었으므로 주의해 주세요. 장소는 교문 앞입니다. 평소의 체육관 앞이 아니라 교문 앞이에요.

학생은 내일 몇 시에 어디에 모여야 합니까?

1　8시 교문 앞
2　10시 교문 앞
3　8시 체육관 앞
4　10시 체육관 앞

아침 8시까지 오라고 했고 장소는 교문 앞이라고 했으므로 정답은 1번이다.

教室 교실 | 先生 선생님 | 何時 몇 시 | 集まる 모이다 | 工場 공장 | 見学 견학 | ツアー 투어 | 〜について 〜에 대해 | 連絡 연락 | いつも 늘, 언제나 | 少し 조금 | 遠く 멀리 | 行く 가다 | 〜ので 〜때문에 | 早め 조금 빠름 | 集合 집합 | 気をつける 주의하다 | 場所 장소 | 校門 교문 | 〜前 〜앞 | 体育館 체육관

8 ばん

教務課で男の人と係りの人が話しています。男の人は、このあと何番と何番を押しますか。

M : あの、学生割引証明書を出したくて1番を押したんですが、ちがう証明書が出てきてしまって。
F : 定期券購入の際の証明書は1番になり、各種割引に関する証明書は2番を押してください。
M : あ、はい。それから、成績に関する証明書も発行したいのですが。
F : 卒業証明書などは3番を、健康診断書は4番を、学業成績証明書は5番を押してください。
M : はい、ありがとうございました。

8 번

교무과에서 남자와 담당자가 이야기하고 있습니다. 남자는 이 후에 몇 번과 몇 번을 누릅니까?

남 : 저, 학생할인증명서를 뽑고 싶어서 1번을 눌렀는데 다른 증명서가 나와 버려서요.
여 : 정기권 구입 때의 증명서는 1번이고, 각종 할인에 관한 증명서는 2번을 눌러 주세요.
남 : 아, 네. 그리고 성적에 관한 증명서도 발행하고 싶은데요.
여 : 졸업증명서 등은 3번을, 건강진단서는 4번을, 학업성적증명서는 5번을 눌러 주세요.
남 : 네. 감사합니다.

N4 · 해설

1　1番と2番
2　2番と3番
3　2番と4番
4　2番と5番

단어

教務課 교무과 | 係の人 담당자 | 何番 몇 번 | 押す 누르다 | 学生割引 학생 할인 | 証明書 증명서 | 出す 내다 | ちがう 다르다 | 出る 나오다 | 定期券 정기권 | 購入 구입 | 〜際 〜때 | 各種 각종 | 〜に関する 〜에 관한 | 成績 성적 | 発行 발행 | 卒業 졸업 | 健康診断書 건강진단서 | 学業 학업

もんだい 2

もんだい2では、まずしつもんを聞いてください。そのあと、もんだいようしを見てください。読む時間があります。それから話を聞いて、もんだいようしの1から4の中から、いちばんいいものを一つえらんでください。
では、練習しましょう。

れい

女の学生と男の学生が話しています。女の学生は、どうしてバイトをやめますか。
F：来月からバイトやめようと思ってるの。
M：今のバイト結構長かったよね。なにかあったの？
F：ううん。みんないい人で、できれば続けていきたいんだけど、就職活動に専念したくてさ。早めに始めないとね。
M：そうなのか。
女の学生は、どうしてバイトをやめますか。
1　家からとおいから
2　働いている人がいやだから
3　ほかに集中したいことがあるから
4　ほかにやりたいことがあるから

いちばんいいものは3ばんです。かいとうようしのもんだい2のれいのところを見てください。いちばんいいものは3ばんですから、答えはこのように書きます。
では、始めます。

남자는 이후에 몇 번과 몇 번을 누릅니까?

1　1번과 2번
2　2번과 3번
3　2번과 4번
4　2번과 5번

해설

남학생이 학생할인증명서를 뽑고 싶다고 했으므로 각종할인에 관한 증명서인 경우의 2번, 그리고 성적에 관한 증명서도 발행하고 싶다고 했으므로 학업성적증명서인 경우의 5번을 눌러야 한다. 따라서 2번과 5번을 눌러야 하므로 정답은 4번이다.

문제 2

문제 2에서는 우선 질문을 들으세요. 그 후, 문제 용지를 보세요. 읽는 시간이 있습니다. 그러고 나서 이야기를 듣고 문제 용지의 1에서 4 중에서 가장 알맞은 것을 하나 고르세요.
그럼 연습하겠습니다.

예

여학생과 남학생이 이야기하고 있습니다. 여학생은 왜 아르바이트를 그만둡니까?

여 : 다음 달부터 아르바이트 그만두려고 생각하고 있어.
남 : 지금 아르바이트 꽤 오래 했지? 무슨 일 있었어?
여 : 아니. 모두 좋은 사람이라서 가능하면 계속해 가고 싶지만 취직활동에 전념하고 싶어서. 일찍 시작해야지.
남 : 그런 거구나.

여학생은 왜 아르바이트를 그만둡니까?

1　집에서 멀기 때문에
2　일하고 있는 사람을 싫어하기 때문에
3　그 밖에 집중하고 싶은 일이 있기 때문에
4　그 밖에 하고 싶은 일이 있기 때문에

가장 알맞은 것은 3번입니다. 해답 용지의 문제 2의 예 부분을 보세요. 가장 알맞은 것은 3번이므로 답은 이렇게 씁니다.
그럼 시작하겠습니다.

1 ばん

男の人と女の人が話しています。女の人は、誰と旅行に行きますか。

M：山田さん、今度の休暇は旅行に行くんだよね？
F：はい。初めて行く場所なので楽しみです。
M：家族で行くと大変じゃない？
F：そうですね、でも今回は兄と二人で行くので大丈夫です。
M：へぇ、そうなんだ。ご両親は？
F：両親は家でゆっくりしたいらしくて。

女の人は、誰と旅行に行きますか。

1 弟
2 妹
3 兄
4 両親

단어

誰 누구 | 旅行 여행 | 今度 이번 | 休暇 휴가 | 初めて 처음 | 場所 장소 | 楽しみ 즐거움, 기대 | 家族 가족 | 大変だ 힘들다 | 今回 이번 | 兄 형, 오빠 | 大丈夫だ 괜찮다 | 両親 양친, 부모 | ゆっくりする 푹 쉬다 | 弟 남동생 | 妹 여동생

2 ばん

大学で、女の学生と男の学生が話しています。女の学生は、いつ男の学生に本を返しますか。

F：この間借りた本なんだけど、もう少し借りてちゃだめかな。
M：いいけど、いつぐらいになりそうかな。来週の月曜日には必要でさ。
F：今週の木曜に課題提出だから、それ以降には必ず返すよ。
M：わかった。週末は約束があるからそれ以外で頼むよ。
F：うん。ありがとう。

女の学生は、いつ男の学生に本を返しますか。

1 今すぐ
2 月曜日
3 金曜日
4 明日

단어

本 책 | 返す 돌려주다 | この間 얼마 전, 요전 | 借りる 빌리다 | もう少し 조금 더 | だめ 안 됨, 소용없음 | いつ 언제 | ～ぐらい ～쯤 | 来週 다음 주 | 月曜日 월요일 | 必要だ 필요하다 | 今週 이번 주 | 木曜 목요일 | 課題 과제 | 提出 제출 | 以降 이후 | 必ず 반드시 | 週末 주말 | 約束 약속 | 以外 이외 | 頼む 부탁하다 | 今すぐ 지금 당장 | 金曜日 금요일

1번

남자와 여자가 이야기하고 있습니다. 여자는 누구와 여행에 갑니까?

남 : 야마다 씨, 이번 휴가는 여행 갈 거지?
여 : 네. 처음 가는 장소라서 기대됩니다.
남 : 가족끼리 가면 힘들지 않아?
여 : 글쎄요, 하지만 이번에는 오빠와 둘이 가기 때문에 괜찮아요.
남 : 그렇구나. 부모님은?
여 : 부모님은 집에서 푹 쉬고 싶다고 하셔서.

여자는 누구와 여행에 갑니까?

1 아빠
2 여동생
3 오빠
4 부모님

해설

여자는 이번에는 오빠와 둘이 간다(でも今回は兄と二人で行くので大丈夫です)고 말하고 있다. 따라서 정답은 3번이다.

2번

대학에서 여학생과 남학생이 이야기하고 있습니다. 여학생은 언제 남학생에게 책을 돌려줍니까?

여 : 얼마 전에 빌린 책 말인데, 조금 더 빌리면 안되나?
남 : 괜찮은데, 언제쯤이 될 것 같아? 다음 주 월요일에는 필요해서.
여 : 이번 주 목요일에 과제 제출이니까 그 이후에는 반드시 돌려줄게.
남 : 알겠어. 주말에는 약속이 있으니까 그 이외로 부탁해.
여 : 응. 고마워.

여학생은 언제 남학생에게 책을 돌려줍니까?

1 지금 바로
2 월요일
3 금요일
4 내일

해설

남학생이 다음 주 월요일에 책이 필요하다고 했고 여학생은 이번 주 목요일 이후에 꼭 돌려주겠다고 한다. 남학생이 주말에 약속이 있으니 그 이외에 부탁한다고 했으므로 결국 돌려주는 날은 이번 주 금요일이 된다. 따라서 정답은 3번이다.

3 ばん

学校で、男の学生と女の学生が話しています。女の学生は、どうして引っ越しがしたいですか。

M：不動産雑誌なんか見てどうしたの。
F：引っ越しをしようと思ってるの。
M：今の部屋じゃ狭い？
F：狭くてもいいんだけど、駅までが遠くてね。

女の学生は、どうして引っ越しがしたいですか。

1 狭いから
2 駅まで遠いから
3 友だちと住むから
4 学校が遠いから

단어

どうして 어째서, 왜 ｜ 引っ越し 이사 ｜ 不動産 부동산 ｜ 雑誌 잡지 ｜ ～なんか ～같은 것, 따위 ｜ 部屋 방 ｜ 狭い 좁다 ｜ 駅 역 ｜ 遠い 멀다 ｜ 友だち 친구 ｜ 住む 살다 ｜ 学校 학교

4 ばん

先生が話しています。補講はいつ行われますか。

F：え、来週のこの講義は休講です。今日来ていない学生にも伝えておいてください。補講についてですが、再来週の月曜日の3限と思っていたのですが、その日は本大学の学園祭ということで、再来週の水曜日の3限に行うことに決定しましたので、必ず出席するように。

補講はいつ行われますか。

1 月曜日
2 火曜日
3 水曜日
4 木曜日

단어

補講 보강 ｜ いつ 언제 ｜ 行う 행하다, 실시하다 ｜ 来週 다음 주 ｜ 講義 강의 ｜ 休講 휴강 ｜ 学生 학생 ｜ 伝える 전하다, 전달하다 ｜ ～について ～에 대해 ｜ 再来週 다음다음 주 ｜ 月曜日 월요일 ｜ ～限 ～교시 ｜ 大学 대학 ｜ 学園祭 학교 축제 ｜ 水曜日 수요일 ｜ 決定 결정 ｜ 必ず 반드시, 꼭 ｜ 出席 출석 ｜ ～ように ～(하)도록

3 번

학교에서 남학생과 여학생이 이야기하고 있습니다. 여학생은 왜 이사를 하고 싶습니까?

남：부동산 잡지 같은 걸 보고 어쩐 일이야?
여：이사를 하려고 생각하고 있어.
남：지금 방이면 좁아?
여：좁아도 괜찮지만 역까지가 멀어서.

여학생은 왜 이사를 하고 싶습니까?

1 좁기 때문에
2 역까지 멀기 때문에
3 친구와 살기 때문에
4 학교가 멀기 때문에

해설

여자의 마지막 말에서 답을 찾을 수 있다. 지금 방이 좁아서 이사하는지를 묻는 남자의 말에 여자는 좁아도 괜찮지만 역까지가 멀어서 그렇다고 했으므로 정답은 2번이다.

4 번

선생님이 이야기하고 있습니다. 보강은 언제 합니까?

여：음, 다음 주 이 강의는 휴강입니다. 오늘 오지 않은 학생에게도 전해 주세요. 보강에 대해서인데요, 다음다음 주 월요일 3교시로 생각하고 있었지만 그날은 본대학의 축제라서 다음다음 주 수요일 3교시에 하기로 결정했으므로 반드시 출석하도록.

보강은 언제 합니까?

1 월요일
2 화요일
3 수요일
4 목요일

해설

다음 주 수업이 휴강이라고 하면서 원래는 다음다음 주 월요일 3교시로 생각하고 있었지만 결국 다음다음 주 수요일 3교시에 하기로 결정했다고 했으므로 정답은 3번 수요일이다.

5 ばん

女の人と男の人が話しています。男の人は最近どのくらいの映画をみていますか。

F：田中さんは映画はお好きですか。

M：ええ、好きです。就職する前は月に10本ほどみていたんですけどね。最近は時間がなくて。

F：そうなんですね。

M：みたい映画は多いんですけど、退勤時間が遅くてなかなか。佐々木さんはお好きですか。

F：みたい映画があれば、みる程度ですかね。
最近だと月に3本くらいでしょうか。

M：そうですか。私は月に5本ですかね。

男の人は最近どのくらいの映画をみていますか。

1　まったくみていない
2　月に3本みる
3　月に10本以上みる
4　月に5本みる

단어

最近 최근 | どのくらい 어느 정도 | 映画 영화 | みる 보다 | どちら 어느 쪽 | 好きだ 좋아하다 | 就職 취직 | 月 한 달 | ～本 ~편(영화 편수를 세는 단위) | 時間 시간 | 多い 많다 | 退勤 퇴근 | 遅い 늦다 | なかなか 좀처럼, 상당히 | 程度 정도 | 以上 이상

6 ばん

男の学生と女の学生が話しています。女の学生は、何部に入部すると言っていますか。

M：増田さんは、何部に入部するか決めた？

F：本当はバドミントン部に入る予定だったんだけどね。

M：バドミントンか。いいね。

F：でも先週の体験入部で、テニスもいいなぁって思い始めてさ。

M：体動かすことが好きなんだね。
僕は卓球にするつもりだよ。

F：卓球？

M：うん。小学校のときからずっとやってるんだ。

F：私は体験入部したのに決めよう！

女の学生は、何部に入部すると言っていますか。

1　テニス
2　卓球
3　バスケットボール
4　バドミントン

5 번

여자와 남자가 이야기하고 있습니다. 남자는 최근 어느 정도의 영화를 보고 있습니까?

여 : 다나카 씨는 영화는 좋아합니까?

남 : 네, 좋아해요. 취직하기 전에는 한 달에 10편 정도 봤는데요. 최근에는 시간이 없어서.

여 : 그렇군요.

남 : 보고 싶은 영화는 많지만 퇴근시간이 늦어서 좀처럼. 사사키 씨는 좋아합니까?

여 : 보고 싶은 영화가 있으면 보는 정도일까요. 최근이라면 한 달에 3편 정도일까요?

남 : 그렇습니까? 전 한 달에 5편 정도군요.

남자는 최근 어느 정도의 영화를 보고 있습니까?

1　전혀 보지 않는다.
2　한 달에 3편 본다.
3　한 달에 10편 이상 본다.
4　한 달에 5편 본다.

해설

여자가 최근에는 영화를 한 달에 3편 정도 본다고 하자, 남자는 자신은 한 달에 5편 정도라고 했으므로 정답은 4번이다.

6 번

남학생과 여학생이 이야기하고 있습니다. 여학생은 무슨 부에 들어간다고 말하고 있습니까?

남 : 마스다 씨는 무슨 부에 들어갈지 정했어?

여 : 실은 배드민턴 부에 들어갈 예정이었는데.

남 : 배드민턴인가. 좋네.

여 : 하지만 지난주 체험 입부에서 테니스도 좋다는 생각이 들어서.

남 : 몸을 움직이는 것을 좋아하는구나.
난 탁구로 할 생각이야.

여 : 탁구?

남 : 응. 초등학교 때부터 줄곧 하고 있어.

여 : 나는 체험 입부한 걸로 결정해야지!

여학생은 무슨 부에 들어간다고 말하고 있습니까?

1　테니스
2　탁구
3　농구
4　배드민턴

何部 무슨 부 | 入部 입부 | 決める 결정하다 | バドミント
ン部 배드민턴 부 | 予定 예정 | 先週 지난주 | 体験 체험 |
テニス 테니스 | 思い始める 생각하기 시작하다 | 体 몸 |
動かす 움직이다 | 卓球 탁구 | ずっと 줄곧, 계속 | バス
ケットボール 농구

여자는 원래 배드민턴 부에 들어갈 예정이었지만 지난주
의 체험 입부에서 테니스도 좋다고 생각했다고 말하고 있
다. 즉 여자는 테니스 부에 들어갈 것이므로 정답은 1번이
된다.

7ばん

会場で案内を聞いています。コンサートは何時に始ま
りますか。

F： 皆様、19時30分に演奏を開始いたします。演奏と
演奏との間に20分間の休憩時間がありますが、あら
かじめお手洗いなどがお済みになってからの入場を
お願いいたします。入場まであと15分でございま
す。飲食物の持ち込みは禁止でございます。

コンサートは何時に始まりますか。

1　19：00
2　19：10
3　19：20
4　19：30

7번

회장에서 안내를 듣고 있습니다. 콘서트는 몇 시에 시작됩니까?

여 : 여러분, 19시 30분에 연주를 개시합니다. 연주와 연주
와의 사이에 20분 간의 휴식 시간이 있습니다만, 미리
화장실 등의 용무를 끝내고 나서 입장을 부탁드립니다.
입장까지 이제 15분 남았습니다. 음식물의 반입은 금
지입니다.

콘서트는 몇 시에 시작됩니까?

1　19시
2　19시 10분
3　19시 20분
4　19시 30분

会場 회장 | 案内 안내 | コンサート 콘서트 | 始まる 시작
되다 | 皆様 여러분 | 演奏 연주 | 開始 개시, 시작 | 間 사이,
동안 | 休憩 휴게, 휴식 | あらかじめ 미리, 사전에 | お手洗
い 화장실 | 済む 끝나다, 해결하다 | 入場 입장 | 願う 바라
다 | 飲食物 음식물 | 持ち込み 반입 | 禁止 금지

첫 문장에서 19시 30분에 연주가 개시된다(19時30分
に演奏が開始いたします)고 했으므로 콘서트는 19시
30분에 시작되는 것이므로 정답은 4번이 된다.

もんだい3

もんだい3では、えを見ながらしつもんを聞い
てください。➡（やじるし）の人は何と言いま
すか。1から3の中から、いちばんいいものを
一つえらんでください。
では、練習しましょう。

れい

家に帰ってきました。何と言いますか。

M： 1　おかえり。
　　 2　いってきます。
　　 3　ただいま。

문제3

문제 3에서는 그림을 보면서 질문을 들으세요. ➡(화
살표)의 사람은 뭐라고 말합니까? 1부터 3 중에서 가
장 알맞은 것을 하나 고르세요.
그럼 연습하겠습니다.

예

집에 돌아왔습니다. 뭐라고 말합니까?

남 : 1　어서 오세요.
　　 2　다녀오겠습니다.
　　 3　다녀왔습니다.

いちばんいいものは３ばんです。かいとうよう
しのもんだい３のれいのところを見てくださ
い。いちばんいいものは３ばんですから、答え
はこのように書きます。
では、始めます。

１ばん

写真を撮ってほしいです。何と言いますか。

F： 1 写真を撮ってもらえますか。
　　 2 写真を撮りましょうか。
　　 3 写真を撮ってもいいですか。

단어

写真 사진 | 撮る (사진을) 찍다 | 〜てほしい 〜해 주었으
면 하다, 〜하기 바라다 | 〜てもらう 〜해 받다 | 〜てもい
い 〜해도 된다

２ばん

明日、遊園地に行きたいです。何といいますか。

F： 1 明日、遊園地に行ってきました。
　　 2 明日、遊園地に行くかもしれません。
　　 3 明日、遊園地に行きませんか。

단어

明日 내일 | 遊園地 유원지 | 行く 가다 | 気分 기분 | 〜か
もしれません 〜(일)지도 모릅니다

３ばん

先生の話が早くて聞き取れません。先生に何と言いま
すか。

M： 1 すいません、よく聞こえません。
　　 2 すいません、よく聞こえました。
　　 3 すいません、聞こえますか。

단어

先生 선생님 | 話 말, 이야기 | 早い 빠르다 | 聞き取る 알아
듣다, 청취하다 | 聞こえる 들리다 | 聞く 듣다

４ばん

予約をしたいです。何と言いますか。

F： 1 予約はされましたか。
　　 2 予約をしてから来てください。
　　 3 予約がしたいです。

단어

予約 예약 | 〜てから 〜(하)고 나서

가장 알맞은 것은 3번입니다. 해답 용지의 문제 3의
예 부분을 보세요. 가장 알맞은 것은 3번이므로 답은
이렇게 씁니다.
그럼 시작하겠습니다.

1번

사진을 찍어주었으면 좋겠습니다. 뭐라고 말합니까?

여 : 1 사진을 찍어 줄 수 있습니까?
　　 2 사진을 찍을까요?
　　 3 사진을 찍어도 됩니까?

해설

〜てほしい는 상대방이 자신에게 〜해 주었으면 좋겠다
는 표현이다. 따라서 상대방이 사진을 찍어주었으면 할 때
뭐라고 할지를 생각해야 한다. 따라서 1번, 즉 사진을 찍어
줄 수 있는지를 물어야 한다.

2번

내일 유원지에 가고 싶습니다. 뭐라고 말합니까?

여 : 1 내일 유원지에 다녀왔습니다.
　　 2 내일 유원지에 갈지도 모릅니다.
　　 3 내일 유원지에 가지 않겠습니까?

해설

내일 유원지에 가고 싶다는 것이다. 즉 이 때는 유원지에 같
이 가자고 권유하는 표현이 되어야 하므로 정답은 3번이다.

3번

선생님의 말이 빨라서 알아들을 수 없습니다. 선생님께 뭐라고
말합니까?

남 : 1 죄송합니다. 잘 들리지 않습니다.
　　 2 죄송합니다. 잘 들렸습니다.
　　 3 죄송합니다. 들립니까?

해설

알아들을 수 없을 때는 죄송하지만 잘 들리지 않는다고 해
야 하므로 1번이 가장 적절하다.

4번

예약을 하고 싶습니다. 뭐라고 말합니까?

여 : 1 예약은 하셨습니까?
　　 2 예약을 하고 나서 와 주세요.
　　 3 예약을 하고 싶습니다.

해설

예약을 하고 싶은 경우 뭐라고 말하는지 찾아야 한다. 그
러므로 예약이 하고 싶다고 말한 3번이 정답이 된다.

5 ばん

かいしゃ たいきん なん い
会社から退勤します。何と言いますか。

M： 1 お世話になりました。

2 お疲れでした。

3 お先に失礼します。

（単語）

会社 회사 ｜ 退勤 퇴근 ｜ お世話になる 신세를 지다 ｜ お先
に 먼저 ｜ 失礼 실례

もんだい 4

もんだい 4 では、えなどがありません。まずぶん
を聞いてください。それから、そのへんじを聞
いて、 1 から 3 の中から、いちばんいいものを
一つえらんでください。

では、練習しましょう。

れい

F： お腹が減りました。

M： 1 いいですね。

2 薬を飲みますか。

3 何か食べようか。

いちばんいいものは 3 ばんです。かいとうよう
しのもんだい 4 のれいのところを見てくださ
い。いちばんいいものは 3 ばんですから、答え
はこのように書きます。

では、始めます。

1 ばん

F： ご飯、食べた？

M： 1 何食べようか。

2 食べたくないの？

3 まだだよ。

（単語）

ご飯 밥 ｜ 食べる 먹다 ｜ 何 무엇 ｜ まだ 아직

5 번

회사에서 퇴근합니다. 뭐라고 말합니까?

남 : 1 신세를 졌습니다.

2 수고했습니다.

3 먼저 실례하겠습니다.

（해설）

회사에서 퇴근할 때 뭐라고 말하는지 찾아야 한다. 따라서
정답은 3번, 먼저 실례하겠다고 해야 한다.

문제 4

문제 4에서는 그림 같은 것이 없습니다. 우선 문장을
들으세요. 그러고 나서 그 대답을 듣고 1부터 3 중에
서 가장 알맞은 것을 하나 고르세요.

그럼 연습하겠습니다.

예

여 : 배가 고픕니다.

남 : 1 좋군요.

2 약을 먹습니까?

3 뭔가 먹을래?

가장 알맞은 것은 3번입니다. 해답 용지의 문제 4의
예 부분을 봐 주세요. 가장 알맞은 것은 3번이므로 답
은 이렇게 씁니다.

그럼 시작하겠습니다.

1 번

여 : 밥 먹었어?

남 : 1 뭘 먹을까?

2 먹기 싫어?

3 아직이야.

（해설）

배가 고프다고 있으므로 보기 중에서는 아직 먹지 않았다
고 대답한 3번이 정답이다.

2 ばん

M：ねぇ、携帯貸してくれない？

F：1　携帯持っているよ。

　　2　貸してあげなよ。

　　3　うん、いいよ。

단어

携帯 휴대전화 | 貸す 빌려주다 | 〜てくれる (남이 나에게) 〜해 주다 | 持つ 들다, 가지다 | 〜てあげる (내가 남에게) 〜해 주다

3 ばん

M：どうして今日、遅刻したんですか。

F：1　遅刻するかもしれません。

　　2　遅刻しましたか。

　　3　おなかが痛くて…。

단어

どうして 어째서, 왜 | 今日 오늘 | 遅刻 지각 | 〜かもしれません 〜(일)지도 모릅니다 | おなか 배 | 痛い 아프다

4 ばん

F：夏休みになったら、何をしますか。

M：1　海に行くつもりです。

　　2　勉強をしました。

　　3　8月からです。

단어

夏休み 여름방학, 여름휴가 | 海 바다 | 行く 가다 | つもり 작정, 생각 | 勉強 공부 | 8月 8월

5 ばん

F：キャンセルする際は必ず電話してください。

M：1　電話をされますね。

　　2　いつキャンセルしますか。

　　3　はい、その時は連絡します。

단어

キャンセル 취소 | 〜際 〜때 | 必ず 반드시, 꼭 | いつ 언제 | 連絡 연락

2 번

남 : 저기, 휴대전화 빌려주지 않을래?

여 : 1　휴대전화 가지고 있어.

　　2　빌려줘.

　　3　응, 좋아.

해설

휴대전화를 빌려주지 않겠는지 묻고 있으므로 좋다고 한 3번이 적절한 대답이 된다.

3 번

남 : 왜 오늘 지각한 겁니까?

여 : 1　지각할지도 모릅니다.

　　2　지각했습니까?

　　3　배가 아파서…….

해설

지각한 이유를 묻고 있으므로 정답은 3번, 배가 아파서 지각했고 해야 제일 자연스럽다.

4 번

여 : 여름방학이 되면 무엇을 합니까?

남 : 1　바다에 갈 생각입니다.

　　2　공부를 했습니다.

　　3　8월부터입니다.

해설

여름방학이 되면 무엇을 하는지 묻고 있다. 따라서 바다에 갈 생각이라고 한 1번이 가장 적절하다.

5 번

여 : 취소할 때는 반드시 전화해 주세요.

남 : 1　전화를 하시는군요.

　　2　언제 취소합니까?

　　3　네, 그때는 연락하겠습니다.

해설

취소할 때는 꼭 전화를 해 달라는 말이다. 따라서 알겠다며 그때는 연락하겠다고 한 3번이 가장 자연스럽다.

6 ばん

M：あの、ここまで行きたいんですが。
F：1　気をつけて行ってください。
　　2　ここまでよくいらっしゃいましたね。
　　3　このバスに乗ってください。

（単語）

ここ 여기 | 気をつける 주의하다 | よく 잘, 자주 | いらっしゃる 오시다, 가시다, 계시다 | バス 버스 | 乗る 타다 | 동사 て형+てください ～해 주세요

7 ばん

F：田中さん、料理は得意ですか。
M：1　わかりました。
　　2　和食しかできません。
　　3　もったいないです。

（単語）

料理 요리 | 得意だ 자신 있다, 잘하다 | 和食 일식 | ～しか ～밖에 | できる 할 수 있다 | もったいない 아깝다

8 ばん

M：どんな映画が好きですか。
F：1　昨日映画を見に行きました。
　　2　ホラー映画以外は好きです。
　　3　明日映画を見に行きましょうか。

（単語）

どんな 어떤 | 映画 영화 | 以外 이외 | 好きだ 좋아하다 | ホラー映画 공포영화 | 동사 ます형+に行く ～(하)러 가다 | 동사 ます형+ましょうか ～할까요?

6 번

남 : 저, 여기까지 가고 싶은데요.
여 : 1　조심해서 가 주세요.
　　2　여기까지 잘 오셨네요.
　　3　이 버스를 타 주세요.

（해설）

남자가 자신이 가고 싶은 곳을 가리키며 어떻게 가야 하는지 도움을 청하고 있다. 그러므로 거기에 가려면 이 버스를 타라고 대답한 3번이 정답이다.

7 번

여 : 다나카 씨, 요리는 잘합니까?
남 : 1　알겠습니다.
　　2　일식밖에 못합니다.
　　3　아깝습니다.

（해설）

요리를 잘하는지 묻고 있으므로 정답은 2번, 일식밖에 못한다는 말이 가장 적절하다.

8 번

남 : 어떤 영화를 좋아합니까?
여 : 1　어제 영화를 보러 갔습니다.
　　2　공포영화 이외에는 좋아합니다.
　　3　내일 영화를 보러 갈까요?

（해설）

어떤 영화를 좋아하는지 묻고 있으므로 공포영화 이외에는 좋아한다고 한 2번이 적절한 대답이다.

JLPT 실전모의고사 N4 2회
정답 및 해설

1교시 언어지식(문자 · 어휘)

問題 1 **1** ② **2** ③ **3** ② **4** ② **5** ④ **6** ③ **7** ④ **8** ① **9** ②

問題 2 **10** ③ **11** ③ **12** ① **13** ③ **14** ③ **15** ④

問題 3 **16** ① **17** ④ **18** ① **19** ③ **20** ④ **21** ② **22** ③ **23** ② **24** ③ **25** ②

問題 4 **26** ③ **27** ③ **28** ① **29** ① **30** ①

問題 5 **31** ④ **32** ① **33** ④ **34** ① **35** ④

2교시 언어지식(문법) · 독해

問題 1 **1** ③ **2** ① **3** ② **4** ① **5** ④ **6** ② **7** ④ **8** ① **9** ② **10** ① **11** ①
  12 ③ **13** ① **14** ④ **15** ②

問題 2 **16** ④ **17** ① **18** ④ **19** ② **20** ④

問題 3 **21** ② **22** ① **23** ③ **24** ② **25** ③

問題 4 **26** ② **27** ③ **28** ④ **29** ①

問題 5 **30** ① **31** ② **32** ④ **33** ③

問題 6 **34** ③ **35** ①

3교시 청해

問題 1 **1** ④ **2** ③ **3** ④ **4** ② **5** ① **6** ① **7** ② **8** ③

問題 2 **1** ② **2** ④ **3** ① **4** ③ **5** ④ **6** ③ **7** ④

問題 3 **1** ② **2** ③ **3** ① **4** ② **5** ③

問題 4 **1** ② **2** ① **3** ② **4** ① **5** ② **6** ③ **7** ② **8** ①

문제 1 _______의 단어는 히라가나로 어떻게 씁니까? 1·2·3·4에서 가장 알맞은 것을 하나 고르세요.

1 **공기**가 깨끗합니다.

> **해설** 空은 음으로 くう, 훈으로 空(そら)/空(あ)く 등으로 읽는다. 또 気는 음으로 き/け라 읽는다. 空気(공기)는 둘 다 음독하여 くうき라고 하므로 정답은 2번이다.

空気 공기 | きれいだ 깨끗하다

정답 ②

2 늘 이것을 **사용하고** 있습니다.

> **해설** 使는 음으로 し, 훈으로 使(つか)う라고 읽는다. 여기서는 훈독한 동사 使(つか)う를 뜻하는 것이다. 따라서, 정답은 3번 使(つか)って이다.

いつも 늘, 항상 | これ 이것 | 使う 사용하다

정답 ③

3 돈을 **보태** 주세요.

> **해설** 足은 음으로 そく, 훈으로 足(あし)/足(た)りる/足(た)す라고 읽는다. 여기서는 훈독한 동사 足(た)す를 가리키는 것이므로 정답은 2번 足(た)して이다.

おかね 돈 | 足す 더하다, 보태다 | 동사 て형+てください ～해 주세요

정답 ②

4 이 채소는 **싸**군요.

> **해설** 安은 음독하면 あん, 훈독하면 安(やす)い가 된다. 이 문장에서는 싸다는 뜻의 형용사 安(やす)い를 뜻하므로 정답은 2번이다.

やさい 채소 | 安い 싸다

정답 ②

5 이 가방을 **옮겨** 주세요.

> **해설** 運은 음으로 うん, 훈으로 運(はこ)ぶ라고 읽는다. 이 문장에서는 훈으로 읽는 동사 運(はこ)ぶ를 뜻하므로 정답은 4번 運(はこ)んで가 된다.

かばん 가방 | 運ぶ 옮기다

정답 ④

6 사람이 매우 **많**습니다.

> **해설** 多는 음독하여 た, 훈독하여 多(おお)い라고 한다. 따라서 정답은 3번 多(おお)い이다.

ひと 사람 | とても 매우, 아주 | 多い 많다

정답 ③

7 **맛**이 좋습니다.

> **해설** 味는 음으로 み, 훈으로 味(あじ)/味(あじ)わう라고 읽는다. 이 때는 훈독한 명사 味(あじ)를 뜻하며 '맛'이라는 뜻이다.

味 맛 | おいしい 맛있다, 맛이 좋다

정답 ④

8 그의 이름을 **알고** 있습니다.

> **해설** 知는 음으로 ち, 훈으로 知(し)る라 읽는다. 여기서는 훈독하는 동사 知(し)る를 가리키므로 정답은 1번 知(し)って이다.

かれ 그, 그 남자 | なまえ 이름 | 知る 알다

정답 ①

9 이것은 **무겁**습니다.

> **해설** 重은 음으로 じゅう/ちょう라 읽고, 훈독하면 重(おも)い/重(かさ)ねる가 된다. 이 때는 '무겁다'는 의미의 형용사 重(おも)い를 뜻하는 것이므로 정답은 2번이다.

これ 이것 | 重い 무겁다

정답 ②

문제 2 ______의 단어는 어떻게 씁니까? 1 · 2 · 3 · 4에서 가장 알맞은 것을 하나 고르세요.

10 이제 **안심**입니다.

> **해설** あんしん은 '안심'이라는 뜻이다. 이 때의 한자표기는 3번 安心이다.

もう 이제, 이미, 벌써 | 安心だ 안심이다

정답 ③

11 저는 **문학**을 좋아합니다.

> **해설** ぶんがく는 '문학'을 뜻하고 한자로는 文学라고 쓴다.

文学 문학 | すきだ 좋아하다

정답 ③

12 그는 **특별**한 사람이다.

> **해설** とくべつ는 '특별'이라는 의미의 な형용사이다. 한자로는 1번 特別로 표기한다.

かれ 그, 그 남자, 그 사람 | 特別だ 특별하다 | ひと 사람

정답 ①

13 **시험**이 시작됩니다.

> **해설** しけん은 '시험'이라는 뜻의 명사로 올바른 한자 표기는 3번이다.

試験 시험 | はじまる 시작되다

정답 ③

14 제 방은 **넓**습니다.

> **해설** ひろい는 '넓다'라는 의미의 형용사로 한자로는 3번 広い라고 쓴다.

へや 방 | 広い 넓다

정답 ③

15 그것은 매우 **소중**합니다.

> **해설** たいせつ는 '소중함. 중요함'을 뜻하는 な형용사이다. 한자 표기는 4번 大切이다.

それ 그것 | とても 매우, 아주 | 大切だ 소중하다, 중요하다

정답 ④

   (   )에 무엇을 넣습니까? 1·2·3·4에서 가장 알맞은 것을 하나 고르세요.

---

16 이 책은 매우 어렵기 때문에 어린이에게는 **무리**입니다.

> **해설** 책이 너무 어렵다고 했으므로 아이에게는 무리라고 해야 자연스럽다. 따라서 정답은 1번이다.

この 이 | ほん 책 | とても 매우, 아주 | むずかしい 어렵다 | ~ので ~때문에 | こども 아이, 어린이 | むり 무리 | へただ 서툴다 | わるい 나쁘다 | じょうずだ 잘하다, 능숙하다

정답 ①

17 우체국에서 **우표**를 샀습니다.

> **해설** 우체국에서 살 수 있는 것을 찾아야 하므로 정답은 4번 きって(우표)이다.

ゆうびんきょく 우체국 | きって 우표 | かう 사다 | ざっし 잡지 | ノート 노트 | てがみ 편지

정답 ④

18 곤란해 하고 있기 때문에 선생님께 **상담**하고 싶습니다.

> **해설** 앞에서 곤란하다고 했으므로 곤란한 경우에 선생님께 하고 싶은 일은 1번 そうだん(상담)일 것이다.

こまる 곤란하다 | ~ので ~때문에 | せんせい 선생님 | そうだん 상담 | はなし 이야기, 말 | かいわ 회화, 대화 | かいぎ 회의

정답 ①

19 나는 **소설**을 읽는 것을 좋아합니다.

> **해설** 뒤에 동사 よむ(읽다)가 왔으므로 빈칸에는 읽을 수 있는 것을 넣어야 한다. 따라서 정답은 3번 しょうせつ(소설)이다.

わたし 나, 저 | しょうせつ 소설 | よむ 읽다 | すきだ 좋아하다 | ことば 말, 언어 | いみ 의미 | え 그림

정답 ③

20 내일까지 이 일을 **반드시** 해 주세요.

> **해설** 내일까지 일을 해 달라는 것이므로 빈칸에는 かならず(반드시)를 넣어 꼭 해 달라고 하는 것이 가장 적절하다.

あした 내일 | ~までに ~까지 | しごと 일 | かならず 반드시, 꼭 | やる 하다 | 동사 て형+てください ~해 주세요 | もう 이미, 벌써 | いつか 언젠가 | たぶん 아마

정답 ④

21 그는 **성실하**기 때문에 착실히 공부합니다.

> **해설** 착실히 공부한다고 했으므로 빈칸에는 이것과 통하는 말이 들어가야 한다. 그러므로 2번 まじめ(성실함)를 넣어 성실하기 때문에 착실히 공부한다고 해야 자연스럽다.

かれ 그, 그 남자 | まじめだ 성실하다 | きちんと 착실히, 정확히 | べんきょう 공부 | じょうずだ 잘하다, 능숙하다 | よい 좋다 | ほんとう 정말

정답 ②

22 저기에 놓여 있는 지갑은 **분명히** 내 것입니다.

> **해설** 지갑이 자신의 것이라는 말이므로 빈칸에는 확실시됨을 뜻하는 부사 たしかに(분명히)를 넣어야 한다.

あそこ 저기 | おく 두다, 놓다 | 동사 て형+てある ~해 있다[상태] | さいふ 지갑 | たしかに 분명히 | わたし 나, 저 | もの ~것 | もっと 더 | いつも 늘 | まさか 설마

정답 ③

23 이제 조금만 있으면 대학을 **졸업**합니다.

해설 앞에 だいがく を(대학을)가 왔으므로 이것과 연결되는 단어를 찾아야 한다. 따라서 2번 そつぎょう(졸업)을 넣어 대학을 졸업한다고 해야 자연스럽다.

あと 뒤, 나중 | すこし 조금 | だいがく 대학 | そつぎょう 졸업 | しけん 시험 | にゅうがく 입학 | じゅぎょう 수업

정답 ②

24 일요일 **이외**에는 학교에 갑니다.

해설 일요일은 빼고 학교에 간다고 해야 자연스럽다. 그러므로 3번 いがい(이외)를 넣어야 한다.

にちようび 일요일 | いがい 이외 | がっこう 학교 | いく 가다 | ～ちゅう ～중 | そと 밖 | ほか 그 밖, 이외

정답 ③

25 겨우 여행 갈 **준비**가 다 되었습니다.

해설 여행 간다는 말에 연결될 수 있는 단어가 들어가야 한다. 따라서 2번의 じゅんび(준비)를 넣어 여행 갈 준비가 다 되었다고 해야 연결이 자연스럽다.

やっと 겨우 | りょこう 여행 | いく 가다 | じゅんび 준비 | きょうみ 흥미 | しゃかい 사회 | けいけん 경험 | できる 다 되다, 만들어지다

정답 ②

문제4 _____의 문장과 거의 같은 의미인 문장이 있습니다. 1 · 2 · 3 · 4에서 가장 알맞은 것을 하나 고르세요.

26 **이것은 좋아하지 않으니까 다른 것을 주세요.**

1 이것은 싫어하니까 새로운 것을 주세요.
2 이것은 좋아하니까 같은 것을 주세요.
3 **이것은 싫어하니까 다른 것을 주세요.**
4 이것은 싫지 않으니까 하나 주세요.

해설 이것은 좋아하지 않으니까 다른 것을 달라는 말이다. 이것과 비슷한 의미인 것은 3번으로 이것은 싫어하니까 다른 것을 달라고 하는 것이다.

これ 이것 | すきだ 좋아하다 | ～ので ～때문에 | べつ 다름 | もの ～것 | ～をください ～을 주세요 | きらいだ 싫어하다 | あたらしい 새롭다, 새것이다 | おなじ 똑같음 | ちがう 다르다 | ひとつ 하나, 한 개

27 **시험 전에 복습했습니다.**

1 회의가 시작되기 전에 준비를 했습니다.
2 회의 전에는 아무것도 하지 않았습니다.
3 **테스트가 시작되기 전에 한 번 더 공부했습니다.**
4 테스트가 시작되기 전에 처음으로 공부했습니다.

해설 시험 전에 복습했다는 말은 테스트가 시작되기 전에 한 번 더 공부했다고 한 3번과 의미상 통한다.

しけん 시험 | まえ ～전 | ふくしゅう 복습 | かいぎ 회의 | はじまる 시작되다 | じゅんび 준비 | なにも 아무것도 | もう 이미, 벌써 | いちど 한 번 | べんきょう 공부 | はじめて 처음으로

28 매주 토요일에 산에 오르는 것이 습관입니다.

1 토요일에 늘 산에 오르고 있습니다.

2 늘 산에 오르려고 생각하고 있습니다.

3 늘 토요일에 산에 오르고 싶습니다.

4 토요일만 산에 오르고 싶지 않습니다.

해설 매주 토요일에 산에 오르는 것이 습관이라고 했다. 이 말은 토요일마다 등산을 간다는 의미이다. 따라서 정답은 1번, 토요일에 늘 산에 오르고 있다는 말이다.

まいしゅう 매주 | どようび 토요일 | やま 산 | のぼる 오르다 | しゅうかん 습관 | いつも 늘, 항상 | おもう 생각하다 | ～だけ ～뿐, ～만 | 동사 ます형＋たくない ～(하)고 싶지 않다

29 요즘 여기에 고양이가 오는 것 같습니다.

1 최근 여기에 고양이가 오는 것 같습니다.

2 전에는 여기에 고양이가 와 있었습니다.

3 조금 전까지 여기에 고양이가 와 있었던 것 같습니다.

4 아마 여기에 고양이가 오겠지요.

해설 요즘 여기에 고양이가 오는 것 같다는 말이므로 최근 여기에 고양이가 오는 것 같다고 표현한 1번이 정답이다.

このごろ 요즘 | ここ 여기 | ねこ 고양이 | くる 오다 | ～ようだ ～(인) 것 같다 | さいきん 최근 | ～らしい ～(인) 것 같다 | まえは 전에는 | ちょっと 조금 | たぶん 아마 | ～でしょう ～(이)겠지요

30 틀림없이 그는 돌아온다고 생각합니다.

1 그는 돌아오겠지요.

2 그는 돌아오지 않을지도 모릅니다.

3 그는 돌아올 생각이 없습니다.

4 그는 돌아올지도 모릅니다.

해설 틀림없이 그가 돌아올 것이라고 말하고 있으므로 추측 표현인 ～でしょう(～이겠지요)를 이용해 그는 돌아올 것이라고 한 1번이 정답이다.

きっと 꼭, 반드시, 틀림없이 | かれ 그, 그 남자 | かえる 돌아오다, 돌아가다 | ～てくる ～해 오다 | おもう 생각하다 | ～かもしれない ～(일)지도 모른다 | ～つもりはない ～(할) 생각은 없다

문제 5　다음 단어의 사용법으로 가장 알맞은 것을 1·2·3·4에서 하나 고르세요.

31 취미

1 눈이 내려서 산의 취미가 아름답습니다. [しゅみ → 景色(경치)]

2 병에 걸렸기 때문에 얼굴 취미가 좋지 않습니다. [しゅみ → 色(색)]

3 어제 영화를 볼 취미를 했습니다. [しゅみ → 約束(약속)]

4 제 <u>취미</u>는 요리입니다.

해설 しゅみ는 '취미'라는 뜻의 명사이다. 따라서 취미가 요리라고 한 4번이 가장 적절하게 쓰인 것이다.

しゅみ 취미 | ゆき 눈 | ふる 내리다 | やま 산 | きれいだ 깨끗하다, 예쁘다 | びょうき 병 | かお 얼굴 | きのう 어제 | えいが 영화 | みる 보다 | りょうり 요리

32 역사

1 그 사고는 <u>역사</u>에 남겠지요.

2 일을 해봐서 좋은 <u>역사</u>가 되었습니다. [れきし → 経験(경험)]

3 탁자 위에 오늘 밥을 먹은 <u>역사</u>가 있습니다. [れきし → あと(흔적)]

4 저 사람은 무섭다는 <u>역사</u>가 있습니다. [れきし → うわさ(소문)]

해설 れきし는 '역사'를 뜻한다. 그러므로 동사 のこる(남다)에 연결되어 れきしにのこる(역사에 남는다)라고 표현한 1번이 정답이 된다.

れきし 역사 | じこ 사고 | のこる 남다 | しごと 일 | 동사 て형+てみる ~해 보다 | いい 좋다 | テーブル 테이블, 탁자 | うえ 위 | きょう 오늘 | ごはん 밥 | たべる 먹다 | ひと 사람 | こわい 무섭다 | ～という ~라고 한다

33 이유

1 이 책은 재미있지만 <u>이유</u>가 어렵습니다. [りゆう → 内容(내용)]

2 이 시험 문제의 문장의 <u>이유</u>를 모르겠습니다. [いゆう → 意味(의미)]

3 빨리 집을 나와 <u>이유</u>롭게 되고 싶습니다. [りゆう → 自由(자유)]

4 아버지가 화낸 <u>이유</u>는 모르겠습니다.

해설 りゆう는 '이유'라는 뜻의 명사이다. 따라서 아버지가 화낸 이유를 모르겠다고 한 4번이 가장 자연스러운 문장이다.

りゆう 이유 | ほん 책 | おもしろい 재미있다 | むずかしい 어렵다 | テスト 테스트 | もんだい 문제 | ぶん 문장 | わかる 알다, 이해하다 | はやく 일찍, 빨리 | いえ 집 | でる 나오다, 나가다 | 동사 ます형+たい ~(하)고 싶다 | おとうさん 아버지 | おこる 화내다

34 결코

1 저는 <u>결코</u> 학교를 쉬지 않습니다.

2 그는 <u>결코</u> 재미있습니다. [けっして → とても(매우)]

3 어제 늦게 돌아왔기 때문에 <u>결코</u> 피곤합니다. [けっして → とても(매우)]

4 아버지는 <u>결코</u> 일을 끝냅니다. [けっして → 早く(빨리)]

해설 けっして는 '결코'라는 뜻의 부사로 의미상 뒤에는 부정형이 와야 한다. 그러므로 적절하게 쓰인 것은 결코 학교를 쉬지 않는다고 한 1번이다.

けっして 결코 | がっこう 학교 | やすむ 쉬다 | かれ 그, 그 남자 | おもしろい 재미있다 | きのう 어제 | おそい 늦다, 늦어지다 | かえる 돌아오다, 돌아가다 | ～ので ~때문에 | つかれる 지치다, 피곤하다 | おとうさん 아버지 | しごと 일 | おわる 끝나다

35 **잠시**

1 오늘은 <u>잠시</u> 늦어서 집에 돌아가겠습니다. [しばらく → もう(이미, 빨리)]

2 일요일에 <u>잠시</u> 함께 공원에 갑시다. [しばらく → 삭제]

3 저는 <u>잠시</u> 바다에 수영하러 갔습니다. [しばらく → 昨日(어제)]

4 그는 <u>잠시</u> 거기에서 기다리고 있었습니다.

해설 しばらく는 '잠깐, 잠시'라는 뜻이므로 그 사람이 잠깐 거기에서 기다리고 있었다고 한 4번이 가장 자연스럽다.

しばらく 잠깐, 잠시 | きょう 오늘 | おそい 늦다 | ～ので ～때문에 | いえ 집 | かえる 돌아가다, 돌아오다 | にちようび 일요일 | いっしょに 함께 | こうえん 공원 | いく 가다 | うみ 바다 | およぐ 수영하다, 헤엄치다 | かれ 그, 그 남자, 그 사람 | 동사 ます형＋にいく ～하러 가다 | そこ 거기 | まつ 기다리다

문제 1   (   )에 무엇을 넣습니까? 1·2·3·4에서 가장 알맞은 것을 하나 고르세요.

1   A "죄송하지만 문을 열어도 됩니까?"

　　B "아니요, **열지 말아 주세요.**"

　　해설 문을 열어도 되는지 물었고 이에 부정으로 대답하고 있다. 따라서 열지 말아 달라는 표현이 와야 문맥상
　　　　　자연스러우므로 정답은 3번, あけないでください(열지 말아 주세요)이다.

　　ドア 문 | あける 열다 | 동사 ない형+ないでください ～(하)지 말아 주세요 | 동사 て형+てもいい ～(해)도 된다 | 동
　　사 사전형+ことができない ～할 수 없다

　　　정답 ③

2   A "밖은 춥습니까?"

　　B "아니요, 별로 **춥지 않습니다.**"

　　해설 밖이 춥냐고 묻자 아니라고 대답하고 있다. 그러므로 뒤에도 춥지 않다는 뜻의 말이 와야 한다. 따라서
　　　　　정답은 1번, さむくないです(춥지 않습니다)이다.

　　そと 밖 | さむい 춥다 | あまり 그다지, 별로 | ～らしい ～(인) 것 같다 | ～でしょう ～(이)겠지요

　　　정답 ①

3   A "회의는 벌써 끝났습니까?"

　　B "아직 **끝나지 않았습니다.**"

　　해설 회의가 끝났는지를 묻고 있고, 대답에서 앞부분이 まだ(아직)이므로 아직 끝나지 않았다는 대답이 되어
　　　　　야 한다. 끝나지 않은 상태를 나타내야 하므로 ～ていません의 형태가 되어야 하므로 정답은 2번, おわっ
　　　　　ていません(끝나지 않았습니다)이다.

　　かいぎ 회의 | もう 이미, 벌써 | おわる 끝나다 | まだ 아직

　　　정답 ②

4   A "이 짐을 들어주시겠습니까?"

　　B "네, **들어 주겠습니다.**"

　　해설 자신의 짐을 들어 줄 수 있는지 상대에게 묻고 있다. 긍정으로 대답했으므로 뒤에는 자신이 들어 주겠다
　　　　　는 말이 와야 한다. 따라서 자신이 상대에게 어떤 행동을 해 주겠다고 할 때 사용하는 ～てあげる를 이
　　　　　용해 もってあげます(들어 주겠습니다)라고 한 1번이 정답이다.

　　にもつ 짐 | もつ 들다, 가지다 | 동사 て형+てもらう ～해 받다 | 동사 て형+てあげる ～해 주다 | 동사 て형+てくれ
　　る (남이 나에게) ～해 주다

　　　정답 ①

5   A "학교에 제 가방은 있었습니까?"

　　B "아마 아까 **있었던 것 같아요.**"

　　해설 학교에 자신의 가방이 있었는지 묻고 있다. たしか(아마)라는 추측, さっき(아까)라는 과거를 나타내는
　　　　　표현이 왔으므로 뒤에는 이것과 호응할 수 있는 것이 와야 한다. 따라서 정답은 4번, あったようです(있
　　　　　었던 것 같습니다)이다.

　　がっこう 학교 | かばん 가방 | ある 있다 | たしか 아마 | さっき 아까, 조금 전 | いる (사람/동물이) 있다 | ～ようだ
　　～(인) 것 같다

　　　정답 ④

6 A "개는 커졌습니까?"

B "네, 커**졌습니다**."

(해설) 개가 커졌는지 묻고 있다. 긍정으로 대답했으므로 빈칸에도 커졌다는 말이 와야 할 것이다. 따라서 정답은 2번, なりました이다.

いぬ 개 | おおきい 크다 | い형용사 어간+くなる ～해지다[변화]

정답 ②

7 A "일본은 처음입니까?"

B "아니요, 한 번 **온 적이 있습니다**."

(해설) 일본에 처음 왔냐는 물음에, 아니라고 답하고 있다. 따라서 한 번(いちど) 온 적이 있다고 하는 것이 가장 자연스러우므로 정답은 4번이다.

にほん 일본 | はじめて 처음 | いちど 한 번 | くる 오다 | いく 가다 | ～でしょう ～(이)겠지요 | 동사 과거형+たことがある ～한 적이 있다[경험]

정답 ④

8 A "이것은 그의 지갑입니까?"

B "그의 지갑**인지** 모르겠습니다."

(해설) 이것이 그 남자의 지갑인지 묻고 있다. 대답의 마지막에 わかりません(모릅니다)이라고 했으므로 그의 지갑인지 모른다는 말이 되어야 할 것이다. 따라서 빈칸에는 불확실성을 나타내는 ～か(～인지)를 넣어야 한다.

これ 이것 | かれ 그, 그 남자, 그 사람 | さいふ 지갑 | わかる 알다

정답 ①

9 A "영어를 가르쳐 줄까요?"

B "네, **가르쳐 주세요**."

(해설) 영어를 가르쳐 줄지를 상대에게 묻고 있다. 긍정으로 대답했으므로 자신에게 영어를 가르쳐 달라는 말이 뒤에 와야 한다. 그러므로 정답은 2번, おしえてください(가르쳐 주세요)이다.

えいご 영어 | おしえる 가르치다 | 동사 て형+てください ～해 주세요 | 동사 て형+てくれる ～해 주다 | 동사 て형+てもらう ～해 받다 | 동사 て형+てあげる (내가 남에게) ～해 주다 | 동사 ます형+ましょうか ～할까요?

정답 ②

10 A "오늘은 비가 내릴 것 같습니까?"

B "아니요, **내리지 않을 것 같습니다**."

(해설) 오늘 내가 내릴 것 같은지 묻고 있다. 아니라고 했으므로 뒤에도 내리지 않을 것 같다는 말이 이어져야 한다. 따라서 내리지 않는다는 의미의 ふらない(내리지 않다)에 주관적 추측을 나타내는 ～ようです를 연결한 1번, ふらないようです(내리지 않을 것 같습니다)가 정답이다.

きょう 오늘 | あめ 비 | ふる 내리다 | 동사 ます형+そうだ ～(할) 것 같다

정답 ①

11 A "어제 누군가가 왔습니까?"

B "선생님이 **왔습니다**."

(해설) 어제 누군가가 왔는지 묻고 있다. 대답이 せんせいが(선생님이)로 시작하고 있으므로 선생님이 왔다고 해야 할 것이다. 따라서 정답은 1번, きました(왔습니다)이다.

きのう 어제 | だれか 누군가 | くる 오다 | せんせい 선생님

정답 ①

12 A "다음 시험은 언제입니까?"

B "날짜가 정해지면 연락하겠습니다."

해설 다음 시험은 언제인지 물었고 대답의 뒷부분에서 연락하겠다고 했으므로 날짜가 정해지면 연락하겠다고 해야 할 것이다. 따라서 정답은 3번, きまったら(정해지면)이다.

こんど 다음 | テスト 테스트, 시험 | いつ 언제 | ひにち 날짜, 날수 | きまる 정해지다 | れんらく 연락 | 동사 과거형＋たら ～(하)면 | 동사 て형＋ても ～(해)도 | ～のに ～인데도

정답 ③

13 A "어느 것을 사겠습니까?"

B "이 사과를 사고 싶습니다."

해설 어느 것을 사겠는지 물었으므로 이 사과를 사겠다는 식의 대답이 와야 한다. ＜동사 ます형＋たい＞는 '～(하)고 싶다'는 뜻이므로 1번, かいたい(사고 싶다)가 정답이다.

どれ 어느 것 | かう 사다 | りんご 사과 | 동사 ます형＋たい ～(하)고 싶다 | 동사 ます형＋たくない ～(하)고 싶지 않다 | 동사 과거형＋たことがある ～(한) 적이 있다 | 동사 て형＋てもいい ～(해)도 된다 |

정답 ①

14 A "일찍 회사에 올 수 있을 것 같습니까?"

B "길이 혼잡하기 때문에 늦어질 것 같습니다."

해설 일찍 회사에 올 수 있냐는 물음에 길이 혼잡하다는 대답은 늦어지는 이유인 것이다. 따라서 빈 칸에는 이유를 나타내는 표현이 와야 한다. 정답은 4번, ので(～이기 때문에)이다.

はやく 일찍, 빨리 | かいしゃ 회사 | 동사 ます형＋そうだ ～할 것 같다 | みち 길 | こむ 붐비다, 혼잡하다 | ～ので ～때문에 | おそい 늦다 | い형용사 어간＋くなる ～해지다

정답 ④

15 A "또 텔레비전을 산 겁니까?"

B "네, 고장 났기 때문에 또 샀습니다."

해설 또 텔레비전을 샀는지 묻고 있으므로 고장이 나서 또 샀다고 해야 할 것이다. 따라서 2번, こわれたので (고장 났기 때문에)가 정답이 된다.

また 또 | かう 사다 | こわれる 고장 나다, 부서지다

정답 ②

문제 2　____★____ 에 들어갈 것은 어느 것입니까? 1 · 2 · 3 · 4에서 가장 알맞은 것을 하나 고르세요.

16 이것은 재미있는 영화이니까 봐 보고 싶습니다.

해설 이유를 나타내는 だから 바로 앞에 올 수 있는 것은 명사 えいが이다. 또 형용사 おもしろい가 맨 앞에 와서 おもしろい/えいが/だから (재미있는/영화/이니까)의 순이 된다. 마지막 칸에 みて(봐)가 들어가 봐 보고 싶다고 해야 하므로 정답은 4번이다.

これ 이것 | おもしろい 재미있다 | えいが 영화 | ～てみる ～해 보다

정답 ④ (3142)

17 오늘은 우산을 들고 학교에 갔습니다.

해설 마지막 칸에는 장소를 나타내는 말이 와야 하므로 がっこう(학교)가 들어간다. 을 앞에 올 수 있는 단어

는 かさ밖에 없으므로 もって는 자연스럽게 を뒤로 온다. 즉 かさ/を/もって/がっこう(우산/을/가지고/학교)의 순서가 되므로 정답은 1번이다.

今日(きょう) 오늘 | かさ 우산 | もつ 들다, 가지다 | がっこう 학교 | 行(い)く 가다

정답 ① (4213)

18 다나카 씨는 영어도 **일본어도 잘 말할** 수 있습니다.

(해설) ことができる 앞에는 동사 사전형이 와야 하므로 마지막 칸에 들어갈 말은 はなす다. はなす 앞에는 동사를 꾸며주는 말인 うまく(잘)가 들어오고 英語(영어) 뒤에는 조사가 와야 하므로 も가 온다. 즉 も/日本語も/うまく/はなす(도/일본어도/잘/말함)의 순서이므로 정답은 4번이다.

英語(えいご) 영어 | 日本語(にほんご) 일본어 | うまく 잘 | はなす 이야기하다 | 동사 사전형+ことができる ～할 수 있다

정답 ④ (3241)

19 그는 집에 **책을 두고 나서 놀러** 갔습니다.

(해설) 〈동사 て형+てから〉는 '～하고 나서'라는 뜻으로 앞의 동작을 하고 나서 뒤의 일을 했다는 말이다. 따라서 おいて/から(두고 나서)의 순이 되고 이 앞에 本を(책을)가 와서 '책을 두고 나서'라는 뜻이 된다. 또 놀러 간다는 말이 되어야 하므로 마지막 칸은 あそびに(놀러)를 넣어야 한다. 정답은 2번이다.

かれ 그, 그 남자 | いえ 집 | 本(ほん) 책 | おく 두다, 놓다 | 동사 て형+てから ～하고 나서 | あそぶ 놀다 | 동사 ます형+に いく ～(하)러 가다

정답 ② (1324)

20 오늘은 머리도 **아프고 열도 있기 때문에** 돌아가고 싶습니다.

(해설) あたまも(머리도)에 이어져야 하므로 첫 칸에는 いたいし(아프고)가 들어간다. ので 앞에는 동사가 와야 하므로 ある가 오고 자연스럽게 ねつも는 ある의 앞에 자리잡는다. 따라서 いたいし/ねつも/ある/ので(아프고/열도/있기/때문에)의 순서이므로 정답은 4번이다.

きょう 오늘 | あたま 머리 | いたい 아프다 | ～し ～하고 | ねつ 열 | ある 있다 | かえる 돌아가다, 돌아오다 | 동사 ます형+たい ～(하)고 싶다

정답 ④ (2143)

문제 3　**21** 부터 **25** 에 무엇을 넣습니까? 글의 의미를 생각해서 1・2・3・4에서 가장 알맞은 것을 하나 고르세요.

다음 글은 유리 씨가 쓴 편지입니다.

　저는 지금 학교에서 조금 먼 맨션에 살고 있습니다. 전철을 타고 한 시간 정도 걸립니다. 조금 멀기 때문에 아침 일찍 **21** 일어나야 합니다. 그래서 매일 아침 6시 **22** 에는 일어나고 있습니다. 전철 역까지는 걸어서 3분 정도입니다. 우리 집은 학교까지는 멉니다 **23** 만, 역까지 가깝기 때문에 매우 편리합니다. 친구인 김 씨가 근처에 살고 있어서 매일 같은 전철을 타고 학교에 갑니다. 김 씨는 내년에 일본 대학에 가기 위해서 공부를 **24** 하고 있다고 합니다. 한 시간 **25** 동안 김 씨와 이야기하는 것은 매우 즐겁습니다.

유리

21　1　일어납시다　　　　　　**2　일어나야 합니다**

　　3　일어나지 않습니다　　　4　일어나는 듯합니다

(해설) 학교에서 조금 먼 아파트에 살고 있다고 했으므로 아침에 일찍 일어나야 할 것이다. 동사 おきる에 ～な

280

くてはいけません(~하지 않으면 안됩니다/~해야 합니다)을 연결하여 おきなくてはいけません(일어나지 않으면 안됩니다), 즉 일어나야 한다고 한 2번이 정답이다.

22　1 에는　　　　　　　　　　2 에도

　　　3 밖에　　　　　　　　　　4 뿐

　해설 일찍 일어나야 하기 때문에 매일 아침 6시에는 일어나고 있다고 해야 할 것이다. 따라서 시각을 나타내는 명사 6時(6시)에 には(~에는) 를 연결해 '6시에는'이 되어야 한다.

23　1 때문에　　　　　　　　　2 라면

　　　3 하지만　　　　　　　　　4 은

　해설 우리 집은 학교까지는 멀다는 말이 앞에 왔고 역까지 가까워서 아주 편리하다는 말이 뒤에 왔다. 따라서 학교까지는 멀지만 역까지는 가까워서 아주 편리하다고 해야 할 것이다. 즉 빈칸에는 역접을 나타내는 3번의 が(~하지만)를 넣어야 한다.

24　1 해 버립니다　　　　　　　2 하고 있다고 합니다

　　　3 하고 싶어합니다　　　　　4 해 줍니다

　해설 김 씨는 내년에 일본 대학에 가기 위해 공부하고 있다고 해야 하므로 2번, しているそうです(하고 있다고 합니다)가 정답이다.

25　1 때　　　　　　　　　　　2 중

　　　3 동안　　　　　　　　　　4 가운데

　해설 1시간 동안 김 씨와 이야기하는 것은 매우 즐겁다는 말이다. 그러므로 빈 칸에는 '~동안'의 의미를 갖는 단어가 들어가야 하므로 정답은 3번, あいだ(~동안)이다.

つぎ 다음 | 文章 문장, 글 | かく 쓰다 | てがみ 편지 | いま 지금 | 学校 학교 | ちょっと 조금 | とおい 멀다 | アパート 아파트, 맨션 | すむ 살다, 거주하다 | 電車 전철 | ~にのる ~(탈것)을 타다 | ~くらい ~쯤, 정도 | かかる (시간이) 걸리다 | あさ 아침 | はやく 일찍 | だから 따라서, 그러므로 | まいにち 매일 | おきる 일어나다 | 駅 역 | あるく 걷다 | 近い 가깝다 | べんりだ 편리하다 | ともだち 친구 | 来年 내년 | 日本 일본 | ~ために ~위해서 | 勉強 공부 | 一時間 한 시간 | はなす 이야기하다 | とても 매우, 아주 | たのしい 즐겁다

문제 4　(1)부터 (4)의 글을 읽고 질문에 답하세요. 답은 1·2·3·4에서 가장 알맞은 것을 하나 고르세요.

(1) 다음은 하숙 규칙입니다.

아침밥과 저녁밥은 1층 방에서 먹으세요.

아침밥은 아침 6시 30분부터 8시까지 먹으세요.

저녁밥은 저녁 7시부터 8시 30분까지 먹으세요.

먹은 후의 그릇은 부엌에서 스스로 씻으세요.

쓰레기는 쓰레기통에 버리세요.

26 아침밥은 다음 중 몇 시에 먹을 수 있습니까?

1 6시

2 **7시**

3 8시 30분

4 9시

> **해설** 아침밥은 아침 6시 30분부터 8시까지 먹으라(朝ごはんは朝6時30分から8時までに食べてください)고 했으므로 먹을 수 있는 시간은 2번 7시이다.

つぎ 다음 | げしゅく 하숙 | きそく 규칙 | 朝ごはん 아침밥 | ばんごはん 저녁밥 | ～かい ～층 | 部屋 방 | ～までに ～까지(기한) | 食べる 먹다 | 夕方 저녁때 | 동사 과거형 ㅍ+たあと ～한 후 | さら 그릇, 접시 | 台所 부엌 | 自分で 스스로 | 洗う 씻다 | ごみ 쓰레기 | ゴミ箱 쓰레기통 | 捨てる 버리다

(2) 회장 입구에 이런 안내문이 있습니다.

회장 내는 몹시 혼잡한 경우가 있으므로 귀중품 등의 관리는 스스로 잘 해 주시길 부탁드립니다.
공연 중 복장, 액세서리 등 몸에 걸치는 것은 주변 사람의 안전을 배려해 주시기를 부탁드립니다.
뾰족한 액세서리 류, 하이힐 등을 몸에 걸칠 경우, 주위 사람이 다치거나 불쾌하게 느낄 만한 것은 피해 주시기를 부탁드립니다.
공연 중에 몸이 안 좋아진 사람이나 다친 사람이 주위에 있는 경우 바로 가까운 스탭에게 말해 주세요.
회장에서의 자리를 맡아두는 행위는 다른 손님에게 폐를 끼치게 되므로 삼가해 주시기를 부탁드립니다.

27 이 안내문을 보고 회장 내의 주의점에 대해 알 수 있는 것은 무엇입니까?

1 지갑 등은 사물함에 맡겨 주세요.

2 액세서리는 절대 해서는 안됩니다.

3 **몸이 좋지 않은 사람은 즉시 스탭에게 알려 주세요.**

4 하이힐은 신어서는 안 됩니다.

> **해설** 몸이 안 좋아진 사람이나 다친 사람이 주위에 있는 경우 바로 근처의 스탭에게 말해 주세요(気分が悪くなった人や怪我をした人が周りにいた場合、速やかにお近くのスタッフまでお申し付けください)라는 문장이 있다. 여기의 몸 상태가 나빠진 사람(気分が悪くなった人)을 体調の悪い人라는 표현으로 바꾼 3번이 정답이다.

会場 회장 | 入り口 입구 | お知らせ 안내, 통지 | たいへん 몹시 | 混雑だ 혼잡하다 | 場合 경우 | 貴重品 귀중품 | 管理 관리 | 各自 각자 | しっかりと 똑똑히, 확실히 | 行う 행하다 | 公演 공연 | ～際 ～때 | 服装 복장 | アクセサリー 액세서리 | 身につける 몸에 걸치다 | 周り 주위, 주변 | 安全 안전 | 配慮 배려 | とがる 뾰족해지다, 날카로워지다 | ハイヒール 하이힐 | 場合 경우 | 怪我をする 다치다 | 不快 불쾌 | 感じる 느끼다 | 避ける 피하다 | 気分が悪い 기분이 나쁘다, 몸이 좋지 않다 | 速やかに 신속하게, 바로 | 申し付ける 분부하다, 명령하다, 알려주다 | 場所取り 자리 맡기 | 行為 행위 | お客様 손님 | 迷惑 폐 | 遠慮 조심함, 삼감, 사양함 | 注意 주의 | 財布 지갑 | ロッカー 로커, 사물함, 보관함 | 預ける 맡기다 | 一切 일절, 절대 | 知らせる 알리다 | 履く (신발을) 신다

(3) 이것은 유미 씨가 마리 씨에게 보내온 메일입니다.

마리 씨

내일 아르바이트 말인데요. 오후부터 급한 볼일이 있습니다.
그래서 죄송하지만 시간을 오전 10시로 바꿀 수 없을까요?
마리 씨의 상황이 괜찮다면 부탁 드립니다.
이 메일을 읽으면 답변 주세요.

유미

28 마리 씨는 유미 씨에게 무엇을 알려야 합니까?

1 아르바이트를 다른 날로 바꿀 수 있는지 여부
2 마리 씨의 오늘 오후 예정
3 마리 씨의 내일 모레 예정
4 아르바이트를 내일 오후로 바꿀 수 있는지 여부

해설 유미 씨가 원래 하기로 했던 내일 오후의 아르바이트를 오전으로 바꾸고 싶다는 내용이다. 그러므로 마리 씨는 아르바이트를 오후로 바꿀 수 있는지를 유미 씨에게 알려야 한다. 따라서 4번이 정답이다.

明日 내일 | アルバイト 아르바이트 | 午後 오후 | 急だ 급하다 | 用事 용무 | 時間 시간 | 変える 바꾸다 | 都合 형편 | 読む 읽다 | 返事 답장

(4) 오카다 씨는 아침 10시에 직장인 호텔로 출근합니다. 회사에 도착하면 미팅을 하고 손님의 예약 상황을 확인합니다. 또한 예약 없이 오는 손님에게도 대응 가능하게끔 빈방 확인도 빠트리지 않습니다. 그 이외에도 프런트를 치우거나 아르바이트생의 복장도 정리합니다.

29 오카다 씨의 일이 아닌 것은 어느 것입니까?

1 빈방이 없도록 확인합니다.
2 프런트 청소를 합니다.
3 손님 예약 확인을 합니다.
4 동료들과 회의를 합니다.

해설 빈방 확인도 빼놓지 않습니다(空室確認も欠かせません)라고 했지만 빈방이 없도록 확인을 한다고는 하지 않았으므로 1번이 답이 된다.

朝 아침 | 勤め先 근무처, 직장 | ホテル 호텔 | 出勤 출근 | 会社 회사 | 着く 도착하다 | ミーティング 미팅 | お客様 손님 | 予約確認 예약 확인 | また 또 | 予約なし 예약 없이 | 対応 대응 | 空室確認 빈방 확인 | 欠かす 거르다, 빠트리다 | フロント 프런트 | 片づけ 정리 | アルバイト 아르바이트 | 服装 복장 | 整える 가다듬다, 정리하다 | 掃除 청소 | 同僚 동료 | 会議 회의

일본에는 봄이 되면 벚꽃을 보러 가는 사람이 많습니다. 벚꽃을 보러 가는 것을 벚꽃놀이라고 합니다. 벚꽃은 공원과 집 정원과 학교 등, 여러 곳에 심어져 있기 때문에 봄이 되어 느긋하게 산책하면 아름다운 경치를 볼 수 있습니다. 봄은 여러 가지 꽃이 많이 피고 경치가 아름답기 때문에 봄을 좋아한다고 생각하는 일본인은 많이 있습니다. 일본에서는 회사와 학교는 4월부터 시작되어 3월에 끝나기 때문에 새로운 생활을 시작할 때에 마침 벚꽃이 피어 있습니다. 봄은 친구와 선생님과 헤어지는 계절이기도 하고 새롭게 사람과 만날 수 있는 계절이기도 합니다. 그래서 벚꽃이 피면 헤어진 친구와 선생님이 생각 나서 슬픈 기분이 되기도 하고 새롭게 사람과 만나 즐거운 기분이 되기도 하는 사람도 있습니다.

30 벚꽃놀이란 무엇입니까?

1 벚꽃을 보러 가는 것
2 꽃을 심는 것
3 여러 가지 꽃이 피는 것
4 벚꽃이 피는 것

해설 두 번째 문장에서 벚꽃을 보러 하는 것을 벚꽃놀이라고 한다(さくらを見に行くことを花見といいます)고 했으므로 정답은 1번이다.

31 일본에서 학교와 회사는 언제 시작됩니까?

1 3월
2 4월
3 5월
4 6월

해설 일본에서는 회사와 학교는 4월부터 시작된(日本では会社や学校は4月からはじまって)다고 했으므로 정답은 2번 4월이다.

32 봄을 좋아한다고 생각하는 사람이 많은 것은 왜입니까?

1 느긋하게 산책을 할 수 있으니까
2 회사와 학교가 시작되니까
3 친구와 선생님과 헤어지니까
4 경치가 아름다우니까

해설 봄은 여러 가지 꽃이 많이 피고 경치가 아름답기 때문에 봄을 좋아한다고 생각하는 일본인은 많이 있다(春はいろいろな花がたくさん咲いて、けしきがうつくしいので、春が好きだと思う日本人はたくさんいます)고 했으므로 정답은 4번, 경치가 아름답기 때문이다.

33 벚꽃이 피면 슬퍼지기도 하고 즐거워지기도 하는 것은 왜입니까?

1 꽃구경을 할 수 있으니까
2 산책하며 아름다운 경치를 볼 수 있으니까
3 친구와 선생님과 헤어지기도 하고 만나기도 하는 때에 벚꽃이 피니까
4 벚꽃이 여러 곳에서 아주 예쁘게 피어 있으니까

해설 봄은 친구와 선생님과 헤어지는 계절이기도 하고 새롭게 사람과 만날 수 있는 계절이기도 하여, 벚꽃이
피면 헤어진 친구와 선생님을 생각해 내고(別れたともだちや先生のことを思い出して) 슬픈 기분이
되기도 하고 새롭게 사람과 만나 즐거운 기분이 되기도 하는 사람도 있다고 한다. 따라서 정답은 3번이 된다.

日本 일본 | 春 봄 | なる 되다 | さくら 벚꽃 | 見る 보다 | 동사 ます형+に行く ~하러 가다 | 多い 많다 | 花見 꽃구경, 벚꽃
놀이 | ~という ~라고 하다 | 公園 공원 | 家 집 | 庭 정원 | 学校 학교 | など 등 | いろいろだ 여러 가지다 | うえる 심다 |
ゆっくり 천천히, 느긋하게 | さんぽ 산책 | うつくしい 아름답다 | けしき 경치 | 咲く (꽃이) 피다 | 好きだ 좋아하다 | ~と
思う ~라고 생각하다 | 日本人 일본인 | たくさん 많이 | 会社 회사 | 4月 4월 | ~から ~부터 | 始まる 시작되다 | 3月 3월 |
終わる 끝나다 | 新しい 새롭다 | 生活 생활 | 始める 시작하다 | ちょうど 마침, 딱 | ともだち 친구 | 先生 선생님 | 思い出
す 떠올리다, 생각해 내다 | 別れる 헤어지다 | 季節 계절 | 会う 만나다 | だから 그래서, 따라서 | かなしい 슬프다 | 気持ち
기분 | 楽しい 즐겁다

문제 6 다음 페이지의 '책을 보내는 돈'의 표를 보고 질문에 답하세요. 답은 1, 2, 3, 4 에서 가장 알맞은 것을
하나 고르세요.

책을 보내는 돈

책 수	보내는 돈	그 외
1권	500엔	
2권 이상	300엔	
5권 이상	무료	책 값이 200엔 싸진다

34 500엔 짜리 만화책을 두 권 사고 싶습니다. 얼마입니까?

1 800엔
2 1,000엔
3 1,300엔
4 1,500엔

해설 500엔인 만화책 두 권의 가격은 1,000엔이고, 표에서 보면 2권 이상이면 보내는 돈이 300엔이다. 따라서
1000엔＋300엔=1,300엔이므로 정답은 3번이다.

35 300엔 짜리 만화책을 일곱 권 사고 싶습니다. 얼마입니까?

1   1,900엔

2   2,100엔

3   2,400엔

4   2,600엔

해설 300엔인 만화책 일곱 권이면 책 가격은 원래 2,100엔인데, 보내는 돈은 무료이고 책 값이 200엔 더 싸진다고 했으므로 2,100엔-200엔=1,900엔이다. 따라서 정답은 1번이다.

本 책 | 送る 보내다 | お金 돈 | 表 표 | 見る 보다 | ～円 ～엔 | まんが 만화 | ～さつ ～권 | かう 사다 | いくら 얼마 | なる 되다 | かず 수 | 以上 이상 | ただ 무료, 공짜 | 安い (값이) 싸다

もんだい1

もんだい1では、まずしつもんを聞いてください。それから話を聞いて、もんだいようしの1から4の中から、いちばんいいものを一つえらんでください。

では、練習しましょう。

れい

男の人が女の人に電話をしています。男の人は、何を買って帰りますか。

M：今仕事が終わったけど、何か足りないものある？

F：ありがとう。えっと、にんじんと…。

M：紙に書くから待って。にんじんは1本？

F：うーん、2本お願い。それから、りんご。

M：りんごってこの前買わなかった？

F：ケーキ作るときに全部使っちゃった。

M：そうか。分かった。30分ぐらいで家に着くよ。

男の人は、何を買って帰りますか。

1　にんじん1本だけ
2　にんじん1本とりんご
3　にんじん2本だけ
4　**にんじん2本とりんご**

いちばんいいものは4ばんです。かいとうようしのもんだい1のれいのところを見てください。いちばんいいものは4ばんですから、答えはこのように書きます。

では、始めます。

1ばん

男の人と女の人が話しています。男の人は、何で旅行へ行きますか。

M：来週博多まで遊びに行こうと思うんだけど、どうやって行こうかな。

F：車なら出発時間も気にせず行けて楽じゃない？

M：なるほど。新幹線か高速バスはどうかな。

F：両方時間がかかるよ。なるべく早く行きたいでしょ？

문제 1

문제 1에서는 우선 질문을 들으세요. 그러고 나서 이야기를 듣고 문제 용지의 1부터 4 중에서 가장 알맞은 것을 하나 고르세요.

그럼 연습하겠습니다.

예

남자가 여자에게 전화를 하고 있습니다. 남자는 무엇을 사서 돌아갑니까?

남 : 지금 일이 끝났는데 뭔가 부족한 것 있어?

여 : 고마워. 음, 당근이랑…….

남 : 종이에 쓸 테니까 기다려. 당근은 1개?

여 : 음, 2개 부탁해. 그리고 사과.

남 : 사과라면 얼마 전에 사지 않았어?

여 : 케이크 만들 때에 전부 써 버렸어.

남 : 그렇구나. 알겠어. 30분 정도면 집에 도착해.

남자는 무엇을 사서 돌아갑니까?

1　당근 1개만
2　당근 1개와 사과
3　당근 2개만
4　**당근 2개와 사과**

가장 알맞은 것은 4번입니다. 해답 용지의 문제 1의 예 부분을 보세요. 가장 알맞은 것은 4번이므로 답은 이렇게 씁니다.

그럼 시작하겠습니다.

1번

남자와 여자가 이야기하고 있습니다. 남자는 무엇을 타고 여행을 갑니까?

남 : 다음 주에 하카타까지 놀러 가려고 하는데, 어떻게 갈까?

여 : 차라면 출발 시간도 신경 쓰지 않고 갈 수 있어서 편하지 않아?

남 : 그렇군. 신칸센이나 고속버스는 어떨까?

여 : 양쪽 다 시간이 걸려. 되도록 빨리 가고 싶지?

M：うん。

F：なら飛行機で行きなよ。今、新幹線と値段があまり変わらないから。

M：ありがとう。そうするよ。

男の人は、何で旅行へ行きますか。

何で 무엇으로, 무엇을 타고 | 旅行 여행 | 来週 다음 주 | 博多 하카타[지명] | 遊ぶ 놀다 | 동사 ます형+に行く ～(하)러 가다 | 思う 생각하다 | どうやって 어떻게 해서 | ～なら ～라면 | 出発 출발 | 時間 시간 | 気にする 신경 쓰다, 걱정하다 | 楽だ 편하다 | なるほど 과연, 정말 | 新幹線 신칸센 | 高速バス 고속버스 | 両方 양쪽 | 時間 시간 | かかる (시간이) 걸리다 | なるべく 가능한 한, 되도록 | 早く 빨리 | なら 그렇다면, 그러면 | 飛行機 비행기 | 値段 가격 | あまり 그다지, 별로 | 変わる 다르다, 바뀌다

2ばん

男の学生と女の学生が話しています。男の学生は、何を買いますか。

M：最近、夜眠れないんだよね。

F：何かリラックスできるもの買ったら？

M：何がいいかな。

F：CDとか本とかはどう？

M：うーん、本かぁ。

F：最近流行りのアロマキャンドルはどう？
　香水とか好きでしょ？

M：それいいかも。早速買いに行ってくるよ。

男の学生は、何を買いますか。

買う 사다 | 最近 최근, 요즘 | 夜 밤 | 眠る 잠들다 | 何か 무언가 | リラックス 긴장을 풂, 편안히 쉼 | できる 가능하다 | いい 좋다 | 本 책 | 流行り 유행 | アロマキャンドル 향초 | 香水 향수 | ～とか ～라든가 | 好きだ 좋아하다 | 早速 즉시, 당장 | ～てくる ～해 오다

3ばん

男の人と女の人が話しています。女の人は、コーヒーを何杯買いますか。

M：映画館に入る前に、コーヒー買って行こうよ。

F：うん、いいね。みんな飲むでしょ？

M：うん。俺ら含めたら全部で5杯かな。

남：응.

여：그러면 비행기로 가. 지금 신칸센과 가격이 별로 다르지 않으니까.

남：고마워. 그렇게 할게.

남자는 무엇을 타고 여행을 갑니까?

여자는 남자에게 비행기로 가라고 권하며 신칸센과 가격이 별로 다르지 않다고 한다. 이에 남자도 그렇게 하겠다고 했으므로 정답은 4번 비행기이다.

2번

남학생과 여학생이 이야기하고 있습니다. 남학생은 무엇을 삽니까?

남：요즘 밤에 잠을 못 자.

여：뭔가 긴장을 풀 수 있는 것 사면 어때?

남：뭐가 좋을까?

여：CD나 책은 어때?

남：음, 책인가.

여：요즘 유행하는 향초 같은 건 어때?
　향수 같은 것 좋아하지?

남：그것 괜찮을지도. 당장 사러 갔다 올게.

남학생은 무엇을 삽니까?

남학생이 잠을 못 잔다고 하자 여학생이 요즘 유행하는 향초 같은 것은 어떤지 권하고 있다. 이에 남학생도 좋을지 모른다며 사러 갔다 온다고 했으므로 정답은 3번 향초이다.

3번

남자와 여자가 이야기하고 있습니다. 여자는 커피를 몇 잔 삽니까?

남：영화관에 들어가기 전에 커피 사서 가자.

여：응, 좋아. 모두 마시지?

남：응. 우리 포함하면 전부 5잔인가.

F : みんなコーヒーでいいんだよね？

M : あ、2人は紅茶にするって。

F : わかった。今から買ってくるね。

M : うん。よろしく。

女の人は、コーヒーを何杯買いますか。

1　6杯
2　5杯
3　4杯
4　3杯

단어

コーヒー 커피 | 何杯 몇 잔 | 買う 사다 | 映画館 영화관 | 入る 들어가다 | 前 전 | みんな 모두 | 飲む 마시다 | 俺ら 우리 | 含める 포함하다 | 全部で 전부, 총 | みんな 모두 | 2人 두 명 | 紅茶 홍차 | 〜にする 〜로 하다 | 今から 지금부터

4ばん

女の人と男の人が靴について話しています。女の人は、どの靴を買いますか。

F : お気に入りだった靴が、この前壊れちゃったんだよね。

M : じゃあ、新しい靴を買うの？

F : うん。少し靴を見てもいいかな？

M : この靴歩きやすそうでいいんじゃない。
　　ヒールもないし。それかこのスニーカー最近流行りらしいよ。

F : できれば、ヒールがあるといいな。
　　あんまりヒールが高すぎても困るけど。

M : そうか。ならこれは？
　　ヒールもそんなに高くないし。

F : ほんとだ。これにする。

女の人は、どの靴を買いますか。

단어

靴 신발, 구두 | どの 어느 | 買う 사다 | お気に入り 마음에 듦 | この前 얼마 전 | 壊れる 망가지다, 고장 나다 | 新しい 새롭다 | 少し 조금 | 歩く 걷다 | 동사 ます형+やすい 〜(하)기 쉽다 | ヒール 굽, 구두 뒤축 | スニーカー 스니커즈, 운동화 | 流行り 유행 | できれば 가능하면 | あんまり 너무, 지나치게 | い형용사 어간+すぎる 너무 〜하다 | 困る 곤란하다 | そんなに 그렇게, 그다지 | 高い 높다 | 〜にする 〜(으)로 하다

여 : 모두 커피로 좋은 거지?

남 : 아, 두 사람은 홍차로 한대.

여 : 알겠어. 인제 사 올게.

남 : 응. 부탁해.

여자는 커피를 몇 잔 삽니까?

1　6잔
2　5잔
3　4잔
4　3잔

해설

모두 커피를 마신다면 이 두 사람을 포함해 총 5잔인데 이 중 두명은 홍차로 하겠다고 했으므로 커피는 3잔을 사면 되는 것이다. 따라서 정답은 4번이다.

4번

여자와 남자가 신발에 대해서 이야기하고 있습니다. 여자는 어느 신발을 삽니까?

여 : 마음에 든 신발이 얼마 전에 망가져버렸어.

남 : 그럼 새로운 신발을 살 거야?

여 : 응. 신발을 좀 봐도 될까?

남 : 이 신발 걷기 편할 것 같고 좋지 않아?
　　굽도 없고. 그거나 이 스니커즈 최근에 유행하는 것 같아.

여 : 가능하면 굽이 있으면 좋은데.
　　굽이 너무 높아도 곤란하지만.

남 : 그런가. 그러면 이것은?
　　굽도 그다지 높지 않고.

여 : 정말이다. 이것으로 할게.

여자는 어느 신발을 삽니까?

해설

남자는 굽이 없는 편한 신발과 스니커즈를 권했지만 여자는 가능하면 굽이 있는 것을 원하고 있다. 따라서 정답은 2번이다.

5 ばん

男の人と女の人が話しています。男の人は、何を持っていきますか。

M：明日、会社説明会に参加するんだ。
F：第一希望なの？
M：第一ではないけど、少し興味があってね。
F：いい話が聞けるといいね。
M：ペンと資料とノートと、あと何か必要なものはあるかな。
F：手帳も必要だよ。
M：わかった。ありがとう。

男の人は、何を持っていきますか。

단어

明日 내일 ｜ 会社説明会 회사 설명회 ｜ 参加 참가 ｜ 第一希望 제1희망 ｜ 少し 조금 ｜ 興味 흥미 ｜ 話 이야기 ｜ 聞く 듣다 ｜ ぺん 펜 ｜ 資料 자료 ｜ ノート 노트 ｜ 何か 무언가 ｜ 必要だ 필요하다 ｜ 手帳 수첩 ｜ わかる 알다, 이해하다

6 ばん

会社で男の人と女の人が話しています。女の人はこれから、何をしますか？

M：お疲れ。今ちょっといいかな。
F：お疲れ様です。はい、大丈夫です。
M：明日の会議の資料は準備できたかな。
F：はい。あとはコピーするだけです。
M：そうか。じゃあ、今から明日の予定を営業に電話してもらってもいいかな。
F：はい。電話の後にお茶でもいれましょうか。
M：うん。ありがとう。

女の人はこれから、何をしますか。

단어

会社 회사 ｜ これから 이제부터 ｜ 今 지금 ｜ ちょっと 잠깐, 조금 ｜ 大丈夫だ 괜찮다 ｜ 会議 회의 ｜ 資料 자료 ｜ 準備 준비 ｜ コピー 복사 ｜ 予定 예정 ｜ 営業 영업 ｜ 電話 전화 ｜ ～てもらう ～해 받다 ｜ お茶をいれる 차를 끓이다

5 번

남자와 여자가 이야기하고 있습니다. 남자는 무엇을 들고 갑니까?

남 : 내일 회사 설명회에 참가할거야.
여 : 제1희망인 거야?
남 : 제1은 아니지만 조금 흥미가 있어서.
여 : 좋은 이야기를 들을 수 있으면 좋겠어.
남 : 펜과 자료와 노트, 또 뭔가 필요한 게 있나?
여 : 수첩도 필요해.
남 : 알겠어. 고마워.

남자는 무엇을 들고 갑니까?

해설

남자는 펜과 자료, 노트와 또 무언가 필요한 것이 더 있는지 물었고 이에 여자는 수첩도 필요하다고 했으므로 남자가 들고 갈 물건은 1번이다.

6 번

회사에서 남자와 여자가 이야기하고 있습니다. 여자는 이제부터 무엇을 합니까?

남 : 수고했네. 지금 잠깐 괜찮은가?
여 : 수고하셨습니다. 네, 괜찮습니다.
남 : 내일 회의 자료는 준비 다 되었나?
여 : 네. 이제는 복사하는 것만 남았습니다.
남 : 그런가. 그럼 지금부터 내일 예정을 영업부에 전화해 주겠나?
여 : 네. 전화 후에 차라도 끓일까요?
남 : 응. 고마워.

여자는 이제부터 무엇을 합니까?

해설

남자는 여자에게 지금부터 내일 예정을 영업부에 전화해 줄 수 있는지 물었고 여자는 그러겠다고 대답하고 있다. 따라서 정답은 1번, 여자는 이제부터 전화를 할 것이다.

7 ばん

ホテルで、ガイドが話しています。ツアー客は明日、何時に集まらなければなりませんか。

F：明日の食べ放題ツアーについてお知らせします。明日は、朝9時にホテルのフロントに来てください。移動時間が少しかかりますので、少し早めの出発になります。3時間後に昼食ですので、遅れないように来てください。

ツアー客は明日、何時に集まらなければなりませんか。

1　3時
2　9時
3　10時
4　11時

단어

ホテル 호텔 | ガイド 가이드 | ツアー客 여행객 | 明日 내일 | 何時 몇 시 | 集まる 모이다 | 食べ放題 마음껏 먹음 | ～について ～에 대해서 | お知らせ 알림, 안내 | 朝 아침 | フロント 프런트 | 移動 이동 | 少し 조금 | かかる (시간이) 걸리다 | 早め 조금 빠름 | 出発 출발 | 昼食 점심식사 | 遅れる 늦어지다

8 ばん

テレビ番組の録画について話しています。女の人は、どのボタンを押したらいいですか。

M：今日の8時からの番組、絶対に見たいから録画しておいてよ。
F：お母さん録画の仕方、分からないのに。
M：簡単だよ。電源入れたら黄色いボタンの横にある緑のボタンを押せばいいんだよ。
F：この赤いボタンは何？
M：それは一時停止だから、気にしなくていいよ。

女の人はどのボタンを、押したらいいですか。

1　黄色のボタン
2　赤色のボタン
3　緑色のボタン
4　黒のボタン

단어

テレビ番組 텔레비전 방송프로그램 | 録画 녹화 | ボタン 버튼 | 押す 누르다 | 絶対に 절대로, 꼭 | ～ておく ～해 두다 | 仕方 방법 | 簡単だ 간단하다 | 電源 전원 | 黄色い 노랗다 | 横 옆 | 緑 초록 | 赤い 빨갛다 | 一時停止 일시 정지 | 気にする 신경 쓰다, 걱정하다 | 黄色 노란색 | 赤色 빨간색 | 緑色 녹색 | 黒 검정

7 번

호텔에서 가이드가 이야기하고 있습니다. 여행객은 내일 몇 시에 모여야 합니까?

여 : 내일의 마음껏 먹는 여행에 대해 알려드리겠습니다. 내일은 아침 9시에 호텔 프런트로 와 주세요. 이동 시간이 조금 걸리기 때문에 조금 일찍 출발하게 됩니다. 3시간 후에 점심식사이므로 늦지 않도록 와 주세요.

여행객은 내일 몇 시에 모여야 합니까?

1　3시
2　9시
3　10시
4　11시

해설

내일 투어에 참가하는 사람은 아침 9시까지 호텔 프런트로 오라고 말하고 있다. 따라서 9시에 모이는 것이므로 정답은 2번이다.

8 번

텔레비전 방송 프로그램 녹화에 대해 이야기하고 있습니다. 여자는 어느 버튼을 누르면 됩니까?

남 : 오늘 8시부터 하는 방송 프로그램, 꼭 보고 싶으니까 녹화해 줘.
여 : 엄마 녹화 방법을 모르는데.
남 : 간단해. 전원을 켜면 노란색 버튼 옆에 있는 초록 버튼을 누르면 되는 거야.
여 : 이 빨간 버튼은 뭐야?
남 : 그것은 일시 정지니까 신경 쓰지 않아도 돼.

여자는 어느 버튼을 누르면 됩니까?

1　노란색 버튼
2　빨간색 버튼
3　녹색 버튼
4　검은색 버튼

단어

엄마가 녹화 방법을 모른다고 하자 아들은 전원을 켜고 노란색 버튼 옆에 있는 녹색 버튼을 누르면 된다고 말하고 있다. 즉 여자는 2번, 녹색 버튼을 누르면 된다.

もんだい2

もんだい2では、まずしつもんを聞いてください。そのあと、もんだいようしを見てください。読む時間があります。それから話を聞いて、もんだいようしの1から4の中から、いちばんいいものを一つえらんでください。
では、練習しましょう。

れい

女の学生と男の学生が話しています。女の学生は、どうしてバイトをやめますか。
F：来月からバイトやめようと思ってるの。
M：今のバイト結構長かったよね。なにかあったの？
F：ううん。みんないい人で、できれば続けていきたいんだけど、就職活動に専念したくてさ。早めに始めないとね。
M：そうなのか。

女の学生は、どうしてバイトをやめますか。
1　家からとおいから
2　働いている人がいやだから
3　ほかに集中したいことがあるから
4　ほかにやりたいことがあるから

いちばんいいものは3ばんです。かいとうようしのもんだい2のれいのところを見てください。いちばんいいものは3ばんですから、答えはこのように書きます。
では、始めます。

1ばん

男の人と女の人が話しています。女の人は、何泊旅行に行きますか。
M：山田さん、旅行の計画は順調かな。
F：はい。やりたいことも多いんですけど、やはり二泊三日だと短いですね。
M：連休で行くなら、三泊四日でも行けるんじゃない？
F：そうなんですけど、友だちが連休の最終日は家でゆっくりしたいみたいで。
M：まぁ、わからなくもないかな。
F：なので今回はそういう日程になりました。

문제 2

문제 2에서는 우선 질문을 들으세요. 그 후, 문제 용지를 보세요. 읽는 시간이 있습니다. 그러고 나서 이야기를 듣고 문제 용지의 1에서 4 중에서 가장 알맞은 것을 하나 고르세요.
그럼 연습하겠습니다.

예

여학생과 남학생이 이야기하고 있습니다. 여학생은 왜 아르바이트를 그만둡니까?

여 : 다음 달부터 아르바이트 그만두려고 생각하고 있어.
남 : 지금 아르바이트 꽤 오래 했지? 무슨 일 있었어?
여 : 아니. 모두 좋은 사람이라서 가능하면 계속해 가고 싶지만 취직활동에 전념하고 싶어서. 일찍 시작해야지.
남 : 그런 거구나.

여학생은 왜 아르바이트를 그만둡니까?
1　집에서 멀기 때문에
2　일하고 있는 사람을 싫어하기 때문에
3　그 밖에 집중하고 싶은 일이 있기 때문에
4　그 밖에 하고 싶은 일이 있기 때문에

가장 알맞은 것은 3번입니다. 해답 용지의 문제 2의 예 부분을 보세요. 가장 알맞은 것은 3번이므로 답은 이렇게 씁니다.
그럼 시작하겠습니다.

1번

남자와 여자가 이야기하고 있습니다. 여자는 몇 박 여행을 갑니까?

남 : 야마다 씨, 여행 계획은 순조로운가?
여 : 네. 하고 싶은 것도 많은데, 역시 2박 3일이라면 짧아요.
남 : 연휴로 간다면 3박 4일로도 갈 수 있지 않아?
여 : 그렇지만 친구가 연휴의 마지막 날은 집에서 푹 쉬고 싶어 하는 것 같아서.
남 : 뭐, 이해가 가네.
여 : 그래서 이번에는 그러한 일정이 되었어요.

おんな ひと なんぱくりょこう い
女の人は、何泊旅行に行きますか。
　1　一泊二日
　　　いっぱく ふつか
　2　二泊三日
　　　に はく みっか
　3　三泊四日
　　　さんぱく よっか
　4　四泊五日
　　　よんぱく ご にち

なんぱく　　　　　　りょこう　　　　けいかく　　　　　じゅんちょう　　　　　　おお
何泊 몇 박 | 旅行 여행 | 計画 계획 | 順調だ 순조롭다 | 多
い 많다 | やはり 역시 | 短い 짧다 | 連休 연휴 | 友だち 친구
　　みじか　　　　　　れんきゅう　　　　とも
| 最終日 최종일, 마지막 날 | ゆっくりする 푹 쉬다 | 今回
　さいしゅう び　　　　　　　　　　　　　　　　　　　　　　　　こんかい
이번 | 日程 일정
　　にってい

2ばん

だいがく　　　おんな がくせい おとこ がくせい はな　　　　　　　　おんな　がく
大学で、女の学生と男の学生が話しています。女の学
せい　　　　　ほ しゅう　う
生は、いつ補習を受けますか。
F：この間の講義の補習って来週の月曜日で合って
　　　あいだ こうぎ　　ほ しゅう　　　らいしゅう げつようび　あ
　　る？
M：いや、月曜日じゃなかった気がするけど。
　　　　　げつようび　　　　　　　　き
F：本当？じゃあ、いつ？
　　ほんとう
M：確か、来週の木曜日だったよ。火曜日と水曜日は
　　たし　らいしゅう もくようび　　　　　かようび　　すいようび
　　先生が他の大学で講義があるんだって。
　　せんせい ほか だいがく こうぎ
F：そうなんだ。ありがとう。忘れないようにしなく
　　　　　　　　　　　　　　　　わす
　　ちゃね。

おんな　がくせい　　　　ほ しゅう　う
女の学生は、いつ補習を受けますか。
　1　月曜日
　　　げつようび
　2　火曜日
　　　か ようび
　3　水曜日
　　　すいよう び
　4　木曜日
　　　もくよう び

いつ 언제 | 補習 보습, 보충 | 受ける (수업을) 받다 | この
　　　　　ほ しゅう　　　　　う
間 요전, 얼마 전 | 講義 강의 | 来週 다음 주 | 月曜日 월요
あいだ　　　　　　　　こう ぎ　　　　　らいしゅう　　　　げつようび
일 | 合う 맞다, 일치하다 | ～気がする ～느낌이 들다 | 本
　　　あ　　　　　　　　　　　き　　　　　　　　　　　　ほん
当 정말 | 木曜日 목요일 | 火曜日 화요일 | 水曜日 수요일 |
とう　　　もくようび　　　　　か ようび　　　　すいようび
大学 대학 | 忘れる 잊다, 잊어버리다
だいがく　　わす

3ばん

だいがく　　　おとこ がくせい おんな がくせい はな　　　　　　　おんな　がく
大学で、男の学生と女の学生が話しています。女の学
せい　　　　りゅうがく い
生は、なぜ留学に行きますか。
M：留学説明会は終わった？
　　りゅうがくせつめいかい　お
F：うん。ドキドキするなぁ。
M：語学勉強？交換留学？
　　ご がくべんきょう　こうかんりゅうがく
F：ゼミの授業の一つで、夏休みだけの短期留学なの。
　　　　　じゅぎょう ひと　　　　なつやす　　　　たん き りゅうがく

여자는 몇 박 여행을 갑니까?

1　1박 2일
2　2박 3일
3　3박 4일
4　4박 5일

여자는 여행 계획에 대해 말하며 하고 싶은 것이 많은데 2
박 3일로 가는 것은 짧다고 한다. 남자가 연휴로 가면 3박
4일로도 갈 수 있지 않냐고 하자 여자는 친구가 연휴 마지
막 날은 쉬고 싶어한다고 했으므로 원래대로 2박 3일로 가
는 것임을 알 수 있다. 따라서 정답은 2번이다.

2번

대학에서 여학생과 남학생이 이야기하고 있습니다. 여학생은 언
제 보충을 받습니까?

여 : 얼마 전의 강의 보충은 다음 주 월요일이 맞아?

남 : 아니, 월요일 아니었던 것 같은데.

여 : 정말? 그럼 언제야?

남 : 아마 다음 주 목요일이었어. 화요일과 수요일은 선생
　　님이 다른 대학에서 강의가 있다고 해.

여 : 그렇구나. 고마워. 잊지 않도록 해야지.

여학생은 언제 보충을 받습니까?

1　월요일
2　화요일
3　수요일
4　목요일

여학생은 강의 보충이 다음 주 월요일이 맞는지 물었고 이
에 남학생은 다음 주 목요일이었다고 말해준다. 그러므로
여학생은 다음 주 목요일에 보충을 받을 것이므로 정답은
4번이다.

3번

대학에서 남학생과 여학생이 이야기하고 있습니다. 여학생은 왜
유학을 갑니까?

남 : 유학설명회는 끝났어?

여 : 응. 두근두근해.

남 : 어학 공부? 교환 유학?

여 : 세미나 수업의 하나로 여름방학만의 단기 유학이야.

おんな がくせい
女の学生は、なぜ留学に行きますか。

1 授業のため
2 交換留学
3 語学の勉強
4 趣味

なぜ 왜 | 留学 유학 | 説明会 설명회 | 終わる 끝나다 | ドキドキする 두근거리다 | 語学勉強 어학 공부 | 交換留学 교환 유학 | ゼミ 세미나 | 授業 수업 | 夏休み 여름방학 | 〜だけ 〜뿐, 〜만 | 短期留学 단기 유학 | 趣味 취미

4ばん

先生が話しています。科学のテストは何曜日ですか。

F：中間テストの日程を説明します。月曜日は現代文と世界史と体育、火曜日は数学と英語と日本史、水曜日は科学と情報と保健です。この週末にテストの勉強を一生懸命してくださいね。

科学のテストは何曜日ですか。

1 月曜日
2 火曜日
3 水曜日
4 木曜日

科学 과학 | 何曜日 무슨 요일 | 中間 중간 | 日程 일정 | 説明 설명 | 月曜日 월요일 | 現代文 현대문 | 世界史 세계사 | 体育 체육 | 火曜日 화요일 | 数学 수학 | 英語 영어 | 日本史 일본사 | 水曜日 수요일 | 情報 정보 | 保健 보건 | 週末 주말 | 一生懸命 열심히 | 木曜日 목요일

5ばん

女の人と男の人が話しています。男の人は、年にどのくらい旅行へ行きますか。

F：田中さん、旅行はお好きですか。
M：どちらかというと好きな方ですよ。大学時代は休みの度に、色々なところに行ってたなぁ。
F：そうなんですね。
M：世界一周をするのが夢だったんですよ。池田さんはよく行くの？
F：友人と休みが合えば行きますけど、年に3回行けたらいいほうですかね。
M：そうですか。私は年に5回ですね。

여학생은 왜 유학을 갑니까?

1 수업을 위해
2 교환 유학
3 어학 공부
4 취미

어학 공부인지 교환 유학인지 묻는 남학생의 말에 여학생은 세미나 수업의 하나로 여름방학만의 단기 유학이라고 대답한다. 세미나 수업의 하나로 가는 것이므로 정답은 1번, 수업을 위해서이다.

4번

선생님이 이야기하고 있습니다. 과학 시험은 무슨 요일입니까?

여 : 중간시험 일정을 설명하겠습니다. 월요일은 현대문과 세계사와 체육, 화요일은 수학과 영어와 일본사, 수요일은 과학과 정보와 보건입니다. 이번 주말에 시험 공부를 열심히 하세요.

과학 시험은 무슨 요일입니까?

1 월요일
2 화요일
3 수요일
4 목요일

중간시험 일정을 설명하면서 수요일에 과학, 정보, 보건 과목을 본다고 했으므로 과학 시험은 3번 수요일에 본다.

5번

여자와 남자가 이야기하고 있습니다. 남자는 1년에 어느 정도 여행을 갑니까?

여 : 다나카 씨, 여행 좋아합니까?
남 : 어느 쪽인가 하면 좋아하는 편이에요. 대학 시절에는 방학 때마다 여러 곳에 갔었는데.
여 : 그렇군요.
남 : 세계일주를 하는 것이 꿈이었어요. 이케다 씨는 자주 가나요?
여 : 친구와 휴가가 맞으면 가지만 1년에 3번 갈 수 있으면 좋은 쪽일까요?
남 : 그래요? 난 1년에 5번이군요.

男の人は、年にどのくらい旅行へ行きますか。

1 年に2回
2 年に3回
3 年に4回
4 年に5回

年に 1년에 | どのくらい 어느 정도 | 旅行 여행 | 好きだ 좋아하다 | どちらかというと 어느 쪽인가 하면 | 〜方 〜쪽 | 大学時代 대학 시절 | 休み 휴가, 방학 | 〜度に 〜때마다 | 色々だ 여러 가지다 | 世界一周 세계일주 | 夢 꿈 | 友人 친구 | 合う 맞다, 일치하다

6ばん

男の学生と女の学生が話しています。女の学生は、何が好きだと言っていますか。

M：鈴木さんは何か趣味とか得意なものとかってある？
F：得意ってほどでもないんだけど、運動が好きかな。
M：意外だなぁ。料理とか読書とかが好きそうなイメージなのに。
F：それよく言われる。
　　大西君は何か趣味とかあるの？
M：僕は音楽を聴くことが好きかな。
F：音楽かぁ。楽器とか弾けたりするの？
M：うん、実はギターを中学生の時からやってるんだよね。
F：へぇ、知らなかったなぁ。

女の学生は、何が好きだと言っていますか。

1 読書
2 料理
3 運動
4 音楽

何か 무언가 | 好きだ 좋아하다 | 趣味 취미 | 得意だ 잘한다, 자신 있다 | 〜ほど 〜정도 | 運動 운동 | 意外 의외 | 料理 요리 | 読書 독서 | イメージ 이미지 | よく 자주 | 音楽 음악 | 聴く 듣다 | 楽器 악기 | 弾く (악기를) 연주하다 | 実は 실은 | ギター 기타 | 中学生 중학생 | 知る 알다

남자는 1년에 어느 정도 여행을 갑니까?

1 1년에 2회
2 1년에 3회
3 1년에 4회
4 1년에 5회

여행을 자주 가는지에 대해 여자는 1년에 3번 갈 수 있으면 좋은 것이라 했고, 남자는 1년에 5번이라고 했다. 남자에 대해 물었으므로 정답은 4번이 된다.

6번

남학생과 여학생이 이야기하고 있습니다. 여학생은 무엇을 좋아한다고 말하고 있습니까?

남 : 스즈키 씨는 무언가 취미라든가 잘하는 것 있어?
여 : 잘한다고 할 정도는 아니지만 운동을 좋아해.
남 : 의외다. 요리라든가 독서 같은 걸 좋아할 것 같은 이미지인데.
여 : 그런 말 자주 들어.
　　오니시 군은 무언가 취미 같은 것 있어?
남 : 난 음악을 듣는 것을 좋아하지.
여 : 음악이라. 악기 같은 거 연주할 수 있어?
남 : 응, 실은 중학생 때부터 기타를 치고 있어.
여 : 와, 몰랐네.

여학생은 무엇을 좋아한다고 말하고 있습니까?

1 독서
2 요리
3 운동
4 음악

취미나 잘하는 것이 있는지 묻는 남자의 말에 여자는 잘하는 정도는 아니지만 운동을 좋아한다(得意ってほどでもないんだけど、運動が好きかな)고 대답하고 있다. 즉 여자가 좋아하는 것은 3번 운동이다.

7 ばん

駅構内のアナウンスを聞いています。新幹線は、何時に出発しますか。

F：2時発の大阪行きの新幹線は、雨の影響により出発時間が1時間半ほど遅れています。今後のアナウンスに注意してください。

新幹線は、何時に出発しますか。

1　1:30
2　2:00
3　3:00
4　3:30

駅構内 역 구내 | アナウンス 안내 방송 | 新幹線 신칸센 | 何時 몇 시 | 出発 출발 | ～行き ～행 | 影響 영향 | 出発時間 출발 시간 | 半 반, 30분 | 遅れる 늦어지다, 지각하다 | 今後 금후, 앞으로 | 注意 주의

もんだい 3

もんだい 3 では、えを見ながらしつもんを聞いてください。➡（やじるし）の人は何と言いますか。1 から 3 の中から、いちばんいいものを一つえらんでください。
では、練習しましょう。

れい

家に帰ってきました。何と言いますか。

M：1　おかえり。
　　2　いってきます。
　　3　ただいま。

いちばんいいものは 3 ばんです。かいとうようしのもんだい 3 のれいのところを見てください。いちばんいいものは 3 ばんですから、答えはこのように書きます。
では、始めます。

1 ばん

困っている人がいます。何と言いますか。

M：1　助けてください。
　　2　手伝いましょうか。
　　3　大変ですね。

7 번

역 구내의 안내 방송을 듣고 있습니다. 신칸센은 몇 시에 출발합니까?

여 : 2시 출발의 오사카행 신칸센은 비의 영향으로 출발시간이 한 시간 반 정도 늦어지고 있습니다. 이후의 안내 방송에 주의해 주세요.

신칸센은 몇 시에 출발합니까?

1　1시 30분
2　2시
3　3시
4　3시 30분

원래는 2시 출발인 신칸센이 한 시간 반 정도 늦어지고 있다고 했다. 즉 2시에서 한 시간 반 늦은 3시 반에 출발하게 되므로 정답은 4번이다.

문제 3

문제 3에서는 그림을 보면서 질문을 들으세요. ➡(화살표)의 사람은 뭐라고 말합니까? 1부터 3 중에서 가장 알맞은 것을 하나 고르세요.
그럼 연습하겠습니다.

예

집에 돌아왔습니다. 뭐라고 말합니까?

남 : 1　어서 오세요.
　　 2　다녀오겠습니다.
　　 3　다녀왔습니다.

가장 알맞은 것은 3번입니다. 해답 용지의 문제 3의 예 부분을 보세요. 가장 알맞은 것은 3번이므로 답은 이렇게 씁니다.
그럼 시작하겠습니다.

1 번

곤란해 하고 있는 사람이 있습니다. 뭐라고 말합니까?

남 : 1　도와주세요.
　　 2　도와줄까요?
　　 3　큰일이군요.

困る 곤란하다 | 助ける 돕다 | 手伝う 거들다, 도와주다 | 大変だ 큰일이다, 힘들다

2ばん

タクシーに乗りました。何と言いますか。

F : 1 どこまで行きますか。
　　 2 そこまで行きました。
　　 3 そこまで行ってください。

단어

タクシー 택시 | ～に乗る ～(탈것)을 타다 | どこ 어디 | そこ 거기

3ばん

具合が悪いです。何と言いますか。

M : 1 お腹が痛いです。
　　 2 お腹が減りました。
　　 3 お腹が痛いですか。

단어

具合 몸의 상태, 건강 상태 | お腹 배 | 痛い 아프다 | お腹が減る 배가 고프다

4ばん

美容院に来ました。何と言いますか。

F : 1 髪が長いですね。
　　 2 髪を切ってください。
　　 3 髪を切りましたか。

단어

美容院 미용실 | 来る 오다 | 髪 머리카락 | 長い 길다 | 切る 자르다

5ばん

友だちの誕生日です。何と言いますか。

M : 1 よかったね。
　　 2 すごかったね。
　　 3 おめでとう。

단어

友だち 친구 | 誕生日 생일 | すごい 굉장하다, 대단하다

해설

곤란해 하고 있는 사람을 봤다면 자신이 도와줄지를 물어야 할 것이다. 따라서 정답은 2번이다.

2번

택시를 탔습니다. 뭐라고 말합니까?

여 : 1 어디까지 갑니까?
　　 2 거기까지 갔습니다.
　　 3 거기까지 가 주세요.

해설

택시를 타면 뭐라고 해야 할지 찾아야 한다. 즉 목적지를 말하고 그쪽으로 가달라고 해야 하므로 정답은 3번이 된다.

3번

몸 상태가 안 좋습니다. 뭐라고 말합니까?

남 : 1 배가 아픕니다.
　　 2 배가 고픕니다.
　　 3 배가 아픕니까?

해설

몸 상태가 안 좋다는 말이므로 배가 아프다고 말한 1번이 정답이 된다.

4번

미용실에 왔습니다. 뭐라고 말합니까?

여 : 1 머리카락이 길군요.
　　 2 머리카락을 잘라 주세요.
　　 3 머리카락을 잘랐습니까?

해설

미용실에 왔다는 것이므로 가장 적절한 말은 머리카락을 잘라달라는 것이다. 따라서 2번이다.

5번

친구 생일입니다. 뭐라고 말합니까?

남 : 1 다행이다.
　　 2 굉장했지.
　　 3 축하해.

해설

친구의 생일이라고 했으므로 축하한다고 해야 할 것이다. 따라서 정답은 3번이다.

もんだい 4

もんだい 4 では、えなどがありません。まずぶんを聞いてください。それから、そのへんじを聞いて、 1 から 3 の中から、いちばんいいものを一つえらんでください。
では、練習しましょう。

れい

F : お腹が減りました。

M : 1　いいですね。
　　2　薬を飲みますか。
　　3　何か食べようか。

いちばんいいものは 3 ばんです。かいとうようしのもんだい 4 のれいのところを見てください。いちばんいいものは 3 ばんですから、答えはこのように書きます。
では、始めます。

1 ばん

F : 明日って何か約束ある。

M : 1　いつも忙しそうだね。
　　2　明日は忙しくないよ。
　　3　明日は忙しくなるといいね。

単어

明日 내일 | 何か 무언가 | 約束 약속 | いつも 늘, 언제나 | 忙しい 바쁘다

2 ばん

M : 明日は雨が降りますか。

F : 1　降るみたいですね。
　　2　降っていますね。
　　3　傘持ってこなかったよ。

단어

雨が降る 비가 내리다 | 傘 우산 | 持つ 가지다, 들다

3 ばん

M : なぜ昨日来なかったんですか。

F : 1　行かなかったの？
　　2　約束って昨日だった？
　　3　来なかったの？

단어

なぜ 왜 | 昨日 어제 | 約束 약속

298

문제 4

문제 4에서는 그림 같은 것이 없습니다. 우선 문장을 들으세요. 그러고 나서 그 대답을 듣고 1부터 3 중에서 가장 알맞은 것을 하나 고르세요.
그럼 연습하겠습니다.

예

여 : 배가 고픕니다.

남 : 1　좋군요.
　　2　약을 먹습니까?
　　3　뭔가 먹을래?

가장 알맞은 것은 3번입니다. 해답 용지의 문제 4의 예 부분을 보세요. 가장 알맞은 것은 3번이므로 답은 이렇게 씁니다.
그럼 시작하겠습니다.

1번

여 : 내일 뭔가 약속 있어?

남 : 1　늘 바쁜 것 같네.
　　2　내일은 바쁘지 않아.
　　3　내일은 바빠지면 좋겠다.

해설

내일 뭔가 약속이 있는지 묻는 것이므로 정답은 2번, 내일은 바쁘지 않다는 대답이 가장 자연스럽다.

2번

남 : 내일은 비가 내립니까?

여 : 1　내릴 것 같군요.
　　2　내리고 있군요.
　　3　우산 들고 오지 않았어.

해설

내일 비가 내리는지 묻고 있으므로 내릴 것 같다고 대답한 1번이 정답이 된다.

3번

남 : 왜 어제 오지 않은 겁니까?

여 : 1　가지 않았어?
　　2　약속이 어제였어?
　　3　오지 않았어?

해설

왜 어제 오지 않았는지 묻고 있다. 따라서 정답은 2번, 약속이 언제였는지 묻는 것이 가장 적절한 대답이다.

4ばん

F : 夏休みはどこに行きますか。

M : 1　海に行くつもりです。
　　2　遊びに行きました。
　　3　今週末です。

단어

夏休み 여름 방학, 여름 휴가 | どこ 어디 | 海 바다 | 遊ぶ 놀다 | 今週末 이번 주말

5ばん

F : このお店はいつも混んでるね。おいしいのかな。

M : 1　今日は珍しく混んでいたね。
　　2　今度食べにいってみようか。
　　3　今日もおいしかったですね。

단어

お店 가게, 상점 | いつも 늘, 언제나 | 混む 붐비다, 혼잡하다 | おいしい 맛있다 | 珍しい 드물다, 흔치 않다 | 今度 이번 | 동사 て형+てみる ～해 보다

6ばん

M : 辛いものは好きですか。

F : 1　辛いですね。
　　2　辛いですか。
　　3　わりと好きです。

단어

辛い 맵다 | 好きだ 좋아하다 | わりと 비교적

7ばん

F : 山田さん、運動は得意ですか。

M : 1　部活は休みです。
　　2　不得意ではないです。
　　3　テニスが好きですか。

단어

運動 운동 | 得意だ 잘하다, 자신 있다 | 部活 부 활동, 동아리 활동 | 休み 휴가 | 不得意だ 능숙하지 못하다 | テニス 테니스 | 好きだ 좋아하다

4번

여 : 여름 방학에는 어디에 갑니까?

남 : 1　바다에 갈 생각입니다.
　　2　놀러 갔습니다.
　　3　이번 주말입니다.

해설

주말에 어디에 가는지 묻는 것이다. 따라서 정답은 1번, 바다에 갈 생각이라는 것이다.

5번

여 : 이 가게는 늘 붐비네. 맛있나?

남 : 1　오늘은 드물게 붐비고 있었군.
　　2　다음에 먹으러 가 볼까?
　　3　오늘도 맛있었군요.

해설

이 가게는 늘 붐비고 있다며 맛있는지 묻고 있다. 따라서 2번과 같이 다음에 먹으러 가 볼까 라고 대답하는 것이 가장 적절하다.

6번

남 : 매운 것은 좋아합니까?

여 : 1　맵군요.
　　2　맵습니까?
　　3　비교적 좋아합니다.

해설

매운 것을 좋아하는지 묻고 있으므로 비교적 좋아한다고 한 3번이 적절한 대답이다.

7번

여 : 야마다 씨, 운동은 잘합니까?

남 : 1　동아리 활동은 쉽니다.
　　2　못하지는 않습니다.
　　3　테니스를 좋아합니까?

해설

운동을 잘하는지 묻고 있으므로 적절한 대답은 2번, 못하지는 않는다고 한 것이다.

M : どんな料理が好きですか。

F : 1 どちらかといえば和食です。

   2 今日は食欲がありません。

   3 得意ではありません。

단어

どんな 어떤 | 和食 일식 | 今日 오늘 | 食欲 식욕 | 得意だ
능숙하다, 자신 있다

남 : 어떤 요리를 좋아합니까?

여 : 1 어느 쪽인가 하면 일식입니다.

   2 오늘은 식욕이 없습니다.

   3 잘하지 않습니다.

해설

어떤 요리를 좋아하는지 묻는 것이다. 그러므로 어느 쪽인
가 하면 일식 이라는 말은, 즉 일식을 좋아한다는 뜻이므
로 1번이 가장 적절한 대답이 된다.

にほんごのうりょくしけん　かいとうようし

N5 실전모의고사 1회
げんごちしき （もじ・ごい）

じゅけんばんごう Examinee Registration Number		なまえ Name	

〈ちゅうい Notes〉
1. くろい えんぴつ (HB、No2) で かいて ください。
   （ペンや ボールペンでは かかないで ください。）
   Use a black medium soft (HB or No.2) pencil.
   (Do not use any kind of pen.)
2. かきなおす ときは、けしゴムで きれいに けして
   ください。
   Erase any unintended marks completely.
3. きたなく したり、おったり しないで ください。
   Do not soil or bend this sheet.
4. マークれい Marking examples

よい れい Correct Example	わるい れい Incorrect Examples
●	⊗ ◌ ◑ ⓪ ⊜ ◍ ◐

もんだい　1

1	①	②	③	④
2	①	②	③	④
3	①	②	③	④
4	①	②	③	④
5	①	②	③	④
6	①	②	③	④
7	①	②	③	④
8	①	②	③	④
9	①	②	③	④
10	①	②	③	④
11	①	②	③	④
12	①	②	③	④

もんだい　2

13	①	②	③	④
14	①	②	③	④
15	①	②	③	④
16	①	②	③	④
17	①	②	③	④
18	①	②	③	④
19	①	②	③	④
20	①	②	③	④

もんだい　3

21	①	②	③	④
22	①	②	③	④
23	①	②	③	④
24	①	②	③	④
25	①	②	③	④
26	①	②	③	④
27	①	②	③	④
28	①	②	③	④
29	①	②	③	④
30	①	②	③	④

もんだい　4

31	①	②	③	④
32	①	②	③	④
33	①	②	③	④
34	①	②	③	④
35	①	②	③	④

N5 실전모의고사 1회

げんごちしき（ぶんぽう）・どっかい

じゅけんばんごう
Examinee Registration Number

なまえ
Name

〈ちゅうい Notes〉
1. くろい えんぴつ (HB、№2) で かいて ください。
   （ペンや ボールペンでは かかないで ください。）
   Use a black medium soft (HB or No.2) pencil.
   (Do not use any kind of pen.)
2. かきなおす ときは、けしゴムで きれいに けして ください。
   Erase any unintended marks completely.
3. きたなく したり、おったり しないで ください。
   Do not soil or bend this sheet.
4. マークれい Marking examples

よい れい Correct Example	わるい れい Incorrect Examples
●	⊘ ○ ◐ ① ⊗ ◑ ◖

もんだい 1

1	①	②	③	④
2	①	②	③	④
3	①	②	③	④
4	①	②	③	④
5	①	②	③	④
6	①	②	③	④
7	①	②	③	④
8	①	②	③	④
9	①	②	③	④
10	①	②	③	④
11	①	②	③	④
12	①	②	③	④
14	①	②	③	④
15	①	②	③	④
16	①	②	③	④

もんだい 2

17	①	②	③	④
18	①	②	③	④
19	①	②	③	④
20	①	②	③	④
21	①	②	③	④

もんだい 3

22	①	②	③	④
23	①	②	③	④
24	①	②	③	④
25	①	②	③	④
26	①	②	③	④

もんだい 4

27	①	②	③	④
28	①	②	③	④
29	①	②	③	④

もんだい 5

30	①	②	③	④
31	①	②	③	④

もんだい 6

32	①	②	③	④

にほんごのうりょくしけん　かいとうようし

N5 실전모의고사 1회
ちょうかい

<table>
<tr><td>じゅけんばんごう
Examinee Registration
Number</td><td></td><td>なまえ
Name</td><td></td></tr>
</table>

〈ちゅうい Notes〉
1. くろい えんぴつ (HB、№2) で かいて ください。
（ペンや ボールペンでは かかないで ください。）
Use a black medium soft (HB or No.2) pencil.
(Do not use any kind of pen.)
2. かきなおす ときは、けしゴムで きれいに けして ください。
Erase any unintended marks completely.
3. きたなく したり、おったり しないで ください。
Do not soil or bend this sheet.
4. マークれい Marking examples

よい れい Correct Example	わるい れい Incorrect Examples
●	⊘ ⊖ ○ ◑ ⊙ ⊜ ◍ ●

もんだい　1

れい	●	②	③	④
1	①	②	③	④
2	①	②	③	④
3	①	②	③	④
4	①	②	③	④
5	①	②	③	④
6	①	②	③	④
7	①	②	③	④

もんだい　2

れい	①	②	③	●
1	①	②	③	④
2	①	②	③	④
3	①	②	③	④
4	①	②	③	④
5	①	②	③	④
6	①	②	③	④

もんだい　3

れい	①	②	●
1	①	②	③
2	①	②	③
3	①	②	③
4	①	②	③
5	①	②	③

もんだい　4

れい	①	●	③
1	①	②	③
2	①	②	③
3	①	②	③
4	①	②	③
5	①	②	③
6	①	②	③

にほんごのうりょくしけん　かいとうようし

N5 실전모의고사 2회

げんごちしき （もじ・ごい）

じゅけんばんごう
Examinee Registration Number

なまえ
Name

〈ちゅうい Notes〉
1. くろい えんぴつ (HB、No.2) で かいて ください。
 (ペンや ボールペンでは かかないで ください。)
 Use a black medium soft (HB or No.2) pencil.
 (Do not use any kind of pen.)
2. かきなおす ときは、けしゴムで きれいに けして ください。
 Erase any unintended marks completely.
3. きたなく したり、おったり しないで ください。
 Do not soil or bend this sheet.
4. マークれい Marking examples

よい れい Correct Example	わるい れい Incorrect Examples

もんだい 1				
1	①	②	③	④
2	①	②	③	④
3	①	②	③	④
4	①	②	③	④
5	①	②	③	④
6	①	②	③	④
7	①	②	③	④
8	①	②	③	④
9	①	②	③	④
10	①	②	③	④
11	①	②	③	④
12	①	②	③	④

もんだい 2				
13	①	②	③	④
14	①	②	③	④
15	①	②	③	④
16	①	②	③	④
17	①	②	③	④
18	①	②	③	④
19	①	②	③	④
20	①	②	③	④

もんだい 3				
21	①	②	③	④
22	①	②	③	④
23	①	②	③	④
24	①	②	③	④
25	①	②	③	④
26	①	②	③	④
27	①	②	③	④
28	①	②	③	④
29	①	②	③	④
30	①	②	③	④

もんだい 4				
31	①	②	③	④
32	①	②	③	④
33	①	②	③	④
34	①	②	③	④
35	①	②	③	④

にほんごのうりょくしけん　かいとうようし

N5 실전모의고사 2회

げんごちしき（ぶんぽう）・どっかい

<table>
<tr><td>じゅけんばんごう
Examinee Registration Number</td><td></td></tr>
</table>

<table>
<tr><td>なまえ
Name</td><td></td></tr>
</table>

〈ちゅうい Notes〉
1. くろい えんぴつ (HB、No.2) で かいて ください。
   （ペンや ボールペンでは かかないで ください。）
   Use a black medium soft (HB or No.2) pencil.
   (Do not use any kind of pen.)
2. かきなおす ときは、けしゴムで きれいに けして ください。
   Erase any unintended marks completely.
3. きたなく したり、おったり しないで ください。
   Do not soil or bend this sheet.
4. マークれい Marking examples

よい れい Correct Example	わるい れい Incorrect Examples
●	⊘ ⊙ ○ ◍ ⊜ ◑ ◓

もんだい　1

1	①	②	③	④
2	①	②	③	④
3	①	②	③	④
4	①	②	③	④
5	①	②	③	④
6	①	②	③	④
7	①	②	③	④
8	①	②	③	④
9	①	②	③	④
10	①	②	③	④
11	①	②	③	④
12	①	②	③	④
14	①	②	③	④
15	①	②	③	④
16	①	②	③	④

もんだい　2

17	①	②	③	④
18	①	②	③	④
19	①	②	③	④
20	①	②	③	④
21	①	②	③	④

もんだい　3

22	①	②	③	④
23	①	②	③	④
24	①	②	③	④
25	①	②	③	④
26	①	②	③	④

もんだい　4

27	①	②	③	④
28	①	②	③	④
29	①	②	③	④

もんだい　5

30	①	②	③	④
31	①	②	③	④

もんだい　6

32	①	②	③	④

にほんごのうりょくしけん　かいとうようし

N5 실전모의고사 2회
ちょうかい

<table>
<tr><td>じゅけんばんごう
Examinee Registration
Number</td><td></td></tr>
</table>

<table>
<tr><td>なまえ
Name</td><td></td></tr>
</table>

〈ちゅうい Notes〉
1. くろい えんぴつ (HB、No.2) で かいて ください。
（ペンや ボールペンでは かかないで ください。）
Use a black medium soft (HB or No.2) pencil.
(Do not use any kind of pen.)
2. かきなおす ときは、けしゴムで きれいに けして ください。
Erase any unintended marks completely.
3. きたなく したり、おったり しないで ください。
Do not soil or bend this sheet.
4. マークれい Marking examples

よい れい Correct Example	わるい れい Incorrect Examples
●	⊘ ⊙ ⓪ ⊖ ⊜ ◍

もんだい　1

れい	●	②	③	④
1	①	②	③	④
2	①	②	③	④
3	①	②	③	④
4	①	②	③	④
5	①	②	③	④
6	①	②	③	④
7	①	②	③	④

もんだい　2

れい	①	②	③	●
1	①	②	③	④
2	①	②	③	④
3	①	②	③	④
4	①	②	③	④
5	①	②	③	④
6	①	②	③	④

もんだい　3

れい	①	②	●
1	①	②	③
2	①	②	③
3	①	②	③
4	①	②	③
5	①	②	③

もんだい　4

れい	①	●	③
1	①	②	③
2	①	②	③
3	①	②	③
4	①	②	③
5	①	②	③
6	①	②	③

にほんごのうりょくしけん　かいとうようし

N4 실전모의고사 1회

げんごちしき（もじ・ごい）

<table>
<tr><td>じゅけんばんごう
Examinee Registration Number</td><td></td></tr>
</table>

<table>
<tr><td>なまえ
Name</td><td></td></tr>
</table>

〈ちゅうい Notes〉
1. くろい えんぴつ (HB、No.2) で かいて ください。
   （ペンや ボールペンでは かかないで ください。）
   Use a black medium soft (HB or No.2) pencil.
   (Do not use any kind of pen.)
2. かきなおす ときは、けしゴムで きれいに けして ください。
   Erase any unintended marks completely.
3. きたなく したり、おったり しないで ください。
   Do not soil or bend this sheet.
4. マークれい Marking examples

よい れい Correct Example	わるい れい Incorrect Examples
●	⊗ ◯ ◐ ◑ ⊖ ◍ ◓

もんだい 1

1	①	②	③	④
2	①	②	③	④
3	①	②	③	④
4	①	②	③	④
5	①	②	③	④
6	①	②	③	④
7	①	②	③	④
8	①	②	③	④
9	①	②	③	④

もんだい 2

10	①	②	③	④
11	①	②	③	④
12	①	②	③	④
13	①	②	③	④
14	①	②	③	④
15	①	②	③	④

もんだい 3

16	①	②	③	④
17	①	②	③	④
18	①	②	③	④
19	①	②	③	④
20	①	②	③	④
21	①	②	③	④
22	①	②	③	④
23	①	②	③	④
24	①	②	③	④
25	①	②	③	④

もんだい 4

26	①	②	③	④
27	①	②	③	④
28	①	②	③	④
29	①	②	③	④
30	①	②	③	④

もんだい 5

31	①	②	③	④
32	①	②	③	④
33	①	②	③	④
34	①	②	③	④
35	①	②	③	④

N4 실전모의고사 1회

げんごちしき （ぶんぽう） ・どっかい

じゅけんばんごう Examinee Registration Number		なまえ Name	

〈ちゅうい Notes〉
1. くろい えんぴつ (HB、No2) で かいて ください。
   （ペンや ボールペンでは かかないで ください。）
   Use a black medium soft (HB or No.2) pencil.
   (Do not use any kind of pen.)
2. かきなおす ときは、けしゴムで きれいに けして ください。
   Erase any unintended marks completely.
3. きたなく したり、おったり しないで ください。
   Do not soil or bend this sheet.
4. マークれい Marking examples

よい れい Correct Example	わるい れい Incorrect Examples
●	⊘ ⊙ ⓪ ⊜ ⊕ ◑

もんだい　1

1	①	②	③	④
2	①	②	③	④
3	①	②	③	④
4	①	②	③	④
5	①	②	③	④
6	①	②	③	④
7	①	②	③	④
8	①	②	③	④
9	①	②	③	④
10	①	②	③	④
11	①	②	③	④
12	①	②	③	④
14	①	②	③	④
15	①	②	③	④

もんだい　2

16	①	②	③	④
17	①	②	③	④
18	①	②	③	④
19	①	②	③	④
20	①	②	③	④

もんだい　3

21	①	②	③	④
22	①	②	③	④
23	①	②	③	④
24	①	②	③	④
25	①	②	③	④

もんだい　4

26	①	②	③	④
27	①	②	③	④
28	①	②	③	④
29	①	②	③	④

もんだい　5

30	①	②	③	④
31	①	②	③	④
32	①	②	③	④
33	①	②	③	④

もんだい　6

34	①	②	③	④
35	①	②	③	④

N4 실전모의고사 1회
ちょうかい

じゅけんばんごう Examinee Registration Number		なまえ Name	

〈ちゅうい Notes〉
1. くろい えんぴつ (HB、№2) で かいて ください。
   (ペンや ボールペンでは かかないで ください。)
   Use a black medium soft (HB or No.2) pencil.
   (Do not use any kind of pen.)
2. かきなおす ときは、けしゴムで きれいに けして ください。
   Erase any unintended marks completely.
3. きたなく したり、おったり しないで ください。
   Do not soil or bend this sheet.
4. マークれい Marking examples

よい れい Correct Example	わるい れい Incorrect Examples
●	⊗ ⊙ ⊙ ⓪ ⊝ ◍ ◐

もんだい 1

れい	①	②	③	●
1	①	②	③	④
2	①	②	③	④
3	①	②	③	④
4	①	②	③	④
5	①	②	③	④
6	①	②	③	④
7	①	②	③	④
8	①	②	③	④

もんだい 2

れい	①	②	●	④
1	①	②	③	④
2	①	②	③	④
3	①	②	③	④
4	①	②	③	④
5	①	②	③	④
6	①	②	③	④
7	①	②	③	④

もんだい 3

れい	①	②	●
1	①	②	③
2	①	②	③
3	①	②	③
4	①	②	③
5	①	②	③

もんだい 4

れい	①	②	●
1	①	②	③
2	①	②	③
3	①	②	③
4	①	②	③
5	①	②	③
6	①	②	④
7	①	②	④
8	①	②	③

にほんごのうりょくしけん　かいとうようし

N4 실전모의고사 2회

げんごちしき （もじ・ごい）

<table>
<tr><td>じゅけんばんごう
Examinee Registration
Number</td><td></td><td>なまえ
Name</td><td></td></tr>
</table>

〈ちゅうい Notes〉
1. くろい えんぴつ (HB、No2) で かいて ください。
   （ペンや ボールペンでは かかないで ください。）
   Use a black medium soft (HB or No.2) pencil.
   (Do not use any kind of pen.)
2. かきなおす ときは、けしゴムで きれいに けして
   ください。
   Erase any unintended marks completely.
3. きたなく したり、おったり しないで ください。
   Do not soil or bend this sheet.
4. マークれい Marking examples

よい れい Correct Example	わるい れい Incorrect Examples
●	⊗ ◯ ◑ ⊕ ⊖ ◖

もんだい　1

1	①	②	③	④
2	①	②	③	④
3	①	②	③	④
4	①	②	③	④
5	①	②	③	④
6	①	②	③	④
7	①	②	③	④
8	①	②	③	④
9	①	②	③	④

もんだい　2

10	①	②	③	④
11	①	②	③	④
12	①	②	③	④
13	①	②	③	④
14	①	②	③	④
15	①	②	③	④

もんだい　3

16	①	②	③	④
17	①	②	③	④
18	①	②	③	④
19	①	②	③	④
20	①	②	③	④
21	①	②	③	④
22	①	②	③	④
23	①	②	③	④
24	①	②	③	④
25	①	②	③	④

もんだい　4

26	①	②	③	④
27	①	②	③	④
28	①	②	③	④
29	①	②	③	④
30	①	②	③	④

もんだい　5

31	①	②	③	④
32	①	②	③	④
33	①	②	③	④
34	①	②	③	④
35	①	②	③	④

にほんごのうりょくしけん　かいとうようし

N4 실전모의고사 2회

げんごちしき（ぶんぽう）・どっかい

じゅけんばんごう Examinee Registration Number	
なまえ Name	

〈ちゅうい Notes〉
1. くろい えんぴつ (HB、No.2) で かいて ください。
（ペンや ボールペンでは かかないで ください。）
Use a black medium soft (HB or No.2) pencil.
(Do not use any kind of pen.)
2. かきなおす ときは、けしゴムで きれいに けして ください。
Erase any unintended marks completely.
3. きたなく したり、おったり しないで ください。
Do not soil or bend this sheet.
4. マークれい Marking examples

よい れい Correct Example	わるい れい Incorrect Examples

もんだい 1

1	①	②	③	④
2	①	②	③	④
3	①	②	③	④
4	①	②	③	④
5	①	②	③	④
6	①	②	③	④
7	①	②	③	④
8	①	②	③	④
9	①	②	③	④
10	①	②	③	④
11	①	②	③	④
12	①	②	③	④
14	①	②	③	④
15	①	②	③	④

もんだい 2

16	①	②	③	④
17	①	②	③	④
18	①	②	③	④
19	①	②	③	④
20	①	②	③	④

もんだい 3

21	①	②	③	④
22	①	②	③	④
23	①	②	③	④
24	①	②	③	④
25	①	②	③	④

もんだい 4

26	①	②	③	④
27	①	②	③	④
28	①	②	③	④
29	①	②	③	④

もんだい 5

30	①	②	③	④
31	①	②	③	④
32	①	②	③	④
33	①	②	③	④

もんだい 6

34	①	②	③	④
35	①	②	③	④

にほんごのうりょくしけん　かいとうようし

N4 실전모의고사 2회
ちょうかい

じゅけんばんごう Examinee Registration Number	なまえ Name

〈ちゅうい Notes〉
1. くろい えんぴつ (HB、№2) で かいて ください。
   （ペンや ボールペンでは かかないで ください。）
   Use a black medium soft (HB or No.2) pencil.
   (Do not use any kind of pen.)
2. かきなおす ときは、けしゴムで きれいに けして ください。
   Erase any unintended marks completely.
3. きたなく したり、おったり しないで ください。
   Do not soil or bend this sheet.
4. マークれい Marking examples

よい れい Correct Example	わるい れい Incorrect Examples
●	⊗◯⊘◑⊜◐◒

もんだい 1

れい	①	②	③	●
1	①	②	③	④
2	①	②	③	④
3	①	②	③	④
4	①	②	③	④
5	①	②	③	④
6	①	②	③	④
7	①	②	③	④
8	①	②	③	④

もんだい 2

れい	①	②	●	④
1	①	②	③	④
2	①	②	③	④
3	①	②	③	④
4	①	②	③	④
5	①	②	③	④
6	①	②	③	④
7	①	②	③	④

もんだい 3

れい	①	②	●
1	①	②	③
2	①	②	③
3	①	②	③
4	①	②	③
5	①	②	③

もんだい 4

れい	①	②	●
1	①	②	③
2	①	②	③
3	①	②	③
4	①	②	③
5	①	②	③
6	①	②	④
7	①	②	④
8	①	②	③